中国政法大学新兴学科培育与建设计划
——合规学建设项目

蓟门合规文库

顾 问

莫纪宏　　朱　岩　　刘桂明　　管晓峰　　王　涌
王进喜　　陈景善　　王立梅　　王毓莹　　王　萍

主 编

杜春鹏　　吴圣楠

编 委

董雪梅　　杜广宙　　杜国栋　　段泽锋　　范　磊
冯　坤　　高　玲　　郭　楠　　贺　阳　　贾　申
贾剑非　　金贵宾　　靳　毅　　李文宇　　刘　剑
刘　钊　　刘红霞　　马子伟　　潘　琼　　庞振东
孙　洁　　孙　旭　　汤敏志　　唐　让　　王高明
王振凯　　温　爱　　吴锦源　　谢建中　　杨　莹
殷宏祥　　虞　雷　　张　猛　　张　玮　　张国良
张轶斐　　郑　玮　　周　跃　　周治成　　庄燕君

蓟门合规文库

WILEY

舞弊预防和内部控制执行路线图

创建合规文化

（第二版）

Executive Roadmap to
Fraud Prevention and Internal Control

Creating a Culture of Compliance

Second Edition

[美]马丁·T.比格曼（*Martin T. Biegelman*）/ 乔尔·T.巴托（*Joel T. Bartow*）◎著

杜春鹏◎译

中国政法大学出版社

2024·北京

蓟门合规文库总序

中国企业是塑造我国国际合作与竞争新优势的重要力量。当前世界经济格局深刻变化，产业竞争不断加剧，监管要求日趋严格，对企业治理体系和治理能力建设提出新的挑战。合规是组织可持续发展的基石。强化企业合规治理，使合法合规经营成为现代企业治理的内在特质和内生需求，是中国企业的必然选择。

我国的企业合规进程快速推进，国务院国资委、国家发改委等有关部门先后出台了一系列引导、督促、强化企业合规建设的规范性文件。中国企业不断深化合规认识，持续拓展合规实践，探索建立合规管理体系，强化合规专项计划，遵守国际通行规则、本土规范及人文风俗，确保合法合规经营管理，有效防控重大合规风险。

合规知识在监管部门、企业和专业服务机构的合规实务探索中生产出来并不断深化，但高等院校的跟进参与、总结提炼和有效输出却略显滞后。当下的合规治理理论不能充分满足合规实践之亟须，不能有效形成对合规实践之引领，高端复合型企业合规人才急缺等问题日渐凸显，在相当程度上影响和制约了企业合规的深度发展。研究和完善合规治理理论，需要学者与合规实践工作者的共同努力。

知之愈明，则行之愈笃；行之愈笃，则知之益明。需要坚持"从实践中来、到实践中去"，立足于历史维度、实践维度和比较维度相结合的一体化视角，深入扎实推进合规理论研究和教书育人工作。澄清概念、纠正误解、理顺逻辑、构建体系，定义合规学科的核心范畴、研究对象和研究范式，在此基础上构建学科化和规范化的合规人才培养体系，优化合规人才成长路径，逐步促进形成以高层次专业合规人才为带动的合规理论与实践发展新局面。

中国政法大学作为国内法学教育和研究的重镇，积极响应国家和时代的重大发展需求，在培养高层次人才和贡献高质量的学术研究方面长期走在国内前沿。在企业合规领域，中国政法大学充分立足和发挥自身优势，不断打磨创新合规理论研究、实践探索和人才培养的方式，已经在许多方面建树颇丰。

开设"企业合规调查与治理""企业内部调查与合规管理"研究生跨学科创新课程；举办

"蓟门合规论坛""蓟门合规讲坛""蓟门合规沙龙"等系列活动，打造多方共同参与的产学研用平台；启动"合规学"新兴学科培育与建设计划，推进合规治理的学科化发展和人才培养的跨越式升级。

《蓟门合规文库》是一个综合性合规主题文库，历经三年时间酝酿与筹备后启动编撰，旨在通过对合规治理相关理论与研究的汇集、引进、阐释、提炼及本土化发展创新，促进合规治理理论体系不断成型、成熟，形成与国内国际合规实践的有益互动和彼此助力。文库聚焦合规事业发展中的重要理论与实践问题，通过整合学界和业界资源，将我国合规实践的有益经验固化、提炼、升华、输出，将域外合规的已有成果引进、消化、借鉴、吸收，促进形成具有时代先进性的合规中国方案和中国智慧。

《蓟门合规文库》包括合规学系列教科书、合规专业论著、合规外文译丛、合规研究集刊、合规实务指南等多种形式，融合社会学、管理学、法学、经济学、心理学、证据学等多层次学科内容，力求在对合规宏观和基础层面的深入研究中体现出系统性与规范性，又在对合规微观和操作层面的积极响应中体现出灵活性与及时性。

《蓟门合规文库》的编撰是一项长期和开放性的工作，欢迎相关专家学者共同参与、指正。期望通过本文库，陆续推出一批高质量的作品，带动合规人才培养、科学研究、社会服务、文化传承及国际交流，促进企业合规事业走向内涵式高质量发展之路，推进合规治理体系和治理能力现代化！

是为序。

中国政法大学终身教授 江平

二〇二二年七月

译者序

在这个经济全球化和信息技术飞速发展的时代，企业运营的复杂性和不确定性显著增加。随之而来的是，企业面临的舞弊风险也日益增长。《舞弊预防和内部控制执行路线图：创建合规文化》（第二版）一书，正是为了应对这些挑战而编写的。

企业当前面临的舞弊风险呈现出多样化和复杂化的趋势。财务报表的不实报告、资产的不当挪用、贿赂和腐败行为等问题，不仅威胁到企业的经济利益，也严重损害了企业的声誉和市场信任。此外，随着监管环境的日益严格，企业因舞弊行为而面临的合规风险和财务损失也在不断增加。因此，加强舞弊预防和内部控制，已成为企业可持续发展的重要保障。

本书的作者马丁·T. 比格曼和乔尔·T. 巴托，是在舞弊预防和内部控制领域内享有盛誉的专家。他们在美国联邦执法机构的工作经历，以及在私营部门的高级管理职位，赋予了他们对舞弊行为深刻的理解和多样的视角。他们的实践经验和理论洞察具有很高的实用价值，为本书内容提供了坚实的基础，并确保书中的建议和策略都是切实可行的。

本书旨在提供一份全面的舞弊预防和内部控制的执行指南。它不仅探讨了舞弊行为的心理和社会基础，还提供了一套具体的策略和方法，帮助企业构建坚实的合规文化。希望能够通过本书，帮助读者识别和评估潜在的舞弊风险，设计和实施有效的内部控制措施，并建立起一种主动防范舞弊的企业文化。

本书的一大特色是案例分析。作者精心挑选了一系列具有代表性的舞弊案例，通过对这些案例的深入剖析，揭示了舞弊行为的模式和特点，以及如何通过内部控制和合规措施来预防和应对这些行为。这些案例包括了从小型家族企业到大型跨国公司的各类舞弊事件，涵盖了财务报表舞弊、资产挪用、贿赂和腐败等多个方面。

本书特别强调合规文化的重要性。强大的合规文化不仅能够预防舞弊行为，还能够提升企业的整体道德标准和社会责任。作者展示了如何通过领导力、培训、政策制定和日常实践来培养这种文化。合规文化的核心是一套清晰的价值观和行为准则，它能够引导员工做出符合企业利益和社会责任的决策。

本书的目标读者群体非常广泛，包括企业高级管理人员、合规经理、内部审计师、风险管理专家、法律从业者、学者，以及对企业治理和舞弊预防感兴趣的学生和研究人员。无论是对舞弊预防和内部控制有一定了解的专业人士，还是刚刚开始接触这一领域的新手，都可以从本书中获得有价值的信息和启示。

在本书的翻译过程中，出于行文流畅和符合汉语习惯等考虑，译者对原文所涉及到的一些表达和措辞尽量做一致性的处理。比如"公司"与"企业"会有混用；另如 Fraud 一词，根据所处语境应是对外时译为欺诈，对内时译为舞弊，但在译文中除了在非常明确的场景会做如此对应，大多则直接统一译为舞弊。限于译者水平，书中还有不少缺漏、错误和不足之处，恳请各位读者批评指正。

本书归属于《蓟门合规文库》之外文译丛系列，衷心感谢中国政法大学新兴学科培育与建设计划——合规学建设项目的大力支持，感谢清华大学博士后吴圣楠老师的专业协助，感谢中国政法大学出版社艾文婷老师和崔佳琳老师的精心润色，感谢中国政法大学石腾同学和秦梦楚同学的细致校对！

杜春鹏

二〇二四年八月于中国政法大学

《舞弊预防和内部控制执行路线图：创建合规文化》（第二版）之赞誉

"执行路线图触及了所有产生公司舞弊的根源。作者均为经验丰富的舞弊调查人员和联邦执法机构探员，阐述了公司舞弊的历史和重大里程碑，并准确讨论了当今高管和合规领导面临的关键问题。本书为希望制定和实施有效合规计划，并灌输诚信文化的企业领导者们提供了一个有价值的概览，以帮助他们的组织战胜当今越发复杂老练的舞弊者所带来的挑战。"

——Jeffrey Eglash，高级顾问，诉讼和法律政策部，通用电气公司

"Biegelman 和 Bartow 不仅敏锐地洞察出公司内部如何发生舞弊行为，还对其产生原因发表了深刻见解。预防舞弊需要扎实把握这两方面，这本书是每一位想要认真建立合规机制和企业文化，以有效预防舞弊的高管的必读之作。"

——Aaron G. Murphy，Latham & Watkins LLP 合伙人

"商业领袖应该遵循本书中的建议。预防舞弊不仅仅是建立一套政策。正如副标题所示，创建一种合规文化至关重要。空话无济于事。两位作者都是经验丰富的舞弊审查员，他们花了几十年的时间调查舞弊行为，并制定了防范舞弊的策略。在任何一家公司，这本书都是创造反舞弊环境的重要工具。"

——James D. Ratley，注册舞弊审查师，总裁兼首席执行官，注册舞弊审查师协会

"Biegelman 和 Bartow 的《舞弊预防和内部控制执行路线图》是所有对消除公司或机构舞弊有兴趣的人的必备指南。这本书由监测和防范各种形式舞弊的专家撰写，对于那些希望避免作者所看到的困境或在问题无法避免时需要管理危机的人来说，本书是一本案头书。新的第二版是对公司内部合规和法律部门，以及司法会计人员资料库所不可或缺的补充。"

——Joel M. Cohen，Gibson Dunn & Crutcher 合伙人，前纽约联邦检察官，
法国司法部和经合组织联络员

"Biegelman 和 Bartow 的书，为任何负责理解和处理在工作场所实施舞弊行为的人提供了专家指导。他们以直截了当的方式告诉读者，并为任何组织——无论其规模大小，提供有效的反舞弊机制实施的路线图和指导。我计划向我的董事会和管理层提供这本书。"

——Lisanne E. S. Cottington，公司合规官，Insight Enterprises, Inc.

"下一版本非常及时。它涵盖了当今监管环境下任何管理成员都需要了解的关键主题。这些作者利用他们丰富的公司和政府经验，创建了一个实用且易于理解的合规指南。对任何管理人员来说，都是极好的资源。"

——Karen Popp，Sidley Austin LLP 合伙人，前联邦检察官兼克林顿总统协理顾问

"随着企业合规问题的出现，高管们越来越受到关注，有关风险领域和最佳实践的明确指导是无价的。《舞弊预防和内部控制执行路线图》包含了有关这一复杂领域危险的说明性故事和实践技巧的及时组合。对于公司高管和许多专业人士来说，它是一种很好的资源，帮助公司预防或监测舞弊，并建立一种遵守法律的文化。"

——Barb Dawson，Snell & Wilmer LLP 内部调查和商业诉讼合伙人

"《舞弊预防和内部控制执行路线图：创建合规文化》是一本真正了不起的书。Martin Biegelman 和 Joel Bartow 取得了令人难以置信的成就：他们完美地弥合了理论/学术和实践/具体之间的鸿沟。这本书不应该仅仅放在对合规和舞弊预防感兴趣的经理（应该是每个经理）的书架上；它应该摊开放在所有这样经理的办公桌上，被时常翻阅至边角破损！向 Biegelman 和 Bartow 先生致敬！"

——William J. Kresse，M.S.，J.D.，CPA，CFF，CFE；雷厄姆管理学院副教授；芝加哥圣泽维尔大学舞弊和腐败研究中心主任

"Biegelman 和 Bartow 再次为企业界负责舞弊、诚信和合规事务的领导者提供了宝贵的资源。他们传递了一个明确的信息，即解决舞弊问题是一个由两部分组成的过程：建立健全的控制和监测措施；创造合规和诚信的文化。这部作品详细介绍了舞弊控制的世界，同时将文化的重要性放在首位。"

——Ronald C. Petersen，Ally 金融全球安全执行董事

"从道德和合规从业者的角度来看，Martin Biegelman 和 Joel Bartow 的新作是一道感恩节大餐。很多时候，公司和组织都会陷入此刻的困境，而不会退一步去审视舞弊存在的文化、组织和历史原因。Biegelman 和 Bartow 开辟了这条道路，利用他们的见解为设计有效的反舞弊计划提供了宝贵的建议。"

——James D. Berg，Apollo 集团公司副总裁，首席伦理与合规官

"Biegelman 和 Bartow 确实制定了一份功能路线图，供管理层在舞弊预防和内部控制方面遵循。这本书对于那些从事似乎无止境的控制舞弊斗争的人来说，是一笔巨大的财富，是行业人士的'必读之作'。"

——Raymond L. Philo，MPA，执行董事，Utica 学院经济犯罪研究所

"《舞弊预防和内部控制执行路线图》（第一版）对反舞弊人员来说好像还不够强大，现在 Biegelman 和 Bartow 给第二版增加了新的见解和建议。本书对成本高昂的内部和外部舞弊及腐败做了令人信服的更新，对最新的反舞弊技术做了易于阅读的描述，这对于舞弊审查员、审计员、律师和其他人来说，是一本必读书——无论他们是否读过本书的第一版。"

——Peter Goldmann，总裁，白领犯罪 101 LLC/FraudAware

"舞弊在当代企业文化中无处不在。本书提供了一个丰富和全面的指南，以制定一个先进的舞弊威慑计划。虽然这本书肯定能更好地装备企业高管和董事打击舞弊的能力，但我打算在教育代表未来 CEO 和 CFO 的会计专业学生方面，充分利用该书的内容。"

——Ingrid E. Fisher，博士，注册会计师，副教授，会计与法律系主任，

纽约州立大学阿尔巴尼分校

"这本书探索了从'烂苹果'到'薯片'（不能只吃其一）的舞弊理论，提供了对公司舞弊心理的有益探讨，解释了其反复发生的性质，并为创建反舞弊文化提供了线索。"

——Zachary W. Carter，Dorsey & Whitney LLP 庭审组主任和合伙人，

前美国纽约东区检察官

John Wiley & Sons 成立于 1807 年，是美国历史最悠久的独立出版公司。Wiley 在北美、欧洲、澳大利亚和亚洲都设有办事处，致力于在全球范围内开发和销售印刷品、电子产品和服务，以满足客户对专业知识的需求。

Wiley 金融系列包括专门为金融和投资专业人士，以及成熟的个人投资者及其财务顾问编写的书籍。书中的主题包括从投资组合管理到电子商务、风险管理、金融工程、估值和金融工具分析等。

有关现有书目清单，请访问我们的网站 www. WileyFinance. com。

本书献给我们的家庭，他们一直在支持和鼓励我们的整个职业生涯。如果没有他们，我们就不会有今天的成绩。

第二版序言

在大萧条以来最严重的金融危机之后，全球的公司都在努力满足投资者的期望，保持国际舞台上的竞争力。为了应对严峻的金融环境，公司将精力重点放在采取必要的削减成本措施上，同时也在新兴市场寻求机会，为这十年及以后开发新的产品和服务。这些挑战中蕴含着巨大的机遇，从金融危机的废墟中，将崛起更强大、更具适应性的公司。但不幸的是，在充满挑战的时期，一些员工被诱惑"走捷径"，从事舞弊活动。

与此同时，在金融危机期间及之前，监管机构因其明显缺陷面临着日益严格的审查。他们加大了调查和执法力度，来应对公司舞弊的增长。借助诸如《多德-弗兰克华尔街改革与消费者保护法案》（Dodd-Frank Wall Street Reform and Consumer Protection Act）和《英国反贿赂法案》（UK Bribery Act）等新的执法权力，监管机构加大了对公司舞弊行为的调查和起诉力度。

在此背景下，各公司必须持续致力于建立和维护一个强大的舞弊预防和合规计划。当下最好的全球公司，甚至是未来最好的全球公司必须将企业诚信和企业道德作为其核心文化，渗透到企业组织的各个层面，从董事会和高级管理层到外国子公司的入门级员工。不仅要守法，也要讲诚信、遵守道德和拥有最高等级的诚信品格。创建这样一种文化并不容易，但对希望在全球舞台上竞争的公司来说，这是必须实现的任务。

一项健全的反舞弊计划不仅是当今现代世界的重要业务需求，也是监管机构在出现问题后决定制裁措施的关键因素。美国司法部和证券交易委员会出台相关政策，如果被制裁的公司建立和维持了一套健全的合规计划与内部控制体系，则允许对其宽大处理。

Biegelman 先生和 Bartow 先生在其职业生涯中一直从事反舞弊和反腐败的调查预防工作，在帮助组织制定一流的合规计划和内部控制方面有着独到的见解。Biegelman 先生在联邦执法部门工作杰出，随后进入了私营部门，担任《财富》25 强公司的高级合规官。在此期间，Biegelman 先生设计并监管了一个财务诚信部门，该部门现在仍然是全球企业的典范。作为一名多产作家和演讲者，Biegelman 先生协助全球企业制定和改进反舞弊计划。Bartow 先生也走了一条类似的道路，在执法机关、咨询部门和企业担任领导角色。他为公司设计并实施反舞弊计划，也是一位成就斐然的演讲家和作家。

Martin Biegelman 和 Joel Bartow 既了解监管机构也了解公司，他们既进行过执法调查也进行过内部调查，他们在预防阶段和丑闻发生后与公司交涉。他们二人在职业生涯中致力于以一种独特的、坚定不移的方式，通过预防和遏制舞弊来改善组织。Biegelman 先生和 Bartow 先生一直在方法上寻求创新，他们还是这个领域的思想领袖和驱动力量。

在这本备受赞誉的《舞弊预防和内部控制执行路线图：创建合规文化》的第二版中，Martin Biegelman 和 Joel Bartow 将他们毕生的经验和无与伦比的知识转化为一本简洁的佳作。他们提供了必要的工具，以实现舞弊预防和合规的理想目标，并将其构建为具体有效的计划。作者提供有关舞弊风险评估、内部调查、热线电话、检举者、培训等方面的专业知识。第二版还讨论了自上一版本发布以来发生的重大监管变化。通过引人入胜和发人深省的例子和案例研究，作者为各种类型和规模的组织提供实用的建议。与上一版本一样，这本书将被证明是合规专业人员的不可或缺的读物。

——Bradley J. Bondi

合伙人，Cadwalader，Wickersham & Taft LLP

第一版序言

今天的商业领袖处于一个机遇前所未有，环境无比复杂的时代。商业全球化在每个行业飞速发展。最具竞争力的公司和最优秀的商业领袖正抓住机会，在这个星球上的每个国家进行开发、制造、销售新的产品和服务。如今，来自世界各地的公司之间互相合作已然司空见惯，但也是意料之中。最好的公司的员工组成反映出来自多种文化和背景的最聪明的头脑。技术进步促进了全球商业实践的发展，在许多方面加快了变革的速度。资本市场夜以继日地运作，奖励成功者，惩罚落后者。媒体和新闻界的报道及审查从未像今天这样普遍。伊利诺伊州开罗市发生的新闻和埃及开罗发生的新闻一样迅速地传播到世界各地。从国家和区域的角度来看，法律和监管制度差异很大。美国作为最大的市场，最近开展了自 1933 年和 1934 年《证券法》颁布以来对上市公司最全面的改革。准确地说，这是资本主义历史上最复杂和激动人心的时期之一。机遇和复杂性前所未有。

为了抓住机遇并管理复杂性，商业领袖们正在提升他们的领导力并改进其管理实践。绩效在公司运营的各个方面都有明显提升，包括研发、销售和营销，一直到董事会和扩展组织的治理。全球市场对最佳公司的回报是前所未有的。然而，未能及时改善或表现欠佳的公司将面临财务业绩下滑和公司品牌倒闭等迅速而消极的后果。

没什么比实施舞弊和内控受损，更能减弱领导能力和降低绩效。太多公司未能建立一个结构良好的控制和治理体系。虽然《萨班斯-奥克斯利法案》（Sarbanes-Oxley Act）催化了变革，但在很多情况下，它也只是检查清单的简单运用。

当今和未来最好的全球公司将拥有完善和规范的商业实践，并在全球范围内统一执行。无论各地习俗和法律有何不同，都包括问责和合规制度。董事会和高级管理层制定准则和奠定易于理解的基调，作为公司文化的核心部分。创建完善的业务流程，以确保账目准确、披露彻底，政策得以遵循。管理层的工作是建立预防和监测系统。简而言之，最好的领导者和公司要确保合规系统是其业务的必要组成部分。然而，令人惊讶的是，反舞弊作为持续合规环境的关键组成部分，却常常被忽视。最好的公司认为他们雇用的是最顶尖的人才，他们在高层设置了正确的基调，他们也有明确的行为准则。所以当发现组织中的某个人实施了舞弊行为，他们往往非常惊讶。

世界领先的公司正在建立和配置反舞弊部门来预防合规问题，进而促进合规计划上升到一个新的水平。作为世界一流公司之一的高级管理人员，我可以亲身谈谈建立预防性反舞弊计划，并将其视为全面合规环境的组成部分的价值和重要性。这个部门能让微软系统监测出我们看不到的问题。此外，反舞弊部门的领导将作为管理培训计划的重要人员，确保业务实践在全球范围内保持一致。站在首席财务官的角度，我很高兴看到一个有助于合规的部门和计划被建立，况且它的收益比成本更多！

本书中，读者将得到一个令人愉快的舞弊预防和内部控制路线图。书中说明性的故事和技巧，以及建立正确的组织、目标和实践的实际管理建议，都使之成为一本必读之作。

这本书提供了当前监管制度中有关实践和要求的重要背景信息。最后，其"14 要点管理反舞弊计划"将允许每位读者应对全球商业环境中的挑战和复杂性。

享受这本书吧！

——John Connors

前　言

　　欢迎阅读第二版《舞弊预防和内部控制执行路线图》。本书第一版广受好评，反馈很好，我们对此非常感谢。没有什么事比知道他们的写作劳动提供了教育价值更能取悦作者了。这本书正被高校用作教科书。其第一版已被翻译成中文，并在合规计划中用作参考资料。然而时间和舞弊不会停步。在这期间发生了不少事件和变化，所以需要更新本书。第二版中，我们在添加新素材的同时，保留了相关和不易受时间影响的内容。

　　我们不断看到公司出现舞弊行为和违法行为，这不可避免地影响公司业务，甚至引起执法调查。数十家公司卷入了政府对股票期权的回溯调查。美国司法部和证券交易委员会加强了对腐败和贿赂的调查，对违反《反海外腐败法案》（Foreign Corrupt Practices Act）的行为提出了越来越多的起诉。印度一家曾经备受推崇的科技巨头发生了一次极为严重的会计舞弊。我们目睹了自大萧条以来最严重的金融危机和曾经受人尊敬的金融机构的崩塌。因此，颁布了新的法律，包括《反舞弊执法与恢复法案》（Fraud Enforcement and Recovery Act）和《多德-弗兰克华尔街改革与消费者保护法案》（Dodd-Frank Wall Street Reform and Consumer Protection Act）。

　　在一个完美的世界里，并不需要这本书。所有公司员工，从首席执行官、首席财务官、董事会到初级员工，都具有最高等级的诚信品格和正直品质。不存在舞弊和滥用，没有财务报表舞弊、资产挪用、回扣或贿赂。然而不幸的是，我们生活在一个不完美的世界，在这个世界中，不合规、不当行为、舞弊和腐败时有发生。人们只需阅读报纸或收看晚间新闻，就可以了解最新的公司丑闻、政府调查或股东诉讼。曾经受人尊敬的企业巨头们由于财务上的不当行为，不断面对"perp walks"[1]和监禁。

　　常识告诉我们，一个企业高管或经理只需要听到："决不进行任何形式的舞弊行为。"然而，舞弊预防总是涉及更进一步的措施：对任何形式的舞弊行为零容忍，为所有员工提供反舞弊意识和预防培训，建立强有力的内部控制体系，通过健全的舞弊监测、调查和预防计划控制舞弊风险。然而，期待仅仅通过这些步骤就可以阻止所有形式的舞弊和滥用发生则过于天真。公司犯罪总会伴随我们，这是一个既定的事实。真正需要的，是一种持续的合规文化，这种文化崩塌是一个瞬间的事，但构建却需要数年的时间。公司高管需要一个指南，来制定一个有效的计划，保护公司免遭舞弊带来的恶果。2002年通过的《萨班斯-奥克斯利法案》（Sarbanes-Oxley Act）、《联邦组织量刑指南》修正案（Amendments to the Federal Sentencing Guidelines for Organizational Crime）、《多德-弗兰克法案》（Dodd-Frank Wall Street Reform and Consumer Protection Act）的颁布以及其他相关加强合规的规范，要求首席执行官、首席财务官和董事会理解：必须有到位的保护措施，方能预防公司舞弊。

---

　　〔1〕　perp walk 是 perpetrator walk 的缩略形式，纽约警察和摄影记者至少已使用50年，指嫌疑犯从警察局走出来亮相。之所以这样做，是展示警察最近的业绩以及羞辱嫌疑犯。

　　舞弊并不是什么新鲜事。历史表明，舞弊一直是我们社会的一部分，而且以后还会是。正如埃德温·霍姆斯（Edwin R. Holmes）法官在 1941 年 Weiss 诉美国一案中所言，"法律没有对舞弊行为下定义；它不需要定义；它与说谎一样古老，与人类的创造性一样多元。"我们看到公司丑闻不断发生，政府不断采取有力的应对措施。对作恶的人只打一巴掌的日子一去不复返了。如今，公司舞弊导致股东诉讼、公司倒闭、高管被判入狱，以及投资者要求改革的强烈抗议。

　　此外，由于数十亿美元的股票损失和投资者在市场上的信心大大降低，人们比以往更加关注发现和防止舞弊。财务报表舞弊和其他内部舞弊为公司带来了相当大的风险。颁布更规范的报表要求，加强对公司的公众监督，促成了执法新时代的发展。然而，内部舞弊并不是企业面临的唯一风险。外部欺诈也会攻击公司，对公司财务和声誉造成重大损害。

　　尽管没有人期望 CEO、CFO 和其他公司高管和经理能够成为舞弊预防专家，但就当前形势，他们需要对舞弊审查的原则和最先进的合规计划有一个透彻了解。这本书是一个路线图，帮助高管人员了解舞弊和减少其影响。乔治·桑塔亚纳（George Santayana）曾经说过，那些不记得过去的人注定要重蹈覆辙。这本书回顾了过去，有助于更好地认识舞弊的性质，了解预防舞弊的方法。它将现在和将来可以应用于预防舞弊的教训联系起来，还回顾了解释舞弊如何、以及为什么在组织内部发生的理论和模型。它接着描述了舞弊预防的当前形势及其重要性，并以提供合规文化路线图的方式结篇。创造这种文化是企业定位自身，适应愈发严格的法规和透明度、问责制的新环境的唯一途径。这是一种主动切实预防舞弊的方法。仅仅在舞弊问题发生后做出应对，不再可行。

　　我们对如何预防公司舞弊提供了独特视角。我们是该领域的终身从业者，在公共与私营部门监测和调查舞弊以及白领犯罪方面拥有超过 60 年的经验。我们拥有相似的职业经历，作为美国邮政检查局和联邦调查局的联邦探员，调查舞弊和腐败行为，包括公司犯罪、投资舞弊、回扣计划、国际舞弊、保险和医疗诈骗、有组织犯罪以及违反《反诈骗和腐败组织法案》（Racketeering and Corrupt Organizations Act，RICO）。我们参与了对数百名舞弊犯的起诉。

　　然后我们进入私营部门，代表公司客户进行调查，这些客户遭受舞弊和其他犯罪的侵害。我们在世界各地为大公司、小公司、公共公司和私人公司处理案件，帮助企业高管认识到舞弊预防的重要性。随后被公司招募，被赋予运用知识、技能和经验，创造和管理全球舞弊预防和反腐败计划的责任。我们都是注册舞弊审查师（Certified Fraud Examiner，CFE），现今仍在从事这项工作。

　　在我们的职业生涯中，在法庭和董事会会议室与受害者和犯罪者、调查官和检察官共同工作之后，我们对各种各样的舞弊行为以及人们实施舞弊的原因有了深刻的了解。我们有许多教训要分享，以及许多关于如何监测、调查和预防舞弊的案例研究和经验。本书旨在为公共和私人公司的高管提供入门读本，他们希望保护自己的组织免受舞弊和不当行为的影响。本书将为中小型公司的高管提供特别的见解，他们可能错误地认为自己没有面临舞弊问题，或者可能不完全理解舞弊预防与良好的公司合规之间的关系。除高级管理人员外，本书还将有助于中低级管理人员和经理，帮助他们了解自己在预防舞弊方面能够起到的作用。它对舞弊调查人员、检察官、学者、学生以及对反舞弊领域感兴趣的任何人都有价值。每一章都从一个摘要开始，详细介绍本章的要点和重要结论。在不同的章节中，高管的见解和法庭出示的证据被用来强调重要的概念和提供案例研究。我们设计这本书是为了方便用户阅读，读者不必非要是注册舞弊审查师，才能够理解其中的概念和程序。通过制定公认的舞弊预防标准以及新的建议，本书帮助高管建立了世界级的舞弊调查和预防计划。对执法情形的讨论有助于读者理解舞弊的含义，以及每一个环节的合规需求。

多年来，我们一直在调查舞弊和腐败问题，但并未见到情况有所好转。也可能，我们永远都见不到。然而，应对舞弊的方式发生了变化。国会针对公司的不法行为颁布了更严厉的法律，大幅增加犯罪分子的刑期。对于舞弊者来说，这不是最好的时机；对于守护者和守门人来说，这却是个好时机。现在是成为一名舞弊调查人员的最好时机。任何公司高管、经理或员工在考虑走上"阴暗面"的道路时，都应该记住，舞弊和不合规行为将受到法律的强力打击。

本书将是您了解公司舞弊、实施舞弊预防和创建合规文化的路线图。最后，我们很荣幸成为您的这段旅程的向导。

致　谢

写一本这样的书从来不是一件容易的事情，如果没有他人的智慧、帮助和鼓励，我们就不可能完成它。首先，致谢我们的朋友和顾问，乔·威尔斯（Joe Wells），他是注册舞弊审查师协会（ACFE）的创始人和主席，是一位真正的对舞弊预防有远见卓识的人：他鼓励我们写这本书，并在这一过程中一直帮助我们。

Daniel Biegelman 再次为传播思想、研究和内容提供了非凡的帮助，同时帮助编辑和校样。Martin Biegelman 的妻子 Lynn 审阅了手稿，提供了宝贵的反馈和建议。

特别感谢我们的执行编辑蒂莫西·伯加德（Timothy Burgard）。蒂莫西给了我们写这本书的最初机会，然后指导我们完成写作和出版过程。他在第二版中也提供了同样的帮助，我们对此特别感激。我们还想感谢 John Wiley & Sons 的 Helen Cho、Stacey Rivera 和 Todd Tedesco，他们在帮助我们成功完成本书的过程中发挥了无价的作用。

我们感谢那些提供想法、内容和协助的人：Jim Ratley，John Gill，Dick Carozza，Brock Phillips，Tammi，Johnson，Jerry Bamel，Gaurav Ajmani，Karen Popp，Frank Goldman，Walt Pavlo，John McDermott，George Stamboulidis，Mark Kirsch，Anthony Migliaccio，Patricia Sweeney，and Aaron Beam。Richard Hurley 博士对我们的第一版提供了丰富的反馈，帮助我们将这本书变得更好，为此，我们欠他一份感激之情。

我们对为第五章，企业风险管理（Enterprise Risk Management，ERM）部分提供指导和内容的 Bob Tenczar 深表感谢。作为微软公司的企业风险管理高级主管，Bob 在构建世界级风险管理计划方面具有独特的学科专长，这使他成为业界备受追捧的思想领袖。

特别感谢 Barbara Thompson 分享了她在进行背景调查方面的丰富知识和经验，详见第十三章。我们十分感激她的智慧和贡献。

当我们希望有人读我们的第二版手稿时，我们又求助于一位亲爱的朋友，DeWayn Marzagalli。DeWayn 是非常出色前联邦探员，提供了敏锐的眼光和建设性的评论。

我们特别感谢 Bradley Bondi 为我们的第二版撰写了前言。Bradley 是一位杰出的诉讼律师、富有创造力的多产作家和受人尊敬的演说家。再次感谢 John Connors 为我们作了第一版前言。作为微软公司的首席财务官，他建立了一个世界级的财务组织，并在创建合规和诚信文化方面以身作则。

对于那些每天都在打击舞弊和腐败行为的专职执法人员和注册舞弊审查师们（CFEs），我们向你们致敬。我们在本书中认识到正是他们的工作，是他们那些孜孜不倦努力的人，使公司舞弊者承担责任，而保护公益。

目 录
CONTENTS

第一章　舞弊的疯狂捕食

🎯 摘　要

在本世纪的头十年，持续不断的企业舞弊"疯狂捕食"证明，我们没有从历史中吸取教训。受人尊敬和信任的企业高管已被揭露是道德败坏的舞弊者。他们变成了流氓员工：忙着从公司的"储钱罐"里偷东西，无暇顾及对员工、股东、客户或自己造成的后果。安然（Enron）和世通（WorldCom）等公司巨头及其高管都卷入了财务会计舞弊和其他众多舞弊案。数十亿美元投资蒸发后，政府对公众的强烈抗议做出了有力回应。总统提倡公司责任的必要性，并承诺将逮捕每一个插手公司资金的高管。一些被起诉的首席执行官提出"厚颜无耻的辩词"（Chutzpah Defense），声称当公司发生舞弊时，他们没听过，没说过，也没看见过。其后果就是被起诉，随后是"perp walk"和定罪，政府对公司舞弊预防的看法也发生了转变。然而，舞弊还在冒头。

舞弊的疯狂捕食势头仍然强劲

20 世纪 80 年代末，一名联邦探员调查了一宗纽约市涉案金额高达 9500 万美元的诈骗案，涉及邮件舞弊、银行舞弊、洗钱和一系列其他犯罪。该探员和他的团队逮捕了许多参与这宗大规模诈骗案的嫌疑犯。逮捕了其中一个主要参与者后，该探员对被告的犯罪行为做出评价。他把这比作饥饿的鲨鱼在捕食无助的猎物，并称之为"舞弊的疯狂捕食"行为。多年来，这个表述经常被用来描述各种各样成为头条新闻的舞弊案件。这种对舞弊行为和舞弊行为实施人时髦的、即兴的描述，告诉人们舞弊行为可能产生的破坏性影响。就像无情的鲨鱼不断地寻找它们的下一餐一样，舞弊者从不停止寻找新的实施舞弊和经济犯罪的机会。

舞弊一直是诚实公民和企业的眼中钉。制定强有力的法律和赋予执法机构权力是有益处的，但肯定不能保证杜绝舞弊行为，这是多年来一直存在的，一有机会就会出现的一类犯罪。不知情的人们会认为，近年来公司的不法行为是第一个此类大规模的舞弊，那他们还有很多东西要学。"因此，在全国范围内，成千上万无辜和纯朴的人们，对这些城市小偷和强盗的所作所为一无所知，他们不断受到敲诈和抢劫。"[1]这听起来不像是对 Enron、WorldCom 和其他公司舞弊案的许多受害者的描述吗？一个多世纪前，一位美国《邮件舞弊法令》[2]的国会提案人就曾说过这句

---

〔1〕　归因于 1872 年颁布的《邮件舞弊法令》的一位匿名国会提案人。
〔2〕　《邮件舞弊法令》，美国法典第 18 章第 1341 节。

话。1872 年，在消费者邮购舞弊泛滥之后，美国颁布了《邮件舞弊法令》，这是美国最古老、最重要的反舞弊规定。今天，所有类型的消费者舞弊仍然会受到《邮件舞弊法令》的起诉，大部分公司舞弊，无论大小，均是如此。《邮件舞弊法令》是起诉舞弊行为时可供选择的一件武器，只要邮件以某种方式用于进一步犯罪，它就能涵盖所有的舞弊计划或技巧。如果使用电子邮件、社交媒体或其他电子通信手段使舞弊行为持续存在，则可使用《电汇舞弊法令》。

几年时间会有何不同

舞弊对 21 世纪初的公司格局产生了巨大影响。安然（Enron）、世通（WorldCom）、泰科（Tyco）、阿德菲亚（Adelphia）、南方保健（HealthSouth）等公司受会计和其他财务犯罪指控，占据新闻头条。首席执行官经历备受瞩目的审判后被定罪，送进监狱。数百万投资者损失了近十亿美元，数百万人对华尔街失去信心，公司犯罪仍然是新闻热点。2002 年，政府成立了公司舞弊特别工作组（Corporate Fraud Task Force），"让不法分子承担责任，并在全国范围内恢复公司内部的问责制和诚信氛围。"[1]除了因会计舞弊起诉公司及其高管外，特别工作组还起诉期权回溯、内幕交易、证券舞弊、市场操纵、收入和收益管理计划、《反海外腐败法案》违法行为、对冲基金和避税舞弊。公司舞弊特别工作组之所以成功，是因为它通过将来自 10 个部门的"数千名调查人员、律师、会计师和监管专家的才能和经验"结合起来，将联邦政府的全部力量用于打击公司舞弊者。[2]

许多曾面临刑事指控的公司高管，既有来自知名公司的，也有来自不甚知名的公司的。尽管主要实施者占据了头条新闻，但被告实际上来自各种类型和规模的企业（例如，新泽西州的一家面包圈公司通过制造虚假销售，采用舞弊手段夸大收入）[3]。当涉及到公司舞弊时，任何人都可以成为实施者。表 1-1 列出了一部分由公司舞弊特别工作组起诉的公司。

表 1-1 公司舞弊特别工作组起诉的重大刑事案件

Adelphia
Allfirst
Allou Healthcare
American Tissue
Arthur Andersen
Biocontrol
Cendant
Charter Communications
Computer Associates
Comverse Technology
Credit Suisse First Boston
Dynegy
eConnect

---

〔1〕 美国司法部档案馆：《总统的公司舞弊工作组》，载 www.justice.gov/archive/dag/cftf/。

〔2〕 同上。

〔3〕 美国诉 Allan Boren 和 Eric Cano 案，第一次替代 2001 年 2 月提交的起诉书，Cr. 第 01-730（A）-GAF 号，美国加利福尼亚州中区地方法院，第 5-6 页。

Enron
FinancialAdvisory Consultants
GenesisIntermedia，Inc.
Golden Bear Golf
HealthSouth
Homestore
ImClone
Informix
Just for Feet
Katun Corporation
L90，Inc.
Leslie Fay
Manhattan Bagel
McKesson
Merrill Lynch
MonsterWorldwide
Network Associates
NextCard，Inc.
Nicor Energy
Peregrine Systems
PurchasePro
Quintus
Qwest
Refco
Reliant Energy Services，Inc.
Rite Aid
SafeNet
Symbol Technologies
Targus Group
U. S. Technologies
Vari-L Company，Inc.
Waste Management
WorldCom
Zurich Payroll

资料来源：美国司法部、公司舞弊特别工作组、重大刑事案件和指控文件，载 www. justice. gov/ar-chive/dag/cftf/cases. htm。

领导之"个人储钱罐"理念

近年来的公司丑闻有一个共同的"配方"：没有诚信、十足傲慢、极度贪婪的公司高管，再 5
加上无力承担独立审计责任的董事会和会计师事务所。高管们表现为完全无视股东，认为自己可
以从各自的公司里偷走巨额资金。以 Tyco 公司的前首席执行官丹尼斯·科兹洛夫斯基（Dennis

Kozlowski）案件为例，有多份报告称，他过分地将公司资金用于奢侈的派对和个人消费。[1]Kozlowski 从 Tyco 公司处获得了 1900 万美元的无息贷款，以及 1100 万美元的艺术品、古董和家具用于其纽约的公寓，其中包括当下声名狼藉的 6000 美元的花式浴帘。更严重的是，Kozlowski 花费 210 万美元招待其朋友和家人，到意大利撒丁岛为其妻子庆祝生日，Tyco 公司支付了其中一半的费用[2]。因为 Kozlowski 是首席执行官，他很容易从公司里拿出他想要的钱。然而，他并没有逃过司法制裁，随后因其犯罪行为被定罪并入狱。

Kozlowski 并不是唯一一个可以随意提取公司保险柜的高管。那些允许贪婪上头的高管很容易滥用其来自于绝对控制的权力。很显然，Adelphia 的前首席执行官 John Rigas 从未想过他会因盗窃公司的"储钱罐"而被捕定罪。Rigas 和其他 Adelphia 高管被指控从公司劫掠超过 10 亿美元。他们不认为公司的资产是属于股东的。他们觉得自己不用对任何人负责，但这场会计舞弊一经发现，联邦当局就立刻逮捕了他们。

前 WorldCom 首席财务官 Scott Sullivan 也承认，他有一个个人储钱罐可以自由使用。这位电信巨头的前首席财务官从未想到自己会以这种方式在公众面前亮相，但在他因大规模的会计舞弊被捕后，他在曼哈顿进行了"perp walk"，并在联邦调查局探员的陪同下公开露面。随后不久，他帮助政府检举了他的老板，即前 WorldCom 首席执行官 Bernard Ebbers，并将其定罪。

一种不合规的文化，再加上缺乏问责制和透明度，导致曾经受人尊敬的公司被实施舞弊的首席执行官、首席财务官和其他人大肆劫掠与消费。实施舞弊者从不考虑后果，或者他们认为不会有后果，他们将自己凌驾于法律之上。他们认为"储钱罐"是他们自己的，可以随意挥霍，而不关心或认可股东才是其真正的所有者。这些高管忘记了他们真正为谁工作。

高管洞察 1.1：百万富翁 CEO 变贪婪

洛基·奥基（Rocky Aoki）是著名的 Benihana 亚洲连锁餐厅的创始人。1964 年，Aoki 创立了这家公司，借鉴日本牛排馆的经验，并聘用擅长表演的厨师，在客人面前烹制食物。Benihana 在美国各地开设直销店，并最终在纳斯达克上市，Aoki 担任 CEO 兼董事会主席。公司的口号"每一桌都有一种体验"正是对在 Benihana 用餐体验的最好描述。[3]

不幸的是，Aoki 除了是 Benihana 亚洲连锁餐厅的创始人之外，还有另一段不那么光彩的历史。1993 年，他因参与一项内幕交易计划被起诉并定罪。[4]Aoki 从一名股票发起人处获得内幕信息，而该发起人同时也是频谱信息技术公司（Spectrum Information Technologies）的公关顾问。频谱公司是纽约曼哈西特的一家上市公司。[5]频谱及其公司高管随后因其他问题登上头条新闻，包括"通过人为抬高股票价格欺骗投资者"和其他舞弊行为的指控。[6]频谱案将在第 13 章的高管洞察之 13.1 部分做进一步介绍。

---

[1] Mark Maremont, Colleen DeBaise：《检察官表示两位高管使用 Tyco 作为"储钱罐"》，载《华尔街日报》2004 年 3 月 17 日，第 C1 版。

[2] Colleen DeBaise：《最新的"一发不可收拾的 Tyco"视频曝光了，陪审员看到了价值 6000 美元的浴帘》，载《华尔街日报》2003 年 11 月 26 日，第 C1 版。

[3] Benihana, Inc.，载 www.benihana.com。

[4] Alan Wax, Patricia Hurtado：《Benihana 创始人获得缓刑，减少罚金》，载《新闻日报》2000 年 3 月 8 日，第 A54 版。

[5] 美国诉 Rocky Aoki 案，起诉书，美国纽约东区地区法院，CR 98-593。

[6] James Bernstein：《联邦调查局对频谱公司三人的舞弊指控，SEC 说高管们人为地推高了股票价格》，载《新闻日报》1997 年 12 月 5 日，第 A77 版。

根据 1998 年 6 月对 Aoki 的联邦起诉书，1993 年 9 月和 10 月，频谱公司与苹果电脑公司前首席执行官兼董事会主席 John Sculley 进行了秘密谈判，商讨让他加入频谱公司并担任类似的管理职位。在此期间，Aoki 向 John Sculley 索求并收到了"有关频谱公司与 Sculley 谈判的非公开信息"。信息中包括 Sculley 将加入频谱公司的机密细节。1993 年 10 月 18 日，频谱公司公开宣布，Sculley 已接受其高管职位并加入公司的消息。消息一经公布，如预期一致，频谱公司的股价从 7.63 美元上涨至 11.13 美元，涨幅达 46%。1993 年 9 月 29 日至 10 月 15 日期间，Aoki 通过三个不同的经纪账户购买了频谱公司的 20 万股股票。1993 年 11 月 2 日，Aoki 出售了这 20 万股股票，盈利大约为 59 万美元。[1]

随后，Aoki 在 1993 年 11 月 8 日左右为这位告密者开设了一个经纪账户，并指示为该账户购买 1000 股频谱公司的股票。此后不久，Aoki 指示其个人经纪账户将 10 000 美元转入告密者账户，以支付所购的 1000 股股票的费用。告密者随后卖掉了那些股票。[2]在 1998 年 5 月对 Aoki 的调查公开后，他辞去了董事长兼首席执行官的职务，希望他的离职能减轻对 Benihana 的影响。[3]

纽约长岛的邮政检查员进行了调查，并于 1998 年 6 月就一项共谋罪和五项内幕信息交易罪对 Aoki 提出联邦起诉。[4]在宣读起诉书时，时任美国纽约东区检察官 Zachary Carter 表示，"内幕交易削弱了公众对我国证券市场公平运作的信心"。[5]

虽然 Aoki 犯下严重的罪行，影响了他的生活和公司，但他意识到了自己的错误并承担了责任。1999 年 8 月 23 日，他对四项内幕交易罪认罪，2000 年 3 月 8 日，他被判处三年缓刑和 50 万美元的罚款。[6]法官对 Aoki 宽大处理，因为认罪协议还规定了 100 万美元的罚金和 8 个月的居家关押。[7]

进行该调查的邮政检查员 John McDermott 评论说，与其可能的净资产相比，Aoki 却无法抗拒赚得少得多的金钱的诱惑。Aoki 利用内幕消息，但被抓住，是因为他愚蠢地从他的经纪账户通过电汇把资金支付给告密者。电汇直接指向了 Aoki，使其被追查。

骗子员工

"骗子员工"是指任何一名员工，无论其职级如何，都会偏离其受雇的职位，从内部攻击公司实施舞弊，造成公司财产和声誉的损失。[8]骗子员工有自己的谋划，他们的利益与雇主的利益不一致。事实上，他们不是公司真正的员工。真正的员工致力于公司的使命，是团队的一部分，帮助公司发展到更高的高度，取得更好的成果。骗子员工不为公益和企业的业绩而工作。他们的目的是偷窃、诈骗、捞钱以填充自己的腰包，损害雇主的利益。媒体上描述的典型骗子员工是首席执行官、首席财务官或其他高管。虽然这些职位最受媒体关注，但骗子员工其实可能出现在公司的任何地方。在许多情况下，长期处于"雷达屏幕下"的低级别员工可能就是罪犯。无论骗子

〔1〕 美国诉 Rocky Aoki 案，起诉书。

〔2〕 同上。

〔3〕 综合新闻服务：《Benihana 创始人辞职》，载《新闻日报》1998 年 5 月 20 日，第 A47 版。

〔4〕 Robert E. Kessler：《Aoki 在股票交易中被起诉，Benihana 创始人据称有偿获取频谱公司发展的内幕信息》，载《新闻日报》1998 年 6 月 10 日，第 A51 版。

〔5〕 同上。

〔6〕 Wax, Hurtado：《Benihana 创始人得到缓刑，减少罚金》。

〔7〕 同上。

〔8〕 Timothy L. Mohr：《员工舞弊和流氓员工——预防和监测》，提交给纽约尤蒂卡学院的专业项目，2002 年 12 月。

员工在公司的何处，关注内部控制和舞弊预防，对于减小员工舞弊产生的影响都是至关重要的。

首席执行官厚颜无耻的辩护

重大的公司舞弊，以及由此引起的对应负责任的公司高管的起诉，提供了一种新的辩护姿态，可恰当地称之为"厚颜无耻的辩护"（Chutzpah Defense）。"Chutzpah"是一个意第绪语词，意思是令人难以置信的鲁莽、厚颜、傲慢自大。公司高管们给这个词赋予了新的含义，它可以应用于他们的刑事辩护策略，帮助他们试图逃避刑事定罪和长期监禁。你喜欢怎么叫这种辩护就怎么叫——"聋、哑、盲"辩护；"狗吃了我的家庭作业"辩护；"嘿，我只是首席执行官，我怎么知道发生了什么？"辩护——但"厚颜无耻的辩护"是对其最好的描述。这种无耻的辩护策略是将公司舞弊者从适配的惩罚中解救出来的最后一招。

作为追求司法公正的前联邦探员，笔者完全清楚，为受刑事指控的客户辩护时，一个有能力的专业律师有义务去做什么。然而，首席执行官、首席财务官或其他高管不知道他们公司发生的情况却令人难以置信。如果他们真的不知道发生了什么，他们就不应该承担这些角色。"锅炉房骗子们"（Boiler room scam artists）在试图向毫无戒心的投资者推销虚假证券时，喜欢说"在这只猪身上涂口红，然后把它卖掉"。这正是一些被起诉的公司被告试图应用"厚颜无耻的辩护"所做的。虽然这些欺骗可能对某些人起作用，但一般对陪审团无效。最近的经验表明，陪审团不会接受"厚颜无耻"的辩护。为避免定罪而尝试过这种方法的受审高管已经输了。[1]陪审团不会相信声称对发生在他们眼皮底下的大规模舞弊一无所知的首席执行官。猪，即使搽了多层口红，也不会飞。

伯纳德·埃伯斯（Bernard Ebbers）尝试了"厚颜无耻"辩护，但失败了。在结案辩护中，检察官称之为"糟糕"的辩护：Ebbers声称他没有会计专业知识，也不知道WorldCom发生的任何舞弊行为。他只是个"好孩子"，是公司的"啦啦队长"，把细节都留给了其他人。本案中正义之所以胜出，是因为当一个人是首席执行官或首席财务官时，辩解自己对大规模舞弊并不知晓是行不通的。公司治理变革的基本原则都是问责制，特别是对公司高管而言。

尽管可以争辩说，人们对自己行为的责任感的接受程度最近在社会上呈下降趋势，但从对麦当劳公司提起的诉讼中可以看出，将体重相关问题归咎于他们的汉堡，或将烫伤归咎于他们的热咖啡，至少是有了更好的变化。《萨班斯-奥克斯利法案》和改进了的公司治理提高了公司的责任感和问责制。对智者来说："责无旁贷"这句话，应该用大字字母写在每个公司高管的办公桌上，以提醒所有人，"厚颜无耻"的辩护并不是一项选择。

公司舞弊选录

Enron公司的倒闭是许多上市公司丑闻中的第一例，并使国会开始着手制定旨在制止公司舞弊的法案。随之而来的是更多的犯罪行为和案件披露。美国国会对生物技术公司的ImClone系统进行了调查，因为他们没有告诉投资者其药物没有得到食品药品管理局（Food and Drug Adminis-

---

〔1〕 2005年6月，南方保健公司前首席执行官Richard Scrushy被判无罪是一个例外。尽管不利于Scrushy的证据看起来似乎很可怕，但陪审团却不这么认为。有些人将无罪判决归因于在阿拉巴马州伯明翰审判此案的"主场优势"——因为在伯明翰Scrushy很受欢迎，以及辩护团队在弹劾许多控方证人方面所做的出色工作。

tration）的批准。Adelphia 向其首席执行官及其家人支付了数十亿美元的秘密贷款。Arthur Andersen 因在 Enron 调查中妨碍司法公正而被起诉和定罪。2005 年 5 月，美国最高法院以陪审团指示不当为由推翻了这一定罪，尽管如此，公司仍然倒闭，损害已经发生。Merrill Lynch 公司同意支付 1 亿美元的罚金，以了结该公司股票研究误导投资者的指控。这些披露和随后的其他事件迫使国会重新审视公司改革。从这些大公司的倒闭中可以汲取很多重要的教训。

Enron

与近几年面临丑闻的其他公司相比，Enron 成为公司贪婪和舞弊方面的典范。从 2001 年 10 月 16 日 Enron 公司报出 6.38 亿美元的损失开始，舞弊的披露就是不间断的。2001 年 8 月，前首席执行官杰弗里·斯基林（Jeffrey Skilling）的辞职可能不仅仅是一个巧合，更像是一个预兆。正如 2004 年 2 月 18 日在 Skilling 的起诉书中所述，他是在"没有对公众发出任何预警"的情况下辞职的。[1] 对刑事指控的解读说明了他为什么要尽快辞职。对 Skilling 和其他共谋者的起诉书详述了 Enron 的"疯狂捕食"。起诉书在描述诈骗计划时指出：

从 1999 年到 2001 年底，被告 Jeffrey K. Skilling 和 Richard A. Causey（前 Enron 公司首席会计官和执行副总裁）及其同谋参与了一项范围广泛的计划，就 Enron 公司的真实经营业绩通过以下方式欺骗投资公众、美国证券交易委员会、信用评级机构和其他机构：①操纵 Enron 公司的财务，使 Enron 公司公开报告的财务业绩似乎虚假地符合或超过分析师的预期；以及②就 Enron 的财务业绩和结果作出虚假和误导性的公开陈述和声明，因为它们在所有重要方面都没有公平和准确地反映 Enron 的实际财务状况和业绩，并且没有披露使这些陈述和声明真实且准确的必要事实。[2]

早些时候，有很多人批评 Enron 特别工作组没有快速地将公司的不法分子绳之以法。不断有人抱怨检察官拖后腿，进展太慢。这些人大错特错。复杂的白领犯罪在起诉之前，通常需要几个月甚至几年的时间才能完成调查。缓慢、稳定且详尽的证据收集，不能与无所事事混为一谈。企业高管需要记住，联邦调查员和检察官一直在幕后工作，采访证人、传唤文件、悄悄地将调查目标"转换"为合作者、证实信息并立案。对 Enron 公司的调查就是这样的。正如时任美国助理检察长克里斯托弗·雷（Christopher Wray）在对 Skilling 提出起诉时所说，"对 Enron 首席执行官的起诉表明，我们将跟随证据指向的地方，无论指向谁——哪怕是公司的最高层。"[3]

已故的 Enron 公司前董事长兼首席执行官肯尼斯·莱（Kenneth Lay），采用他"厚颜无耻的辩护"的变体版本——"Magoo 先生辩护"。Magoo 先生是一个笨拙且短视的卡通人物，他对周围发生了什么全然不知。喜剧演员兼电视评论员丹尼斯·米勒（Dennis Miller）开了个关于 Lay 的玩笑，他告诉所有愿意听的人，他是一个商业天才，是董事会主席的耳朵——但这在"联邦调查局"开始调查 Enron 后戛然而止。突然，他变成了一个笨手笨脚的 Magoo 先生，他不知道自己公司里发生了什么。他对自己作为创始人、董事长和首席执行官的公司发生如此大规模的舞弊行为视而不见，令人难以置信。Lay 多次在电视上为自己辩护，说他对 Enron 公司"捏造账簿"和其他舞弊行为一无所知。当公司即将破产时，他公开鼓励员工购买更多的 Enron 股票，声称股票此刻价格极低，具有巨大的价值。虽然经过陪审团审判后 Lay 将被定罪，但在宣判之前，他就去世了，因此对他的定罪也就搁置了。

---

〔1〕　美国诉 Jeffrey K. Skilling 和 Richard A. Causey 案，2004 年 2 月 18 日提起的补充起诉书，Cr. 第 H-04-25 号，得克萨斯州南区美国地方法院，休斯敦分部，第 3 页。

〔2〕　同上，第 5 页。

〔3〕　《前 Enron 首席执行官在 42 项指控书中被点名》，MSNBC.com，2004 年 2 月 19 日，载 www.msnbc.msn.com/id/4311642。

创建合规文化是本书的一个共同主题。真正伟大的领导者会激励并指导员工达到更高的成就和诚信标准。Enron 公司显然缺失了这些。超过二十名公司高管最终被指控犯有多项金融犯罪，包括 Skilling、Lay 和前首席财务官安德鲁·法斯托（Andrew Fastow）。毫无疑问，这种"顶层的基调"是不合规和不守法的，在各个层面都催生了舞弊和腐败。

Tyco

Tyco 公司前首席执行官丹尼斯·科兹洛夫斯基（Dennis Kozlowski）被指控与其他 Tyco 高管一起，从公司掠夺 6 亿美元，并通过未经授权的贷款、奖金、不正当的免除贷款，以及被公司会计欺诈性夸大的股票销售等方式欺骗投资者。Kozlowski 于 1975 年加入 Tyco，逐级晋升为总裁、首席运营官和首席执行官。随着时间的推移，他每次都成为公司过度生活方式的典型代表。2002 年 5 月底，当他得知自己即将被曼哈顿地区检察官办公室起诉时，一切都为时已晚。Kozlowski 于 2002 年 6 月 3 日从 Tyco 辞职，但仅仅一天之后，他就被捕了。

Tyco 公司的新管理层委托了一次内部会计和公司治理审查，针对的是对 Kozlowski 和其他前 Tyco 高管的舞弊和滥用的指控。这项审查是由纽约律师大卫·博伊斯（David Boies）在众多司法会计师的协助下进行的。内部会计审查的范围包括，1999 年至 2002 年报告的收入、利润、现金流、内部审计、控制程序（或缺少之）、使用公司资产支付个人开支、员工贷款和贷款豁免，以及其他公司治理问题。随后的报告发现，该公司"采用激进的会计模式，即使按照《公认会计原则》（Generally Accepted Accounting Principles，GAAP），该模式也旨在将报告收益增加到比采用更保守的会计模式时更高的水平。"[1]

Tyco 在一定程度上成功地通过会计操纵来玩数字游戏。首先，它滥用了商誉。会计学术语中的商誉（goodwill），是企业从购买价格中获得的财务有利因素，而非所购资产的公平市场价值。当一家公司被收购时，商誉是支付的金额与资产净值之间的差额。Tyco 的资产负债表上有一个"惊人的、价值 260 亿美元的商誉。"[2]这一手法极大地增加了收益和现金流，因为它允许 Tyco 在没有相关收购成本的情况下获得额外收入。Tyco 也没有报告称，根据《公认会计原则》，收购规模小到足以被视为"无关紧要"。"从 1991 年到 2001 年，Tyco 斥资 80 亿美元进行了 700 多次收购，据称这些收购并不重要。但作为一个集团，这 700 多笔交易显然对 Tyco 的业绩产生了巨大影响。"[3]毫无疑问，这些会计变动对公司的收入和支出产生了重大影响，应当予以披露。

需要记住的一个重要教训是，无论案件中的证据多么有力，都不存在必然的定罪。2004 年 4 月，Dennis Kozlowski 在曼哈顿州法院的第一次审判以无效告终。证据似乎是压倒性的，但经过 12 天的深思熟虑，陪审团仍无法作出决定。审判无效后，其中一名陪审员称，对被告的指控是"一记扣篮"，并表示，"无论他们做什么，这些人（Kozlowski 和 Tyco 前首席财务官 Mark Schwartz）永远不会被判决无罪。他们所能期望的最好结果就是悬而未决的陪审团。"[4]尽管这位陪审员有此观点，但陪审团无法就定罪达成一致，迫使对被告重新审判。在 2005 年 6 月的第二次审判中，Kozlowski 和 Schwartz 被判从公司盗取 6 亿美元。他们分别被判处 8.5 年和 25 年监禁，并立即开始服刑。Kozlowski 和 Schwartz 此外被判总额 2.39 亿美元的罚金和赔偿。这是检察官打击公司舞弊的最大胜利之一。

---

〔1〕 Boies，Schiller，Flexner：《为 Tyco 国际有限公司准备的会计和治理审查结果摘要》，2002 年 12 月 30 日。

〔2〕 Anthony Bianco，William Symonds，Nanette Byrnes，David Polek：《Dennis Kozlowski 的兴衰》，载《商业周刊》2002 年 12 月 23 日，第 64-77 页。

〔3〕 同上。

〔4〕 Christopher Muma，Thomas Becker：《陪审员期待 Tyco 重审被定罪》，载《西雅图时报》2004 年 4 月 7 日，第 E4 版。

WorldCom

WorldCom 曾是第二大远程电信公司，是华尔街宠儿。但事实上，公司最高领导层有一种不合规和犯罪的文化。2005 年 3 月，前首席执行官 Bernard Ebbers 在审判后被定罪。前首席财务官 Scott Sullivan 认罪，其他一些合作对付 Ebbers 的高管也认罪。这场危机始于 2002 年 3 月，当时的内部审计副总裁 Cynthia Cooper 因对公司会计的担忧而去找 Sullivan。她被怒气冲冲地告知要管好自己的事，一切都很好。但直觉告诉她有大问题，于是她继续深挖。2002 年 4 月，Ebbers 由于涉及对 4.08 亿美元个人贷款的质疑而辞职。72 亿美元的会计舞弊最终导致 1070 亿美元的破产申请，这是公司史上最大的一笔金额。

2002 年 5 月底，Cooper 和她的员工发现了 5 亿美元的计算机舞弊费用。WorldCom 公司的审计机构安达信（Arthur Andersen）拒绝回答 Cooper 关于审计的问题。2002 年 6 月 20 日，Cooper 告诉 WorldCom 的审计委员会，公司在伪造会计账目。审计委员会和董事会迅速采取行动。几天后，Sullivan 被解雇，WorldCom 承认隐瞒了 38.5 亿美元的开支，使它在 2001 年公布利润而不是亏损。1998 年，《首席财务官》杂志提名 Sullivan 为全国最好的首席财务官之一。该杂志不知道的是，Sullivan 曾指示他的员工做假账。WorldCom 将数十亿美元的支出转移到公司的资金支出账户中，将其隐藏起来。Cooper 揭露了这起巨大的骗局，成为著名的检举者，后被评选为 2002 年《时代》杂志年度人物之一。

联邦检察官迅速行动，以密谋进行证券舞弊等 17 项刑事罪名起诉 Sullivan 和前财务主管 David Myers。他们于 2002 年 8 月 1 日被捕，此时距离布什总统签署《萨班斯-奥克斯利法案》成为法律仅仅两天。在华盛顿特区，一次逮捕过后的新闻发布会上，时任司法部长 John Ashcroft 说："每次逮捕、控告和起诉，我们都会传递一个明确无误的信息：腐败的公司高管并不比普通的小偷强。"[1]

纽约南区的大陪审团随后发布联邦起诉书称，Sullivan 及其同谋"参与了一项非法计划，通过虚假和舞弊性地降低对外发布的成本开支，人为夸大 WorldCom 公开报告的收入。"[2]此外，起诉书还称："共谋者在 WorldCom 总分类账中做了这些虚假和舞弊性的日记账分录，并打算①将这些日记账分录最终将反映在 WorldCom 与证券交易委员会的财务报表和公开文件中；②WorldCom 的财务报表和公开文件将虚假地夸大 WorldCom 的盈利；以及③投资大众将依赖于此等夸大的盈利。"[3]正如经常发生的那样，联邦检察官说服了 Sullivan、Myers 和其他几位高管，对首席执行官 Ebbers 的舞弊行为作证，以斩获更多。而 Ebbers 坚定地坚持自己是清白的，要求陪审团审判，他最后得以如愿。

Sullivan 是审判中针对 Ebbers 的明星政府证人。陪审团耗尽了八天时间进行详细的审议。2005 年 3 月 15 日，陪审团判定所有指控的罪名成立，包括通过伪造 WorldCom 的财务业绩来舞弊的共谋；通过误导投资者和公众有关 WorldCom 真实财务状况的证券舞弊；以及歪曲 WorldCom 的财务状况向证券交易委员会进行虚假申报。虽然 Ebbers 出庭声称他不知道这起舞弊案，只有 Sullivan 才是幕后主谋，但陪审团并不相信他。Enron 特别工作组前负责人莱斯利·考德威尔（Leslie Caldwell）对首席执行官 Ebbers 的不知情辩护了如指掌，在定罪后他表示："当一位高薪的首席执行官说有一些他不知道的重大事情时，人们天然地就有很多怀疑。陪审员中有一种愤世嫉俗的态

---

〔1〕　Carrie Johnson，Ben White：《WorldCom 已被逮捕》，载《华盛顿邮报》2002 年 8 月 2 日，第 A1 版。
〔2〕　美国诉 Scott D. Sullivan 案，第一份补充起诉书，S1 02 CR. 114（BSJ），美国纽约南区法院，第 9 页。
〔3〕　同上，第 10 页。

度，他们会问，你是'怎样'成为首席执行官的？"2005 年 7 月 13 日，Ebbers 因操纵 WorldCom 的舞弊案被判处 25 年监禁。审判法官拒绝了他要求宽大处理的请求，并以公司舞弊罪对他作出了迄今为止最严厉的判决。

Adelphia

约翰·里加斯（John Rigas）拥有这一切。78 岁时，他是美国最大的有线电视公司之一的创始人。他是希腊移民的儿子，后来成为了一名企业家，并最终通过创办 Adelphia 通讯公司进入了有线电视订阅业务。他从头做起，把公司做成了一家价值数十亿美元的上市公司。他的两个儿子是公司的高管。Rigas 和他的家人过着极为奢华的生活，公司里巨额的收益足以支持这一切。他们有豪宅、私人高尔夫球场、豪华轿车车队和影响力。不幸的是，Rigas 很快就被揭露是公司诈骗犯，Adelphia 成了他的个人"储钱罐"。

2002 年 7 月 24 日，美国邮政检查员逮捕了 Rigas 和他的两个儿子，还有其他两名高管，指控他们犯下多起邮件诈骗、电汇诈骗、银行诈骗和证券舞弊案，此时一切都崩塌了。就在《萨班斯－奥克斯利法案》签署成为法律的前几天，Rigas 和他的儿子们在曼哈顿进行了强制"perp walk"。Rigas 和他的儿子们知道他们将被逮捕，所以主动自首，希望避免"perp walk"。但是政府拒绝了，政府希望看到公开的逮捕场面，能够给其他公司的骗子传达一个强烈的信号。正如刑事控告书中所述，"被告及其同谋实施了一项精心设计，多方面的计划，欺骗了 Adelphia 的股东、债权人和公众。"刑事控告中发现的另一项关于被告行为的声明是不寻常的："调查显示，你有理由相信被告 John J. Rigas 连同他的家人，曾大规模劫掠 Adelphia，将公司作为 Rigas 家族的'个人储钱罐'，以牺牲公众投资者和债权人的利益为代价。"[1]纽约南区的联邦检察官称这次犯罪是"有史以来最复杂和最广泛的舞弊案之一。"

该计划于 1999 年至 2002 年 5 月实施，但直到 2002 年 3 月刑事调查才开始，到 2002 年 7 月才被起诉。当 Adelphia 在 2002 年 6 月 25 日申请破产保护时，它列出了 186 亿美元的债务。调查发现，Rigas 和他的儿子劫掠了公司超过 10 亿美元。他们被指控犯下的许多财务犯罪行为包括：

■ 每月收到一百万美元的秘密现金付款。

■ 用 Adelphia 的基金建造了一个 1300 万美元的私人高尔夫球场，没有向非 Rigas 家族的董事会成员或公众披露。

■ 以 Adelphia 公司担保向银行贷款 23 亿美元，该担保却没有记入公司账簿。

■ 使用 2.52 亿美元支付家庭从各经纪公司收到的催收贷款的保证金。

■ Rigas 家庭成员私人使用公司飞机和纽约市公寓（据称，Adelphia 的员工被指示不要在使用日志中记录飞机的私人使用情况）。

Rigas，他的儿子和另一个共同被告于 2004 年 3 月 1 日在纽约接受审判。2004 年 7 月 8 日，Rigas 和他的一个儿子 Timothy Rigas 被判全部 15 项罪名成立。陪审团对另一个儿子 Michael Rigas 僵持不下，他后来承认在公司记录中作了虚假记载以避免重新受审。第四被告，Adelphia 的助理财务主管，被判无罪。政府在庭审中的主要证人之一是共同被告 James R. Brown，他曾任 Adelphia 的财务副总裁。他作证说 Adelphia 形成了一种说谎的文化。他们保存了两套账簿超过 10 年。一套包含了伪造的数字，另一套包含了真实的数字，因此他们知道自己操纵了哪些数字，以及操纵

---

〔1〕 美国诉 John J. Rigas，Timothy J. Rigas，Michael J. Rigas，James R. Brown，Michael C. Mulcahey 案，2002 年 7 月 24 日启动刑事诉讼，纽约南区美国地方法院，美国邮政检查员 Thomas F. X. Feeney 宣誓。

了多少。正如 Brown 作证所说，"我们不想愚弄自己。"[1]Brown 是政府的关键内部证人，虽然他在公司待了 18 年，是一名忠诚的员工，但长期监禁的威胁使他成为了政府的合作者。当监禁成为现实时，没有忠诚的纽带。

在 2005 年 6 月 20 日的量刑听证会上，Rigas 对法官说："在我的内心和良知里，直至我走进坟墓，我都真切地相信，我什么都没做，我只是努力改善我的员工的条件。"[2]法官没有相信 Rigas 的说法，判处他 15 年的"无期徒刑"，因为在宣判时 Rigas 已经 80 岁了。Rigas 的儿子 Timothy 被判 20 年监禁。[3]2008 年，联邦法官将 Rigas 的刑期缩短了 3 年，新的释放日期定在了 2018 年。

企业责任的驱动力

2002 年，美国总统 George W. Bush 将公司舞弊视为一个重大的问题，他将公司责任与反恐战争一起作为其政府的核心内容。早在新出现的公司丑闻中，布什总统就提出了一个积极的议程来解决公司舞弊问题，包括：

■ 揭发和惩治腐败行为。

■ 追究公司职员和董事的责任。

■ 保护小投资者、养老金持有人和工人。

■ 使公司会计摆脱阴影。

■ 开发一个更强大、更独立的公司审计系统。

■ 为投资者提供更好的信息。[4]

2002 年 3 月 7 日，总统宣布了他的"提高公司责任和保护美国股东的十点计划"。它基于三个原则：信息准确性和可访问性、管理责任制和审计独立性。十点计划（Ten-Point Plan）宣布了以下各项：

1. 每个投资者每季度都应获得判断公司财务业绩、状况和风险所需的信息。

2. 每个投资者都应能迅速获得关键信息。

3. 首席执行官应亲自保证其公司披露（包括财务报表）的准确性、及时性和公平性。

4. 不应允许首席执行官或其他高管从错误的财务报表中获利。

5. 明显滥用权力的首席执行官或其他高管应丧失担任任何公司领导职务的权利。

6. 公司领导为了个人利益买卖公司股票时，应当及时告知公众。

7. 投资者应完全相信公司审计师的独立和诚实。

8. 独立的监管委员会应该确保会计职业符合最高的道德标准。

9. 会计准则的制定者必须回应投资者的需要。

10. 公司的会计系统应与最佳实践相比较，而不仅仅是与最低标准相比较。[5]

这些原则是构成 2002 年《萨班斯-奥克斯利法案》的基础。

---

[1] Peter Grant：《Adelphia 内幕人士讲述公司的谎言文化》，载《华尔街日报》2003 年 5 月 19 日，第 C1 版。

[2] 《Adelphia 创始人获刑 15 年；其子获刑 20 年》，MSNBC.com，2005 年 6 月 20 日，载 www.msnbc.msn.com/id/8291040/。

[3] 同上。

[4] 白宫：《总统在打击公司舞弊方面的领导作用》，公司责任，载 http://georgewbush-whitehouse.archives.gov/infocus/corporate responsibility/。

[5] 同上。

布什总统进一步向投资大众表明他是认真的。2002 年 7 月 6 日，他呼吁国会制定新的权力和法规，以制止公司舞弊，并将那些违背公众和公司信任的不法分子绳之以法。同一天，他成立了由时任副检察长拉里·汤普森（Larry Thompson）领导的公司舞弊特别工作组，负责协调财务会计舞弊和其他公司舞弊的调查及起诉。将调配联邦执法部门的全部力量用以打击公司不法分子。尽管有些人可能会争辩说，不应该直到发生如此大规模的企业内爆和数十亿美元的损失，政府才采取行动，但"迟做总比不做好"是当时听得最多的声音。

国会和总统确实采取了行动。2002 年 7 月 30 日，布什总统签署了《萨班斯-奥克斯利法案》。这项法案对上市公司产生了重大影响。《萨班斯-奥克斯利法案》不会让舞弊行为消失，但其强硬的措辞和严厉的惩罚可能会阻止那些试图离经叛道的公司高管。《萨班斯-奥克斯利法案》已经成为美国公司、会计师事务所、政府检察官和监管机构家喻户晓的名字。在上市公司的套房和会议室里，每天都会讨论《萨班斯-奥克斯利法案》及其要求、保障和制裁。《萨班斯-奥克斯利法案》对公司的舞弊分子产生了重大影响，并在此过程中加强了公司的合规和治理能力。

2009 年 11 月，奥巴马总统成立了金融舞弊执法工作组，以取代公司舞弊工作组。新的工作组建立在公司舞弊工作组的工作基础上，更加强调了导致 2008 年金融危机的金融舞弊以及随后的经济复苏努力。根据美国司法部长埃里克·霍尔德（Eric Holder）的说法，"执法工作组的任务不只是让那些导致上次金融危机的人承担责任，而是防止另一次金融危机的发生。"[1] 执法工作组调查了各种舞弊行为，包括银行、抵押、贷款和借贷舞弊、证券和商品舞弊、退休计划舞弊、邮件和电报舞弊、税务犯罪、洗钱、违反《虚假索赔法案》（False Claims Act），以及其他金融犯罪。

打击舞弊就是保证就业

开始从事舞弊监测职业或任务的调查人员，被告知永远不要担心失业，因为调查舞弊提供了工作保障。要表达的信息是，舞弊是一种罪恶，将永远存在于我们的社会中，任何聪明到能够进入舞弊监测和预防领域的人，都将获得充分和长期的就业机会。这看似可悲，只要有机会舞弊总是会发生。除非在公司的各个层面，特别是在高管层，接受和实施舞弊预防措施，否则舞弊的"疯狂捕食"就不会减弱。

---

〔1〕　美国证券交易委员会：《奥巴马总统建立机构间金融舞弊执法工作组》，新闻稿（2009 年 11 月 17 日），载 www. sec. gov/news/press/2009/2009-249. htm。

第二章　舞弊理论与预防

 摘　要

　　美国注册舞弊审查师协会（ACFE）报告说，由于舞弊，平均每个组织每年要损失5%的收入。单凭这一统计数字就足以让人们接受舞弊预防。即使这个数字略有偏差，企业的累计损失也令人震惊。人们为什么会舞弊？关于这一点，有很多理论。其中之一集中在动机、机会和合理化的因素上。舞弊能否预防？减少或消除机会是打击舞弊的一种方法。这可以通过改进内部控制和问责制来实现。如果人们知道他们将为舞弊行为负责，那么犯罪人很可能不会实施犯罪。在这个改进公司治理的新时代，理解舞弊预防的重要性对于企业组织来说至关重要。

舞弊知识入门

　　什么是舞弊？在了解舞弊预防之前，必须知道什么是舞弊。《韦伯斯特词典》将舞弊定义为"一种诡计或欺骗的事例或行为，特别是涉及虚假陈述的情况；故意虚假陈述、隐瞒或不披露，目的是诱使他人依赖它，而放弃属于他的一些有价值的东西或放弃合法权利。"[1]《布莱克法律词典》将舞弊定义为，"明知是对事实的错误陈述或隐瞒重要事实，还诱使他人采取损害其利益的行为；以及在不相信其真实性的情况下，肆无忌惮地作出错误陈述，以诱使他人采取行动。"[2]《邮件舞弊法令》将舞弊定义为，"通过虚假或欺诈性的借口、陈述或承诺，来欺骗或获取金钱或财产的任何计划或手段。"[3]"*artifice*"一词被列入1872年《邮件舞弊法令》的原始措辞中，意思为花招或诡计，这两个词都是对舞弊的贴切描述。

　　美国注册舞弊审查师协会（ACFE）使用"职业舞弊和滥用"这一术语，并将其定义为"通过故意滥用或不当使用雇主单位的资源或资产的方式，利用个人职业谋求个人利益"。[4]归纳其本质，舞弊就是偷窃、欺骗、撒谎、缺乏诚信。然而，最贴切的定义是舞弊者巴里·明科（Barry Minkow）曾经说过的，"舞弊只不过是一个用谎言填充的真相的外皮而已。"[5]他的定义说出了

---

〔1〕　《韦氏第三版新国际英语词典》，1986年版，S.V."舞弊"。

〔2〕　Bryan Garner：《布莱克法律词典》，第7版，S.V."舞弊"。

〔3〕　《邮件舞弊法令》，美国法典第18篇，第1341条。

〔4〕　美国注册舞弊审查师协会：《2010年关于职业舞弊和滥用向国家的报告》，得克萨斯州奥斯汀：ACFE 2010年版，第6页。

〔5〕　Adam Zagorin：《Scambuster公司》，载《时代杂志》2005年1月31日，第47页。

关于舞弊的一切。20 世纪 80 年代，Minkow 还是南加州的一名青少年，他创立并经营着一家价值百万美元的地毯清洗公司。不幸的是，他陷入"阴暗的一面"。他做出让公司上市的决定，并密谋在 2600 万美元的首次公开募股（IPO）舞弊中欺骗投资者。因此他坐了七年牢。出狱后，Minkow 以舞弊的后果为内容进行演讲和写作，还创办了一家舞弊调查咨询机构。不幸的是，没过多久，Minkow 再次屈服于舞弊的诱惑，重拾他的老本行，2011 年被指控涉嫌内幕交易。

公司舞弊

司法部已将"公司舞弊"一词定义为包括以下违法行为：

1. 伪造公司财务信息（例如，包括虚假/舞弊性会计分录、虚假交易和其他旨在人为夸大收入、欺骗性高估资产、收益和利润或低估/隐瞒负债和损失的交易，以及为逃避监管而设计的虚假交易）；

2. 公司内部人士的自我交易（例如，内部交易、回扣、滥用公司财产谋取个人利益，以及与任何此类自我交易相关的个人税务违规行为）；

3. 与其他合法经营的共同基金或对冲基金有关的舞弊行为（包括，例如，延迟交易、特定市场时机计划、虚报净资产价值，以及共同或对冲基金内部或涉及共同基金的其他舞弊或滥用交易行为）；以及

4. 妨碍司法、伪证、恐吓证人或与上述第 1 至 3 类有关的其他阻碍行为。[1]

无论是虚假承诺一个免费的巴哈马七日豪华游，而结果却是一个没有目的地的"锅炉房骗局"，抑或是在一个大公司的会计计划里"编造账簿"，舞弊都是披着真相的外皮，内里却填满了谎言。所有的舞弊行为都是表面坦诚，但当被剥去层层的外皮，内里的欺骗、腐败和谎言就会露出来。

作为年轻的联邦探员，作者希望能逮捕每一个舞弊犯。虽然也逮捕了不少人，但很容易看出，没有足够的执法人员来逮捕所有的舞弊犯。即使有足够的警力把每一个舞弊犯关进监狱，舞弊的破坏性影响也不会被逆转，资产或名誉的损失也不会挽回。很明显，及早发现舞弊行为，或者更好的是阻止舞弊行为的发生，要更为有效。然而，阻止舞弊的疯狂滋生是说起来容易做起来难。

预防舞弊往往比看上去更难。人性和贪婪，决定了社会和企业将永远面临舞弊问题。阻止一切舞弊行为也许看上去很高尚，但事实上，舞弊永远不会消失，尽管可以采取一些措施来限制其影响。预防舞弊的关键在于了解舞弊的存在，然后控制其潜在危害。要做到这一点，首先要察觉舞弊行为，其次要有完善的舞弊预防计划。

2010 年 ACFE 向各国提交的职业舞弊和滥用的报告

ACFE 是一家世界一流的反舞弊教育培训机构。该组织在全世界拥有超过 60 000 名成员，负责打击和预防公共与私营部门的舞弊行为。其中许多人是注册舞弊审计师（CFE）。CFE 是监测、调查和预防舞弊的认证专家。他们有一套独特的技能和经验来解决舞弊指控。ACFE 的目标是在全球范围内减少商业舞弊，提升公众对舞弊监测与预防行业的信任度。ACFE 还研究职业舞弊并发布报告，审查职业舞弊和职业滥用对个人和组织的影响。

---

〔1〕 美国司法部公司舞弊特别工作组：《向总统提交的第二年度报告》，2004 年 7 月 20 日，载 www. usdoj. gov/dag/cftf/2nd_yr_fraud_report. pdf。

ACFE 在 2010 年向世界各国提交的报告[1]涵盖了美国和其他一百多个国家的 1843 起职业舞弊案件，总损失超过 180 亿美元。该研究的参与者包括 CFE，他们直接参与了舞弊的实际监测和调查。研究发现了几个有趣但不妙的舞弊趋势：

■ 典型的组织会因为舞弊行为，每年要损失 5% 的收入。以 2009 年的全球生产总值为例，相当于一年损失超过 2.9 万亿美元。就算这个数据没有这么骇人，1% 的损失也会造成企业严重的亏损。因此，减少企业中出现的舞弊和滥用，将为企业带来额外的收益。

■ 研究发现，相对于内部审计或者内部控制，通过员工举报渠道更容易发现职业舞弊。这一结果明确支持了《萨班斯-奥克斯利法案》的关键要求，即审计人员要建立保密报告机制。这一要求将在第 3 章和第 12 章中更为详细地介绍。

■ 建立保密报告机制可以大大减少舞弊损失。设有保密/匿名举报热线的组织，中位数损失是 10 万美元。研究进一步发现，没有建立保密报告机制的组织的中位数损失，是那些建立了保密报告机制的组织的两倍多。

■ 舞弊线索不仅来自员工的举报，也来自公司以外相关联和知晓的人。研究发现，49.2% 的举报来自本公司的员工，17.8% 来自客户，12.1% 来自供应商。因此，必须公布是否存在热线和其他保密报告机制，以确保对所有可能的指控进行调查。

■ 职业舞弊案件的最初发现 40.2% 来自于举报。管理审查和内部审计占案件总数的 29.3%。虽然内部控制长期以来一直被视为减少舞弊和滥用的有效方法，但它们往往不够健全，无法有效地发现和制止舞弊。研究发现，缺乏内部控制，如职责分离，导致 37.8% 的案件出现舞弊。现有控制措施的覆盖率位居第二，为 19.2%。

■ 会有这样一个错误的印象，小公司比大公司更容易获得保护而免受舞弊之害。但事实上，小公司常常遭受到更大的、不合乎比例的舞弊损失，尽管 2010 年的研究发现小公司当年的损失比以前的年份要少。小公司的预防舞弊控制措施通常要比大公司少。小公司被定义为员工少于 100 人的公司。小公司遭受的中位数损失为 15 万美元。这高于最大一批企业所遭受的中位数损失。小公司可能无法承受巨大的舞弊损失，所以至少需要像大公司一样积极主动地防范舞弊。最为主要的是，所有公司，无论规模大小，都需要制定有效的舞弊监测和预防计划。

■ 舞弊损失金额与犯罪人的地位有直接关系。常识和历史告诉我们，首席财务官对公司造成的财务损失比邮件收发室里的人要大得多。研究发现，股东和高管实施的舞弊行为导致的中位数损失为 723 000 美元。这比普通经理造成的损失高三倍多，比下级员工造成的损失高九倍。

■ 研究还发现，大多数职业舞弊者（85%）是初犯。（本书作者有着相同的经历——他们逮捕的绝大多数人都是第一次犯舞弊罪。）只有 7% 的研究对象曾被判舞弊罪。建立背景调查程序，将消除机构中的一些犯罪者，但显然不足以阻止所有舞弊和滥用行为。要记住的一点是，仅仅因为舞弊者之前没有被逮捕，并不意味着他们那段时间没有实施舞弊行为。因为舞弊行为往往难以被发现，所以舞弊者长期参与舞弊计划而未被发现是很常见的。

■ 舞弊行为在被发现之前平均持续 18 个月。由于舞弊通常很难被发现，舞弊运行的时间越长，对一个组织造成的损害就越大。舞弊者通常会展示有助于早期发现的警告标志或危险信号。附录 2.2 列出了反映舞弊者行为的许多危险信号。舞弊审查人员和合规专业人员需要接受培训，以识别这些行为迹象。

2010 年对各国的报告与之前在 1996 年、2002 年、2004 年、2006 年和 2008 年的几份报告一

---

[1]　美国注册舞弊审查师协会：《2010 年关于职业舞弊和滥用向国家的报告》，得克萨斯州奥斯汀：ACFE 2010 年版。

样，表明职业舞弊造成总收入损失 5% 的数字基本不变，但实际损失有所增加。报告将职业舞弊分为三大类：

1. 资产挪用，涉及盗窃或滥用组织的资产，如账单计划、薪资方案和费用报销计划。这些类型的舞弊将在第 7 章中讨论。

2. 腐败，包括利益冲突——员工的动机可能与雇主的最大利益不一致。典型的例子包括回扣、投标操纵和隐藏在供应商处的商业利益。这些类型的舞弊也将在第 7 章中讨论。

3. 舞弊性财务报表，包括夸大收入、低报负债和支出。这些类型的舞弊将在第 6 章中讨论。

尽管资产挪用是迄今为止最常见的（超过 86%），但其损失中位数是最低的，仅为 13.5 万美元。舞弊性财务报表的发生率仅为 4.8%，但损失中位数最高，为 410 万美元。一般来说，公司可以从资产挪用中收回资金，但财务报表舞弊会对一个机构造成毁灭性的影响，正如在 Enron、WorldCom 和其他公司所看到的那样。32.8% 的案件中发生了腐败，损失中位数为 25 万美元。之所以百分比总和超过 100%，是因为有几个案例涉及以上多个类别。[1]

舞弊预防

ACFE 的《舞弊审查师手册》指出，"舞弊预防需要一整套规则体系，总的来说，该体系将舞弊发生的可能性降至最低，同时最大限度地监测一切可能的舞弊行为。可能被抓，往往会说服潜在的犯罪者不要舞弊。基于这一原则，一个全面控制系统的存在对于预防舞弊是必不可少的。"[2]这里的关键词在最后两句话中。"被抓获的可能性"和"全面控制系统的存在"对任何有效的舞弊预防都至关重要。它是主动而不是被动的。在公司内部讨论舞弊预防的重要因素，重复和强化是必要的，因为它们对计划的成功至关重要。

舞弊预防不仅是一种良好的商业做法，更是当今的必然要求。公司面临着许多风险，其中一些风险具有潜在的破坏性。在这些风险中，替代责任问题尤为突出。公司和其他组织可对作为组织政策事项的犯罪行为负有责任。如果员工的犯罪行为是在受雇的过程中和范围内为公司利益而实施，则公司和其他组织也可能要对这些行为负责。组织可以对员工代表组织所做的事情承担责任，即使员工没有被授权实施该行为。

舞弊损失、股东诉讼、联邦起诉、罚款和舞弊定罪的财务风险都是制定强有力的舞弊预防计划的充分理由。还应考虑声誉风险和舞弊带来的情绪伤害。尽管现在很难相信，安达信（Arthur Andersen）曾经在会计师事务所中享有盛誉。如果安达信会计师事务所的创始人 Arthur Andersen 今天还活着，他会为看到公司发生的舞弊案件而感到震惊，他花了大半生时间将公司建设成了一个会计和咨询业巨头。可悲的是，只需少数员工就能摧毁一家拥有数千名无辜员工的公司。舞弊造成的"情绪伤害"是指对员工及其家庭的影响，他们与公司舞弊毫无关系，但却要承担后果。对 Enron 公司员工的个人伤害就是一个例子，他们信任自己的公司，结果却像其他所有股东一样被欺骗。这些员工眼睁睁地看着他们的工作、毕生积蓄和退休计划成为泡影，而这一切都是因为公司舞弊和高管的诚信缺失。

---

〔1〕 美国注册舞弊审查师协会：《2010 年关于职业舞弊和滥用向国家的报告》，得克萨斯州奥斯汀：ACFE 2010 年版，第 11 页。

〔2〕 美国注册舞弊审查师协会：《舞弊审查师手册》，得克萨斯州奥斯汀：ACFE 2006 版，第 4 节，第 601 页。

游街示众（PERP WALK）是预防舞弊的一种方式

我们看到过许多犯罪者游街示众，其中就有因舞弊被捕的公司高管。游街示众更可能出现在引人注目的案件中。他们是被指控犯有严重罪行的知名人士，执法人员令其在电视摄像机前公开游街，这么做是为了公布对被告已经逮捕，并向其他此类罪犯发出强烈信息，这类事情将很快发生在他们身上。

游街示众（Perp Walk）并不是什么新鲜事。长期以来，执法部门一直在利用其来宣传逮捕行动。经常称之为"康加舞"（conga lines，起源于古巴的一种舞蹈，舞者列队，组成行进的队伍），因为被告戴着手铐，由执法人员带领，从街上扭送到法院，就像有节奏的舞蹈。到 20 世纪 90 年代初，一些司法辖区的执法机构因对嫌疑人进行"perp walk"而受到了法官和检察官批评，因为被告只是被指控有罪，在被证明有罪之前是被视为无罪的。人们认为，这种公开的游街示众可能会给陪审员带来潜在的偏见。联邦法官、美国检察官办公室和联邦执法机构发布了反对的法令。 31

事实上，游街示众是预防舞弊的一种简化形式。对舞弊者的公开展示被认为是传递了一个强烈的信息。人们希望，将舞弊犯游街示众走到法院，并把他们的面孔曝光在报纸和电视上，以阻止其他人犯下此类罪行。它还被用来把共谋者变成告密者和证人，从而避免自己被游街示众。作者还记得一些案件中的嫌疑人说，只要有承诺不让被媒体曝光，他们就会配合刑事调查。随着政府使用旧武器和新武器来起诉和预防公司犯罪，游街示众复仇归来。游街示众告诉被告，尽管他们曾是拥有数十亿美元资产的产业巨头，但现在全世界都能看到他们只是普通罪犯。虽然游街示众对传播反舞弊信息很有用，但这只是舞弊预防的冰山一角。

在联邦探员和检察官的心目中，没有什么比逮捕并起诉舞弊犯能更好地阻止舞弊行为。近年来，执法部门对公司舞弊的破坏性后果了如指掌。为追求正义，需要对公司骗子的犯罪行为追究责任。早上六点，两个强壮的、穿着西装的联邦探员，一只手持逮捕令、另一只手持手铐，敲开前门。这一刻，即使是最有权势、最傲慢的公司高管也会落泪。被逮捕、铐上手铐、被宣读宪法权利、被采手印、被拍照、被带上法庭都是痛苦的经历。联邦当局知道这一点，并以此作为强有力的武器。

EDWIN SUTHERLAND 和白领犯罪

"白领犯罪"一词，是印第安纳大学犯罪学家埃德温·萨瑟兰（Edwin H. Sutherland）在 1949 年创造的。他将白领犯罪定义为"一个在职业生涯中，受人尊敬、拥有较高社会地位的人所犯的罪行。"[1] Sutherland 反对当时将盗窃和舞弊归咎于贫困或遗传的普遍观点。Sutherland 笔下的白领罪犯被描述为，一个人学会如何犯罪，就像一个人学会其他东西一样。这个人犯罪的时间越长，他们就越容易得逞。Sutherland 将盗窃的原因归结于犯罪的合理化、动机和其他后天习得的态度。 32

---

[1]　Edwin H. Sutherland：《白领犯罪》，纽约：霍尔特，莱因哈特和温斯顿 1949 年版，第 9 页。

DONALD CRESSEY 博士和舞弊三角理论

尽管众所周知，人们和公司都有舞弊行为，但人们往往不理解为什么他们会这样做。了解舞弊背后的动机对于预防舞弊十分重要。唐纳德·克雷西（Donald Cressey）博士是一位著名的教师，也是舞弊研究的先驱和一位重要的反舞弊专家。他建立了"舞弊三角理论"（图2-1）来解释为什么人们会舞弊。Cressey 博士得出的结论是，当动机（motive，通常是 financial pressure）、机会（opportunity）和自我合理化（rationalization）这三个关键要素结合在一起时，舞弊的倾向就出现了。这三个要素中的每一个要素都是必要的和相互关联的，这样才能够使一个人实际去实施舞弊。缺少其中的任何一个，都不能够使一个人实施舞弊。每个公司管理人员都需要了解舞弊三角理论，以及员工为什么会实施各种各样的舞弊。

图 2-1　舞弊三角理论

资料来源：经得克萨斯州奥斯汀市注册舞弊审查师协会许可转载© 2011。

财务压力和其他动机

财务压力往往是人们实施舞弊的动机。它是导致一个人实施或反应的因素，通常意味着一种情绪或欲望。[1]这是一个人从遵纪守法转向实施重罪的驱动力。舞弊的动机很多，其中最主要的是贪婪，包括生活超出自己能力范围、迫切的财务需求、债务、信用不良、吸毒或赌博上瘾，以及家庭压力等。电影《华尔街》中，角色戈登·盖科（Gordon Gekko）说："贪婪是好的，是正确的，贪婪正发挥作用。"[2]贪婪是20世纪80年代华尔街的缩影。因为贪婪，许多人走上内幕交易和其他金融犯罪的道路。贪婪驱动着各种舞弊行为，尤其是过去几年出现的公司舞弊行为。最近的房地产泡沫和相关的次贷危机、抵押贷款和证券化舞弊，以及由此对经济造成的毁灭性影响，再次证明贪婪和舞弊无时不在。

虽然贪婪是主要动机，但有时报复心理和自我也发挥着作用。员工可能会对公司的某些决定感到愤怒和有敌意，并可能试图通过舞弊来报复公司。虽然有争论认为这是报复，但通过这种行为导致钱进入（自己的）口袋里，就被归结为贪婪——纯粹的贪婪。有时候，其动机就是想击溃这个体系。人们有时认为自己比其他任何人都聪明，相信没有人能阻止他们。业绩压力往往是舞

〔1〕《韦氏第三版新国际英语词典》，1986年版，S. V. "动机"。
〔2〕《华尔街》，Oliver Stone 导演（1987年；比佛利山，加利福尼亚州：20世纪福克斯，2003年），DVD。

弊的动机。有时，犯罪者会实施舞弊，改善基本的财务业绩。情绪不稳定也是一个驱动因素，但这看起来要远远弱于其他舞弊动机。

一个以贪婪为动机的绝好例子，是一个纽约的百万富翁实业家的案例。他在全国各地都有公司，住在纽约长岛最高级的一个社区的豪宅里。他向大学、博物馆、医院和其他慈善组织大量捐款捐物。最令人惊讶的是，他一生中曾在各种外交和经济事务中为几任总统服务。他备受尊敬，个人的参考 34 资料中有数页是他的荣誉和成就。相比于这个人一生所做的所有好事，被判定为舞弊犯是他职业生涯的一大污点。因为他与别人串通，就他众多公司中的一家提交了虚假的保险索赔。

为什么这个原本善良的人会做一些与他余生完全相悖的事情？他的动机是什么？所能想到的答案仅仅就是贪婪。他之所以走上法庭并被联邦法官宣判，始于一份公司的保险索赔。问题是，发生的损害类型并不在保险单的承保范围，损失金额达几十万美元。但这位实业家决定接受保险理算员的建议，通过改变保单所涵盖的损失原因伪造索赔，而不是视其为业务损失。他向保险理算员支付了回扣，以配合虚假的保险索赔。支付的回扣几乎占了保险索赔的一半。

如果不是因为参与其中的保险理算员被贪婪冲昏了头脑，这种保险诈骗可能还不会被发现。他们将继续与数十名其他被保险人和保险理算员一起，分阶段地进行夸大的保险索赔，以解决虚假的保险索赔。他们的罪行被联邦探员发现后，保险理算员承认他们长期卷入保险诈骗，向许多保险公司提交了虚假索赔，供出许多与他们合作过的共谋者。这再次证明贼间无道，他们供出了实业家的名字。经过短暂的调查，该实业家承认参与其中，最后被指控舞弊。

机　会

机会是允许舞弊得以发生的有利条件。一个人进行舞弊的机会程度，通常取决于他或她在公司的权力地位，以及获取资产和记录的便宜程度。不良的内部控制为舞弊提供了可乘之机。比如，一名员工既能开立供应商账户，又能向该供应商付款，就说明内部控制薄弱，这就是舞弊的好机会。不能准确清点和锁定空白支票的库存，也是一个机会。强有力的职责分离和监督可以减少舞弊的机会。在舞弊三角理论的三要素中，机会是对舞弊预防最有优势的要素。消除或减少实施舞弊和滥用的机会，在任何舞弊预防计划中都很重要，但对于公司舞弊预防计划来说，则是至关重要的。 35

舞弊者之所以实施舞弊行为，是因为他们有机会。邮件收发室的员工可能无法与供应商串通，去签署一项不提供任何服务，但能给员工回扣的合同。但是，他可以窃取含高度机密专有信息的邮件，卖给国外的竞争对手。他们是否实施舞弊行为完全取决于机会的有无和对机会的控制。

（自我）合理化

舞弊三角理论的第三个要素是（自我）合理化。合理化是指舞弊者为不当行为辩护的方式。这是"提供理由，向自己或他人解释自己的行为，他的真正动机可能与这个理由不一致，可能是未知的或无意识的"。[1]当需求和机会的要素结合在一起时，舞弊者就确信这件事并不是坏事或是错误的。舞弊者往往认为自己是诚实的。他们不认为自己是舞弊犯，而是把自己当作受害者。他们可能会说：我只是在借钱，总有一天我会还钱的；这不是什么大钱，公司很有钱，不会真的在意；每个人都这么做；他们还欠我的钱；我一旦渡过财务难关就会停下来；这是出于好的目

---

〔1〕　《韦氏第三版新国际英语词典》，1986 年版，S. V. "合理化"。

的；公司对我不好。（自我）合理化是目的解释手段合理性的另一种说法。

在作为联邦探员的生涯中，我们逮捕了数百名舞弊犯。这些罪犯没有一个料到自己会被抓。他们都以为自己的罪行能够逃脱惩罚。他们把自己所做的事情自我合理化，并开始相信自己是无懈可击的。如果他们不把自己的行为合理化，他们的良心就会不安。

W. Steve Albrecht 博士的舞弊等级理论

20 世纪 80 年代，杨百翰大学的 W. Steve Albrecht 博士对舞弊行为进行了研究和分析。他的研究表明，最有可能在工作场所舞弊的是生活入不敷出的人，他们往往或因赌博负债、或渴望有个人地位、或面临着来自家庭或同事的压力。另一种有可能在工作场所舞弊的人，是自认为收入不足或受歧视的员工。向朋友家人赠送免费商品和礼物的愿望，也是舞弊的动机之一。

Albrecht 博士通过创建"舞弊等级"理论来解释实施舞弊的动机。与 Cressey 的"舞弊三角"理论类似，Albrecht 的"舞弊等级"理论认为，即使有机会和情境需求，一些员工也决不会进行舞弊。根据 Albrecht 的说法，实施舞弊的动机取决于这三个因素对每个特定员工的影响程度。它是机会、动机和（自我）合理化这三个因素在每种情况下不同程度的复杂组合。因此，Albrecht 认为，舞弊比 Cressey 认为的要更难预测。

舞弊钻石理论

随着对舞弊行为及舞弊者动机的深入研究，一种变体的舞弊三角理论被提了出来。舞弊钻石理论在已有的动机、机会和（自我）合理化三要素的基础上，将第四种要素"能力"添加了进来。一个人可能有在工作上舞弊的意愿，但是实际实施的能力可能有限。能力包括舞弊者的个性和特质，包括知识、创造力和自我。这和机会不同，"机会"指的是该人实施舞弊的角色和途径，"能力"要素则更进一步。舞弊者"必须足够聪明，能够理解和利用内部控制的薄弱环节，并利用职位、职能或授权获得最大的优势。"[1]能力的另一个方面是自信，以及能够处理实施舞弊过程中出现的压力。[2]

舞弊理论

除了上述传统的舞弊理论，作者还提出了一些自己的理论。在他们做舞弊调查员的许多年，他们看到的不仅仅是诡计、诈骗、骗局和舞弊，还有更深的东西。有些舞弊很简单，比如信用卡诈骗和贷款诈骗。还有一些复杂的金融犯罪，如内幕交易、证券舞弊和 RICO（Racketeer Influenced and Corrupt Organizations Act，《勒索和腐败组织法案》）案件。有些人经过深思熟虑成功诈骗，于是重复使用同样的手段。尽管有些新理论刚开始看起来很随便，甚至是异想天开，但它们却充分说明了舞弊是如何发生的，为什么会发生，并且往往都是成功的。

冰山一角理论

舞弊最初被发现时，很少能发现其真实破坏程度和实际损失。就像冰山大部分隐藏在水面下

---

〔1〕 Jack W. Dorminey，Aaron Scott Fleming，Mary Jo Kranacher，Richard A. Riley Jr：《超越舞弊三角：加强对经济犯罪的威慑》，载《CPA 期刊》2010 年 7 月，第 16 页。

〔2〕 同上。

一样，人们初次看到的舞弊往往只是实际舞弊的一小部分。在调查人员着手调查、访谈、审查证明文件、采取其他相关调查步骤后，通常会发现更多舞弊行为。公司舞弊也不例外。

这是一个证明"冰山一角理论"的绝佳例子，20 世纪 90 年代，美国邮政检查局、美国国税局和联邦调查局在纽约大都会地区调查了一宗保险诈骗案。这起案件始于对一家保险公司的匿名举报，该保险公司称股东的财产索赔被欺诈性地夸大了。初始调查的索赔金额仅 8000 美元，这在被联邦批准起诉的保险诈骗案件中，是一个很小的数目。负责这次调查的联邦探员认为该案与多起欺诈性索赔有关系，并进行了深入调查。他们的努力没有白费。几年后此案结案，逮捕并判决了 200 多人，查获超过五亿美元的商业虚假索赔及房产造假索赔。

薯片理论

实施舞弊并能够逍遥法外让人上瘾。一旦某个人实施成了一项贪污计划，或通过贿赂外国政府官员签署成了一份合同并逍遥法外，再阻止这种行为就会变得难上加难。这可描述为舞弊的"薯片理论"。就像一个人不会只吃一片薯片一样，员工一旦开始舞弊，就无法停下。只要没被抓到，他们就会一而再，再而三地舞弊，甚至会尝试新的舞弊手段来获取金钱和其他有价值的东西。举一个很好的例子，某公司的一名正式员工因非法收受供应商的回扣被调查。应用薯片理论，调查人员还调查了其他可能的舞弊路径。调查过程中，调查人员了解到费用报告舞弊是非常常见的，于是审查该员工的差旅和娱乐报告，发现他将个人费用谎称为业务费用。于是，两起针对公司的不同舞弊行为都被发现了。

贪婪和舞弊的得手令人上瘾，但如果持续舞弊，最终一定会被发现。不管犯罪分子多么聪明，他们都会犯错误。每次都得手但从来不被发现，会使他们变得越来越胆大。经验告诉我们，他们最终会犯致命的错误，并被发现。然而，参与舞弊的员工在被抓到之前已经对公司造成了巨大的损害。不管员工级别如何，舞弊持续的时间越长，潜在财务和声誉损害就越大。表 2-1 列出了舞弊者的许多行为危险信号。

表 2-1　舞弊者的行为危险信号

生活穷困潦倒

财务困难

把控环节，不愿意分担职责

与供应商/客户的关系异常密切

自以为是的态度

离婚/家庭问题

易怒、多疑或防御性强

上瘾问题

不肯休假

过往与就业有关的问题

对收入不足的抱怨

组织内部压力过大

过往的法律问题

生活环境不稳定

来自家庭/同行要求成功的过度压力

对缺少权力的抱怨

资料来源：美国注册舞弊审查师协会：《2010 年各国职业舞弊和滥用报告》，得克萨斯州奥斯汀：ACFE 2010 年版，第 70 页。

烂苹果理论

人们常说一个烂苹果会使一篮子苹果都烂掉，组织和团体中未被发现的舞弊也是如此。真正的领导者可以激励员工达到个人成长和职业发展的新高度。他们也是帮助塑造新一代领导者的榜样。员工会模仿他们看到的领导者。一个在合规和诚信方面以身作则的高管和经理，可以降低员工舞弊的风险。

不幸的是，这个道理反过来也适用。那些缺乏品格与诚信，转向舞弊和滥用职权的领导，也会侵蚀他们的下属。模仿是最真诚的奉承。一些员工因为他们的经理实施舞弊并成功逃脱，进而开始效仿，自己也去舞弊。这也被称为"不合规文化理论"，因为当没有合规文化时，规则、政策和问责制就会崩塌。

一位经理用其公司信用卡收取个人费用，舞弊获取数千美元。他持续这样做，他的部下看到了他的做法，就模仿了上司的舞弊行为。被发现后，部下声称只是在做上级做的事，不应该被开除。这个说法没用，他们两个人都被开除了。

当管理者不能充分监督团队，团队成员没有方向感时，"烂苹果理论"的另一个变体就出现了。在缺乏监督的情况下，舞弊更容易得逞。在管理者不对提交的付款请求进行彻底审查的情况下，费用报告舞弊更常见。尽管这类管理者并没有亲自舞弊，但他们缺乏警惕和监管，促使了舞弊的发生。"信任但需要核实"应该是一项持续的政策。

低垂之果理论

40

虽然财务错报和会计舞弊等高风险舞弊应优先得到关注，但也不能忘记低风险但高发生率的舞弊，比如采购舞弊。人们常常认为舞弊者在设计和执行舞弊计划时，是狡猾、聪明并富有想象力的。这往往是误解。调查人员有时过于高估这些违法者，导致无法充分预料其舞弊行为和后续行动。

舞弊最终暴露的原因很简单，就是大多数舞弊者都会犯错误，致使他们被发现。如果"低挂舞弊"没有得到适当的重视，舞弊员工将继续犯罪，直到最终暴露。他们的犯罪行为可能持续几个月或几年，到那时损失会更大。高管应确保，其舞弊调查部门不会忽视这些"低挂"的舞弊，这样就可以解决几个问题。第一，它们通常是简单的舞弊行为，不需要花费大量的调查时间。第二，通过制止这种舞弊行为，比如解雇不称职的员工可以立即为公司带来好处，同时能向员工传达公司致力于预防舞弊的强烈信息。第三，舞弊员工在能够实施更复杂、更严重的舞弊之前即被解雇。

由减法实现加法理论（加减法理论）

减少舞弊的最佳方法之一是消除问题的根源。当公司解雇了一个有舞弊行为的员工后，风险即被消除，公司状况也得到改善。这个理论指的是，如果一个组织采取积极的方法实施舞弊监测和调查，就会获得利益。理论上听起来很简单，但实践中往往很难做到。它要求企业对其员工、合作伙伴和供应商的舞弊行为采取零容忍的态度和强硬的立场。在一起涉及一名级别相对较低的员工贪污案件中，有充足的证据表明发生了舞弊行为。此外，该员工在面对调查人员发现的证据时，承认自己实施了舞弊行为。

41

当经理看到证据时，说他不得不解雇该员工，他对此感到很抱歉，因为有一天该员工有可能升职为高层管理人员。经理其实没有意识到，这就是舞弊的"加减法理论"。在一个不诚实的员工升职之前被解雇，对公司是最好的结果，否则将给公司造成更大的损害。如果一家企业准备对舞弊行为零容忍，那么它必须对所有员工一视同仁。一旦一位高管实施了舞弊，却没有被追责，整个计划就会失去公信力。

舞弊者作为员工的理论

当员工转向"阴暗面"并在公司实施舞弊，那么他就不应被视为员工。企业运营中优秀的员工至关重要。如前所述，他们最关心的是企业的未来，努力工作确保企业的发展和未来，保持诚信，改善公司经营。冒充员工的舞弊者却假借职务之便，发现内部控制中的弱点并利用它们实施舞弊。这些人不是为了让公司、其他员工、股东、客户或合作伙伴更好，而只是想把不义之财塞进自己的腰包，此时，他们已经不再是员工。实际上，他们只是在做自己的生意。高管在处理舞弊员工时需要理解这一概念。

短记忆综合征

作为一个社会群体，我们的记忆力很差。我们未能记住历史并从中学习。按照 George Santayana 的观点，我们注定要重蹈覆辙。这种情况在谈到舞弊时尤其如此。大约 100 年前，查尔斯·庞茨（Charles Ponzi）创设了庞氏骗局，并且年复一年地制造说不尽的舞弊和令人震惊的新闻。经过多次迭代和数以百万计、数不清的受害者和财务损失，庞氏骗局仍然很强大。为什么会这样？当他人成为诡计、舞弊的牺牲品时，我们是不是无法从他们的不幸中吸取教训？难道是骗子比诚实的公民更聪明吗？贪婪和幼稚是不是过于强大，以至于无法抗拒？第 9 章要讨论的伯尼·麦道夫（Bernie Madoff）投资舞弊骗局，证明了我们患有"短记忆综合征"。

在 1971 年第一个地球日的一则令人难忘的漫画中，沃尔特·凯利（Walt Kelly）漫画的主角波戈（Pogo）说出了一句名言："我们遇到了敌人，就是我们自己。"波戈发表的这番评论，反思了恶劣的环境现状和日益严重的污染问题。然而，波戈这句永不过时的话，与我们因舞弊受害有关，也与舞弊者实施犯罪的频率有关。我们需要抵制骗子的诱惑。当市场处于下行周期时，没有人能每年都获得巨大的投资回报。我们需要承担起舞弊预防的责任，无论是在消费者层面还是企业层面。我们需要不断重复并记住，那些听起来太好的事，往往都是假的。

累犯舞弊者

如果说舞弊者没有可能改过自新，那不太公平。其中许多人服刑后，成为了社会的有益之才。弗兰克·阿巴格纳尔（Frank Abagnale）可能是浪子回头的最好例子。他曾出演电影《如果你能抓住我》，他还写作与授课，并且担任了 35 年的舞弊监测及预防方面的顾问。第 8 章介绍的沃尔特·帕夫洛（Walt Pavlo）是舞弊者的另一个例子，他后来认识到诚实、正直和品格才是真正重要的。但是也有些人表面上看起来已经改过自新，但却从未真正改过。他们的傲慢、操纵力、自以为是以及轻蔑，最终使他们重操旧业。这些累犯声称，正如法国谚语"设贼以抓贼"所言，一个改过自新的舞弊者更能做好舞弊监测和预防工作。巴里·韦恩（Barry Webne）和史蒂夫·科米萨尔（Steve Comisar）据说是舞弊犯改过自新的例子，他们成为了舞弊预防演讲人和顾问，但还一直在舞弊。巴里·明科（Barry Minkow）的恶劣行为，可能是累犯中最露骨的例子。

20 世纪 80 年代末，Minkow 因策划了 ZZZZ Best 公司价值 1 亿美元的证券舞弊案而入狱 7 年半，他出狱后，声称自己的人生翻开了新的一页。他直言不讳地主张要追究舞弊者的责任，并主办了一个全国范围内的广播谈话节目。他成立了一家舞弊调查公司，目的是揭露公司的舞弊者。他甚至成为了圣地亚哥一个教堂的牧师。Minkow 似乎已经找到了人生的目标，并把他的行骗经历永远地抛诸脑后了。不幸的是，他的堕落使他成为舞弊累犯的典型代表。

2009 年，他对 Lennar 公司的调查报告称，这家房屋建筑公司实施了重大舞弊和庞氏骗局。由于该报告，Lennar 的股票下跌了 30% 以上，导致投资者损失了超过 5.83 亿美元。[1]事实上，Minkow 对 Lennar 公司的调查本身就是一个骗局，是为了"人为操纵和压低 Lennar 的股票"，向建筑商敲诈钱财。[2]他的犯罪行为受到刑事指控，2011 年 3 月 30 日，他在佛罗里达州迈阿密的联邦法院认罪，承认共谋进行证券舞弊。作为背叛的例子，刑事指控称 Minkow 利用他与联邦调查局的密切关系，让他们"对 Lennar 展开调查，然后利用他对调查的了解，对 Lennar 的股票下注。"[3]

像大多数成功的舞弊者一样，Minkow 很有魅力，他用花言巧语迷惑欺骗受害者。1989 年对他判刑的联邦法官认识到了 Minkow 的所作所为。"你是个危险的人，因为你能说会道，有沟通的天赋，但你没有良心，"地方法院法官迪克兰·特夫里齐安（Dikran Tevrizian）说。[4]显然，良心问题对 Minkow 来说是一个挑战。一位记者写道，"Minkow 作为一名舞弊调查员的交易，似乎受到了道德上的挑战，因为他做空了作为其舞弊调查目标的公司。"[5]当舞弊者成为舞弊调查员，就可能会形成"狐狸守卫鸡舍"的案例。缺乏道德和品格的人，面对诱惑和权力时会造成灾难。在 Lennar 案的认罪答辩中，Minkow 一反常态向法官坦白了他犯罪的原因。"女士，是我不够智慧。"[6]因此，当心那些所谓的改过自新的骗子，他们既保持着圆滑和傲慢，又保持着"巧舌如簧的天赋。"这些都是舞弊累犯的危险信号。2011 年 7 月 22 日，Minkow 被判处五年监禁和 5.83 亿美元的赔偿金。

〔1〕 Rose Whelan：《Minkow 在舞弊案中认罪》，载《华尔街日报》2011 年 3 月 31 日，第 C3 版。

〔2〕 Rose Whelan：《美国指控舞弊案中的调查员实施舞弊》，载《华尔街日报》2011 年 3 月 24 日，第 C3 版。

〔3〕 Rose Whelan：《Minkow 认罪了》。

〔4〕 Al Lewis：《Barry Minkow 的倒退》，道琼斯通讯社，2011 年 3 月 22 日，载 www. denverpost. com/breakingnews/ ci_17675964。

〔5〕 Al Lewis：《Barry Minkow 的倒退》，道琼斯通讯社，2011 年 3 月 22 日，载 www. denverpost. com/breakingnews/ ci_17675964。

〔6〕 Curt Anderson：《骗子转投联邦调查局线人的认罪》，载《迈阿密先驱报》，2011 年 3 月 30 日，载 www. signon-sandiego. biz/news/2011/mar/30/guilty-plea-for-conman-turned-fbiinformant/。

第三章　加强公司合规性、问责制和伦理行为的路径

——从 COSO 到《萨班斯-奥克斯利法案》

🎯 **摘　要**

在过去的 25 年里，加强公司合规性、问责制和伦理行为的路径一直在逐步发展和改善。这场路径的演变始于 1985 年的 COSO（发起组织委员会，Committee of Sponsoring Organizations）和合规框架的提出，在 1991 年《联邦组织量刑指南》（Federal Sentencing Guidelines for Organizations）出台时继续发展，并随着 2002 年《萨班斯-奥克斯利法案》（Sarbanes-Oxley Act）的颁布，迅速引起各界的强烈关注。今天，对公司合规和伦理规范项目的提升与加强仍在不断进行。透明度和问责制成为公司治理、政府监管和投资者保护的关键词。如果公司高管不再被信任会对员工和股东进行保护，那么政府就会介入。受众多公司丑闻的推动，新的法律和合规要求出台，尽管其中一些对企业来说是烦琐的，但这些法律与合规要求是因最严重、影响最大的舞弊行为而产生的。

什么是公司治理？

公司治理是一种在管理层与所有其他关联方之间进行制衡的系统，其目的是打造一个有效、高效和守法的公司。这是一家公司如何就合规和问责方面，向其股东、员工、合作伙伴、客户、政府监管机构以及其他人界定自己。公司治理涉及公司运营的各个方面，包括管理层和董事会的角色、董事会的资格和独立性、道德伦理、利益冲突和强制行为准则、舞弊和其他商业行为问题的报告、公司公民权、继任计划以及股东权利。由于公司的问责制和责任灵活多变，我们可以在网站和大大小小的公司发布的年度报告中看到上述词汇，或与之非常相似的词汇。

公司治理是为了促进公平、诚实和透明。透明度已成为改善公司治理的一个关键词，并反映在整个《萨班斯-奥克斯利法案》以及其他重要的合规倡议中。它是一个"商业界已经采用，来描述披露基本财务信息的义务"的术语。[1]透明度是指公开、易于被调查或洞察的特质或状态。《布莱克法律词典》将其定义为"没有试图隐藏有害信息的舞弊，尤其是在组织与公众互动的财

---

〔1〕　Don Tapscott：《透明度是企业必须履行的责任》，载《协会管理》2005 年 4 月 17 日。

务披露中没有试图隐藏有害信息的舞弊。"〔1〕透明度是让投资者和政府监管机构确切地了解公司面纱背后究竟发生什么的一个关键因素。如果投资者们了解 Enron 公司和 Adelphia 公司存在的账外交易、自营交易、隐性贷款和劫掠行为，毫无疑问大多数人不会把他们辛苦赚来的钱投资给它们。至关重要的是，所有金融交易必须透明，避免金融骗局、未披露交易或利益冲突的存在可能性。透明度能够消除股东、公司员工和公众的担忧、使其安心，因为他们有一个公平的投资环境，并有望使公司中的骗子们很难"做假账"。

合规文化

49　　合规文化需要时间来发展。要达到最高的伦理标准和合规要求，可能需要经历一个很长的过程。所有在立法、倡议和政策方面的积极变化，都是为了改善公司治理而耗费多年时间开展的。可以说，这一加强合规的进程始于 1985 年 COSO 的成立，在 1991 年《美国有组织犯罪量刑指南》实施时继续发展，并在 2002 年《萨班斯-奥克斯利法案》颁布和随后强化的会计和审计标准出台后被广为接受。

　　正如证券交易委员会（SEC）前主席威廉·唐纳森（William H. Donaldson）在 2003 年 7 月 30 日对全美新闻俱乐部发表的一次演讲中所说，"如果公司将新法律视为改善内部控制、提高董事会业绩和改进公开报告的机会，它们终将运营得更好、更透明，并对投资者产生更大的吸引力。"〔2〕法律和合规要求已经改变了企业的运营方式。事实上，今天的高管和所有员工都必须了解它们及其对合规文化的影响。高管洞察 3.1 提供了自 1985 年以来不同公司的合规倡议和重要事件的时间表。

高管洞察 3.1：1985 年以来的重要公司合规倡议和重要事件时间表

年份	合规倡议和重要事件	影响
1985	发起组织委员会（COSO）	"自愿的私营部门组织，致力于通过商业伦理、有效的内部控制和公司治理，来提高财务报告的质量。"〔3〕
1986	国防工业关于商业伦理与行为的倡议	由 32 个主要国防承包商建立，目的是通过广泛报道政府承包商在采购过程中的浪费、舞弊和滥用行为，来提高企业的合规水平。〔4〕
1987	国家反虚假财务报告委员会（"Treadway 委员会"）的报告	"研究了美国的财务报告制度，确定可能导致虚假财务报告的因素及降低其发生率的措施。"〔5〕
1991	联邦组织量刑指南	通过对犯罪行为实施"公正惩罚"和"威慑"刺激措施，以发现和预防犯罪，使各组织承担责任的指南。〔6〕

〔1〕　Bryan Garner：《布莱克法律词典》，第 8 版，S. V. "透明度"。

〔2〕　William H. Donaldson：《SEC 主席致辞：对国家新闻俱乐部的评论》，（致辞，华盛顿特区，2003 年 7 月 30 日），美国证券交易委员会，载 www. sec. gov/news/speech/spch073003whd. htm。

〔3〕　美国反虚假财务报告委员会发起组织委员会，载 www. coso. org。

〔4〕　《国防工业关于商业伦理和行为倡议》，载 www. dii. org。

〔5〕　美国反虚假财务报告委员会发起组织委员会：《国家反虚假财务报告委员会的报告》，1987 年 10 月，载 www. coso. org/Publications/NCFFR. pdf。

〔6〕　《组织量刑指南补充报告》（1991 年 8 月 30 日），第 6 页。

续表

年份	合规倡议和重要事件	影响
1992	内部控制——综合框架（COSO 报告）	"建立了内部控制的通用定义和标准，企业可据此评估其控制系统以及如何做出改进。"[1]
1996	审计准则声明（SAS）82，"对财务报表审计中舞弊的思考"	为审计师在实施审计时监测舞弊提供了指导。首次将以前使用的术语"错误和违规行为"替换为"舞弊"。[2]
1998	Arthur Levitt 的"数字游戏"演讲	美国证券交易委员会前主席的预言性讲话，通过揭露操纵盈余管理的欺骗手段，预言金融市场的厄运即将来临。
1999	国家反虚假财务报告委员会，1987-1997 年	"研究项目旨在指导打击财务报表造假问题，并提供更好的对财务报表造假案件的理解。[3]
2002	《萨班斯-奥克斯利法案》	"2002 年上市公司会计改革和投资人保护法"——具有里程碑意义的立法，系美国证券法 70 年来最为重要的变化。
2002	审计准则声明（SAS）99 "对财务报表审计中舞弊的思考"	该审计准则取代了旧版 SAS 82，赋予审计师"计划和执行审计的责任，以获得对财务报表不存在重大错报的合理保证，无论该错报是由错误还是舞弊引起的。"
2003	"联邦起诉商业组织的原则"（"汤普森备忘录"）	当决定对商业组织提出指控时，为司法部检察官提供开创性指导。
2003	美国证交会关于《萨班斯-奥克斯利法案》第 404 节的最终规则	SEC 通过了第 404 节的规则，要求管理层对财务报告的内部控制进行评估和报告，并由外部审计师进行认证。
2003	纽约股票交易所和纳斯达克上市要求	对证券发行人的新的上市要求，包括董事独立性和加强公司治理。
2004	《PCAOB 审计准则第 2 号》：在审计财务报表的同时，对财务报告的内部控制进行审计	除 SAS 99 要求的职责外，还增加了外部审计师的职责，包括要求审计师评估反舞弊计划和控制措施，作为财务报告内部控制审计的一部分。
2004	Stephen Cutler 的"守门人"演讲	美国证券交易委员会前执行主任影响深远的演讲，他强化了守门人的关键作用——这些人负责监测和监督金融市场中的其他人。
2004	《企业风险管理—集成框架》	关于企业风险管理（ERM）的开创性指导，现在被各组织普遍使用。
2004	美国量刑委员会对《联邦组织量刑指南》的修正案	提出七项修正案，旨在加强商业组织的企业合规和伦理计划，以减轻对刑事犯罪的惩罚。

[1]　美国反虚假财务报告委员会发起组织委员会：《内部控制综合框架》，1992 年，载 www.cpa2biz. com/ast/main/cpa2biz_ primary /Internal controls /COSO/PRDOVR PC-990009/PC- 990009. jsp。

[2]　注册舞弊审查师协会：《舞弊审查师手册》（第 3 版），得克萨斯州奥斯汀 2001 年版，第 1 节，第 203 页。

[3]　美国反虚假财务报告委员会发起组织委员会：《虚假财务报告：1987 年—1997 年美国上市公司分析》，1999 年 3 月，载 www.coso.org/publications/ffr_1987_1997.pdf；审计准则第 99 号，《对财务报表审计舞弊的思考》，美国注册会计师协会，载 www.aicpa.org。

年份	合规倡议和重要事件	影响
2006	《财务报告的内部控制——小型上市公司指南》	以 1992 年《财务报告内部控制》（ICFR）为基础，本指南帮助小型上市公司采取基于原则的方法建立内部控制，以改进财务报告。[1]
2007	《PCABO 审计准则第 5 号》：与财务报表审计同时进行的财务报告内部控制审计	以"新的管理指南"取代《审计准则》第 2 号，该指南"更基于风险，并可根据公司规模和复杂性进行扩展"，同时提高财务报告的准确性。[2]
2010	《虚假财务报告：对 1998-2007 年美国上市公司的分析》	更新 1999 年关于虚假财务的报告，其中包括对 1998-2007 年十年间 347 起美国上市公司案例的最新研究结果。[3]
2010	《多德-弗兰克法案》，华尔街改革和消费者保护法案之举报人条款	新立法规定，对向 SEC 举报违反联邦证券法行为的举报人提供巨额资金奖励，同时为举报人提供强有力的保护，使其免受报复。
2010	美国量刑委员会对《联邦组织量刑指南》的修正案	更新 2004 年修正案，为有效的合规计划制定新的指导方针，包括对合规官员的直接报告机构，以及采取措施补救对受害者造成的损害并作出适当的赔偿。
2011	《英国反腐败法案》	强大的英国反腐败法案，通常被称为"FCPA 兴奋剂"，因为它将政府腐败和商业贿赂定为刑事犯罪。自 2011 年 7 月 1 日生效的法案还包括商业组织未能发现和防止贿赂的公司犯罪。

COSO

COSO 即发起组织委员会，这是一个自愿的私营部门组织，致力于通过商业伦理、有效的内部控制和公司治理来提高财务报告的质量。多年来，COSO 大量的研究和直观的建议，为公司舞弊的问题和预防提供了深刻的见解。在今天以合规为驱动的环境中，深入了解 COSO 框架是有效预防舞弊文化的先决条件。

COSO 成立于 1985 年，由主要的会计和财务专业组织组成，包括美国会计协会、美国注册会计师协会、国际财务主管协会、内部审计师协会和管理会计师协会等。COSO 发起了国家反虚假财务报告委员会，研究美国的财务报告系统，"以确定能够导致财务报告造假的原因，并采取措施降低其发生率。"[4] 国家反虚假财务报告委员会的第一任主席是 James C. Treadway, Jr.，他是 Paine Webber 有限公司的执行副总裁兼总顾问，前 SEC 委员。因而，国家委员会通常被称为 Treadway 委员会。

〔1〕 美国反虚假财务报告委员会发起组织委员会：《小型上市公司财务报告的内部控制指南》，2006 年，载 www.cpa2biz.com/ast/main/cpa2biz_primary/internalcontrols /COSO/PRDOVR PC-990017/PC-990017.jsp.

〔2〕 上市公司会计监督委员会：《审计准则第 5 号》，载 pcaobus.org/Standards/Auditing/Pages/Auditing_Standard_5.aspx.

〔3〕 美国反虚假财务报告委员会发起组织委员会：《虚假财务报告：1998 年—2007 年美国上市公司分析》，2010 年 5 月，载 www.coso.org/documents/COSOFRAUD STUDY2010_001.pdf.

〔4〕 国家反虚假财务报告委员会：《国家反虚假财务报告委员会的报告》，1987 年 10 月 1 日，载 www.coso.org/publi-cations/NCFFR_part_1.htm.

委员会审查了许多虚假财务报告的案例，包括 119 起针对上市公司或相关个人的执法行动，以及 1981 年至 1986 年间 SEC 对独立会计师或其事务所提起的 42 起案例。[1]委员会将虚假报告定义为"故意或鲁莽的行为，无论出于作为还是不作为，都会造成财务报表的重大误导。"[2]委员会考虑了许多不同的因素，包括公司记录的失真、虚假交易、会计原则的误用以及其他相关的故意不当行为。委员会的研究没有包括其他内部舞弊，如资产挪用或腐败计划。研究发现，当出现以下情况时，存在虚假财务报告的机会：

- 缺乏强有力且积极的董事会或审计委员会来审慎监督财务报告过程。
- 内部会计控制薄弱或缺失。
- 异常或复杂的财务交易。
- 需要公司管理层主观判断的会计评估。
- 由于人员规模、专业知识不足或审计范围有限，致使内部审计人员效率低下。[3]

委员会的主要建议分为几类，包括高级管理层确定的顶层基调；内部会计和审计职能的质量；董事会和审计委员会的作用；外部审计师的独立性；以及加强执行力度。委员会的研究结果和建议与 1987 年发布的研究报告一样重要。一些关键建议如下：

- 上市公司的最高管理层必须"识别、理解和评估"可能导致财务报表造假的因素。 57
- 内部控制必须提供"合理的保证"，即在最好的情况下，可预防虚假财务报告；或在最坏的情况下，可迅速发现虚假财务报告。
- "上市公司应制定和执行书面的公司行为准则"，以"营造强大的伦理氛围"，并确保遵守该准则。
- 必须建立有效和客观的，"配备足够数量的合格人员"的内部审计职能。
- 审计委员会应"完全由独立董事组成"，并"有足够的资源和权力履行其职责"。
- 审计委员会应"警惕和有效"地监督公司的财务报告过程和内部控制。
- 审计委员会应当对公司的会计师的独立性进行评估。
- SEC 应要求首席执行官和/或首席财务官在向股东提交的年度报告中加入经签署的管理报告。
- SEC 应要求审计委员会主席在公司年度报告中提供一封签名信，详细说明过去一年中"委员会的职责和活动"。
- "公共会计师机构应认识到"并解决可能影响审计质量和独立性的内在压力。
- SEC 应寻求新的"法定权力，以禁止或中止参与虚假财务报告的公司高管和董事的工作。"
- 应更加重视刑事起诉，SEC 应投入更多资源来发现和预防虚假财务报告。[4]

COSO 认为，内部控制是健全舞弊预防计划的重要组成部分。然而，内部控制只能提供合理的，而不是绝对的保证，并应与实现目标相适应。1992 年，COSO 发布了一份具有里程碑意义的内部控制报告，名为"内部控制综合框架"，这是建立有效内部控制体系的基础。如果公司采用 58 该体系，将促进：①高效和有效地运营，②准确的财务报告，以及③遵守法律和法规。该报告概述了有效内部控制计划的五个基本要素：

1. 控制环境，通过提供基本的纪律和结构作为系统的基础。

---

[1]　同上，第 23 页。
[2]　同上，第 1 页。
[3]　同上，第 24 页。
[4]　同上，第 17—78 页。

2. 风险评估，包括管理层对实现预定目标的风险进行识别和分析。

3. 控制活动或政策、程序和实践，以确保实现管理目标和风险缓解。

4. 管理层的信息和沟通，使所有员工了解其控制职责和支持他们的要求。

5. 监督，包括由管理层和独立审计师对内部控制进行外部监督，以确定方案的质量和合规性。[1]

COSO 框架是美国许多公司的标准。同理，该框架也可以在世界范围内普遍使用。然而，可以自愿使用的 COSO 框架并没有阻止许多公司倒闭。Enron 本已控制到位，但被高级管理层否决了。其审计师事务所 Arthur Andersen 制定了 Enron 的风险评估框架，但 Enron 没有遵循。Enron 来自公司最高层的"突破底线"的氛围，促使了公司的灭亡。

作为 1987 年原始报告的后续行动，Treadway 委员会研究了 1987 年至 1997 年期间发生的财务报表造假，并做成了一份题为《虚假财务报告：1998-2007 年美国上市公司分析》的研究报告。一个令人担忧的问题是，自上一份报告发布以来的几年里，虚假财务报告的问题有没有缓解。调查确定了近 300 家面临虚假财务报告指控的公司，并从中随机选择 200 家公司进行详细分析。报告结果摘要包括以下内容：

■ 大多数从事财务报告造假的公司规模相对较小，其资产总额大多远低于 1 亿美元，且大多数没有在纽约或美国证券交易所上市。

■ 高级管理人员经常参与舞弊，83% 的首席执行官和首席财务官在某种程度上都与之有关联。

■ 财务报表造假发生前的一段时间内，财务压力可能对舞弊起到了促进作用。

■ 大多数审计委员会每年只召开一次会议，一些公司没有审计委员会，大多数公司没有会计或财务专业知识。

■ 内部人士和"灰色"董事（与公司有特殊关系的非独立外部人士）主导着董事会。

■ 与涉案公司相对较小的规模相比，舞弊的金额很高。

■ 在被发现之前，舞弊平均持续了近两年。

■ 夸大收入和资产是最常见的方法。

■ 大型和小型审计公司无论其大小，都与实施舞弊的公司有关联。

■ 29% 的舞弊案涉及外部审计人员的共谋或疏忽。

■ 实施舞弊行为的公司会面临严重的后果，包括破产、退市和美国证券交易委员会（SEC）的起诉。很少有高管承认自己的错误行为或曾在监狱服刑。[2]

2010 年，COSO 发布了一项关于虚假财务报告的新研究，题为《虚假财务报告：1998-2007 年美国上市公司分析》，更新了 1999 年的研究报告。不出所料，该研究发现，"从事舞弊的公司通常会破产、从证券交易所退市或出售资产，且在 90% 的案件中，SEC 点名了涉嫌参与其中的 CEO 和 CFO。"[3] 报告的主要结论有：

■ 虚假财务报告案件从 1987 年至 1997 年期间的 294 起，增至 1998 年至 2007 年期间的 347 起。安然（Enron）、世通（WorldCom）和其他公司的会计舞弊案件导致了案件数量和损失金额的增加。累计损失达 1200 亿美元，平均每起案例损失约 4 亿美元。

---

〔1〕 美国反虚假财务报告委员会发起组织委员会：《内部控制综合框架》，1992 年，载 www.coso.org/publications/executive_summary_integrated_framework.htm。

〔2〕 Mark S. Beasley，Joseph V. Carcello，Dana R. Hermanson：《1987—1997 年虚假财务报告：美国上市公司分析》（美国反虚假财务报告委员会发起组织委员会，1999 年），载 www.coso.org/publications/ffr_1987_1997.pdf。

〔3〕 《美国上市公司的财务舞弊经常会导致破产或失败，给股东带来巨大的直接损失，并对高管进行处罚》，COSO 新闻发布，2010 年 5 月 20 日，载 www.coso.org/documents/cosoreleaseonfraudulentreporting2010pdf_002.pdf。

■ 在89%的舞弊案件中，首席执行官和/或首席财务官被起诉。这相比于1999年研究中的83%有所增加。在被起诉的首席执行官中，60%的人后来被定罪。

■ 收入确认舞弊是舞弊方最常用的方法，占所有案件的60%。

■ 26%的发生舞弊的公司随后更换了审计事务所。

■ 在披露舞弊后的两天内，平均股价下跌了16.7%。

■ 与没有舞弊的公司相比，参与舞弊的公司破产、退市或重大资产出售的发生概率更高。[1]

联邦组织量刑指南

联邦对所有罪行的被告判决的量刑差异，是检察官、被告人、辩护律师、法官和公众之间的一个问题。不同被告因类似行为，面临刑期的长短以及是否需要服刑，都会因联邦管辖区的差异而大不相同。经过多年对该制度的投诉，《1984年量刑改革法案》改变了联邦量刑的方式。该法案设立美国量刑委员会（United States Sentencing Commission，USSC），作为司法部门的独立机构。USSC受命制定指导方针和政策，以便联邦法院在判决犯有联邦罪的罪犯时能够遵循。1987年11月1日，针对实施任何类型联邦犯罪的个人的《量刑指南》颁布并生效。[2]

USSC的下一步是处理有组织犯罪。组织和个人一样，也可以犯罪，也可以被指控和定罪。虽然组织不能因其罪行被判处监禁，但如果被作出有罪判决，也会受到惩罚。由此产生的定罪和罚金可能会让一个公司倒闭。1991年，USSC发布了《企业刑事量刑指南》和《企业合规计划推荐指南》。如果一个组织能够证明，它在被指控之前已经制定了适当的合规计划，该指南就可以试图减轻联邦对犯罪判决的最严厉的量刑。对那些在犯罪前已经制定了强有力的舞弊预防和监测计划，并自行报告犯罪的公司来说，罚金会大幅减少。为了根据指南获得任何可能从轻的处罚，组织必须立即向有关当局报告犯罪活动。

在当时，一个强有力的舞弊预防计划必须考虑并实施以下七个步骤，以遵守《联邦组织量刑指南》：

■ 既定的合规标准：全体员工必须遵守的、能够合理地降低犯罪活动可能性的政策和程序。

■ 设定顶层基调：由高层管理部门监督，以确保合规性。

■ 谨慎行事，不要将权力委托给可能从事非法活动的个人：建立背景调查和管理监督制度，以减少有犯罪历史或有从事非法活动倾向的员工掌权的机会。

■ 有效地向所有员工传达标准：要求参加培训计划，通过员工手册和新员工入职培训制定和传达行为准则。

■ 实现合规的合理步骤：利用监测和审计系统，发现犯罪和其他不当行为，并为举报人建立举报制度，以举报此类行为。

■ 始终如一地执行和纪律：建立一个适当的惩戒机制，始终如一、公平、循序渐进地对待所指控的行为，并向所有员工公布。

■ 应对合规问题报告的合理步骤：识别内部控制的失效和缺陷，并采取一切合理的步骤正确

---

〔1〕　美国反虚假财务报告委员会发起组织委员会：《1998—2007年虚假财务报告：美国上市公司分析》，2010年5月，载www.coso.org/fraudReport.htm。

〔2〕　《量刑改革法案》，美国法典第28（2003）991号。

应对违法行为，包括修改计划，以预防和发现违法行为。[1]

62　　《有组织犯罪的量刑指南》是一个良好的开端，但由于公司舞弊形势的变化，还需要很多年才能有显著的成效。

SAS 82

一直以来，会计师和审计师认为揭露舞弊不是他们的责任。他们的借口是，这并非他们的工作。随着源自 COSO 和《联邦组织量刑指南》的有效合规的重要性与日俱增，减少舞弊成为了一项考虑因素，但并不总是优先因素。到 20 世纪 90 年代中期，因为越来越多的人批评会计和审计行业没有采取足够的措施制止舞弊行为，会计和审计行业决定必须采取更强有力的措施来发现和预防商业舞弊行为。1996 年 11 月，美国注册会计师协会（AICPA）审计准则委员会发布了 SAS 82，"在财务报表审计中对舞弊的思考"。SAS 82 为审计师在进行审计时发现舞弊行为提供了新的指导。在先前发布的审计指南中，没有界定舞弊行为，而是使用了"错误和违规行为"一词。此外，审计师对发现"因串通而隐瞒的故意错报"不负责任。[2]

新标准规定，审计师"有责任计划和执行审计工作，以对财务报表是否不存在因错误或舞弊导致的重大错报获取合理保证。"[3] SAS 82 指出，"区别舞弊和错误的首要因素，是财务报表中的潜在行为是有意还是无意的。"[4]根据 SAS 82，财务报表舞弊包括伪造、操纵或篡改会计记录和证明文件、故意滥用会计原则进行舞弊、提交或遗漏有误导性的财务交易或其他重要信息。

SAS 82 要求审计师计划和执行审计，以确定财务报表是否有重大错报。审计师需要评估与虚
63　假财务报告和挪用资产有关的 41 个风险因素。这些风险因素分为三大类，其中有一些重要的如下：

- ■ 与管理层特点和影响相关的风险因素。
- ● 与绩效相关的薪酬计划。
- ● 管理层保持高股价的愿望。
- ● 信贷和融资的需求。
- ● 管理层希望减少纳税义务的愿望。
- ● 公司价值观或伦理规范未被有效传达。
- ● 一个人或一小部分人在管理层中处支配地位。
- ● 缺乏控制监督。
- ● 无效率的会计、信息技术或内部审计人员。
- ● 非财务管理层过度参与会计和财务活动。
- ● 管理层人员的高流动率。
- ● 管理层与员工的关系紧张。
- ● 有舞弊行为的历史。
- ■ 与行业状况相关的风险因素。

---

〔1〕　《美国量刑委员会指南手册》，第 8 章，"对组织的量刑"，1991 年 11 月 1 日。
〔2〕　注册舞弊审查师协会：《舞弊审查师手册》（第 3 版），得克萨斯州奥斯汀：2001 年版，第 1 节，第 203 页。
〔3〕　同上，第 1 节，第 204 页。
〔4〕　Donald Fogel：《SAS 82：为追捕舞弊行为提供指导》，载《白皮书》（1998 年 9 月至 10 月），第 28 页。

- 新的会计或法律规范。
- 市场竞争激烈，利润率下降。
- 行业变化迅速，如技术。
- ■ 与经营特点和财务稳定性有关的风险因素。
- 现金流问题，同时报告收益或收益增长。
- 压力或需要获得额外的资本融资。
- 主要基于估算的资产、负债、收入或支出。
- 非正常业务过程中的重大关联方交易。
- 重大、异常或高度复杂的交易。
- 避税区的重要银行账户或分公司。
- 过于复杂的经营结构或不寻常的法律实体。
- 难以确定控制实体的个人。
- 特别容易受到利率变化的影响。
- 异常高的债务依赖性或满足支付要求的能力有限。
- 不切实际的激进销售或盈利激励计划。
- 即将破产的威胁。
- 当管理层亲自为实体的重大债务担保时，财务状况差且恶化。[1]

64

审计师需要评估公司面临的舞弊风险总量，并设计审计方案，将舞弊风险与其他业务风险结合起来。目前需要考虑的风险包括，挪用易受舞弊影响的资产，以及是否有适当的控制措施来减轻风险。SAS 82 只要求，当发现重大舞弊时，审计师应考虑其影响并与合适的管理层讨论。尽管舞弊可能存在的证据会被及时告知，但舞弊风险未达到舞弊证据阈值时，就可能不会被告知。SAS 82 确实规定，任何涉及高级管理层的舞弊行为，都应告知审计委员会或其同等机构，但根据SAS 82 的规定，审计师超越管理结构，向审计委员会或外部顾问报告严重舞弊问题的可能性很小。问题是，高级管理层经常卷入财务报表造假和其他不当行为。SAS 82 旨在指导审计师如何在进行审计时考虑舞弊的可能性，并在进行财务报表审计时评估审计结果；这并不是针对其他许多影响公司的舞弊行为的指南。[2]它从未打算让审计师成为舞弊审查员。事实上，审计人员不需要接受舞弊检查和监测方面的培训。

亚瑟·莱维特（ARTHUR LEVITT）和"数字游戏"

尽管 2002 年 7 月 30 日可能标志着企业启蒙和治理新时代的诞生，但 1998 年 9 月 28 日《萨班斯-奥克斯利法案》的签署，才是新时代的真正开始。那天，美国证券交易委员会前主席亚瑟·莱维特（Arthur Levitt）在纽约大学法律和商业中心发表了一次铿锵有力、富有预见性的演讲。这个演讲被恰如其分地称为"数字游戏"，莱维特的演讲像现代的诺查丹玛斯（Nostradamus，16 世纪的大预言家）一样，预言了金融市场的厄运即将来临。莱维特把这篇演讲作为一个论坛，来讨论他认为正在进行的收益管理方面的骗局。他称之为"一个如果不尽快解决，将对美国的财务报

65

---

〔1〕　注册舞弊审查师协会：《舞弊审查师手册》（第 3 版），得克萨斯州奥斯汀：ACFE 2001 年版，第 1 节，第 205-206 页。

〔2〕　SAS 82 内容转载自《舞弊审查师手册》（第 3 版），得克萨斯州奥斯汀：ACFE 2001 年版，第 1 节，第 203-207 页，经得克萨斯州奥斯汀注册舞弊审查师协会（2005 年）许可。

告体系产生不利后果的游戏"和"一个与我们的市场力量和成功背后的原则背道而驰的游戏。"[1]在安然（Enron）破产前的三年里，很少有人相信莱维特，因为泡沫还在持续增长。

莱维特警告称，"收益的质量受到削弱，因此财务报告的质量也在下降。"他认为因为管理层施加压力，要求达到或超过华尔街的预期数字，舞弊是可能的最终结果。观众被告知，高管们很有可能通过"抄近路"进入"灰色地带"，而不是完全诚实地告知投资者财务表现。尽管莱维特没有使用舞弊（Fraud）的"F"开头的这个词，也没有用"捏造账簿"（cooking the books）这个术语，但他暗示市场的诚信受到了质疑。他说："管理可能会被操纵所取代；诚信可能会被错觉所取代。"[2]他在告诉我们未来，但并非所有的公司高管都听了进去。

莱维特简要介绍了财务舞弊如何造成投资者恐慌和财务破产的历史教训。他很关切改进会计和披露规则的必要性、外部审计师独立和监督的必要性，以及公司董事会和审计委员会的重要性。他提到了透明度和准确报告的至关重要性。所有这些问题都成为《萨班斯-奥克斯利法案》的核心内容。毫无疑问，当制定《萨班斯-奥克斯利法案》的国会议员坐下来制定法案内容时，他们读到了莱维特所说的话。他还强调说他所讨论的问题很严重，不能由政府单独解决；还需要投资者、金融分析师，当然还有公司高管的倾力参与。在这三者中，投资者是最幼稚的，最不担心当时对财务报告产生的影响。

66　　莱维特说，证交会（SEC）看到五种会计"噱头"或"会计花招"，这些都被证明是有问题的：

■"大洗浴重组费用"：当公司高估重组费用，或有其他倾向于用"大洗浴"来"清理"资产负债表的巨额费用时。重组涉及到公司财务结构、所有权或运营的重大变化，以通过多种方式最终增加价值，如并购、杠杆收购、资产剥离和资本重组等。[3]不合适的一次性的重组费用可能会影响收益的增长。莱维特警告说，所有相关方，包括管理层、员工、投资者、供应商和其他方，都需要充分了解任何重组的影响，并确保财务报告准确且透明。

■"创造性收购会计"：将收购成本分类为"过程中研发"，以便"将其作为一次性费用注销，从而消除对未来收益的影响"。

■"饼干罐准备金"：对销售退回、贷款损失或保修成本等负债的不切实际的估计。这些负债往往将应计款项储存在"饼干罐"中，以便在财务不稳定时期使用。对财务报告来说，巨额的一次性收益损失对财务报告是个问题，并可能导致丑闻和牢狱之灾。

■"会计原则的非实质性误用"：莱维特说，实质性有助于在财务报告中建立灵活性，"有些项目可能很不重要，不值得精确地衡量和报告。"然而，他认为有些公司的"谎言"（同样，接近他演讲中所说的F开头的一词）故意将错误包括进来，以推高底线。他补充道："在市场上，错过一分钱的盈利预测，则可能会导致数百万美元的市值损失。我很难接受说这些所谓的煞有介事真的不重要。"

67　　■"收入过早确认"：操纵收入是当今面临的最严重的会计问题之一。在合同签订，盖戳和交付之前确认收入——此时客户仍可以选择退回商品或拒绝服务时，这是一个易于实施舞弊和滥用的简单方法。莱维特在1998年认识到这是一个问题，并坚持说一些不知名的公司在交易完成

---

〔1〕　Arthur Levitt：《数字游戏》（演讲稿，纽约大学法律与商业中心，纽约，1998年9月28日），美国证券交易委员会，载 http://www.sec.gov/news/speech/speecharchive/1998/spch220.txt。

〔2〕　同上。

〔3〕　Ian Giddy：《公司财务重组》（课程描述），载 www.stern.nyu.edu/igiddy/reorganization.html。

或产品交付之前就确认了收入。他说，这种"提高收入"的尝试就像"一瓶好酒"，而好酒在"准备好之前软木塞是不会打开的"。[1]

莱维特概述了一项提高财务报表和报告的透明度的行动计划，以结束他富有远见的演讲。该计划包括建议改进会计框架、改进财务报告流程的外部审计、加强审计委员会流程以及进行文化变革的必要性。莱维特说："公司管理者应该记住，财务报告系统中数字的完整性直接关系到公司的长期利益。虽然诱惑和压力很大，但对数字上的幻想只是短暂的，最终会自我毁灭的。"[2]但在1998年，很少有人听取他的建议。

2002年《萨班斯-奥克斯利法案》

2000年股市暴跌之后，每天都有公司舞弊和不检点行为的曝光。不断报道的公司丑闻强化了这样的看法：公司巨头是贪婪和缺乏责任感的典型，以牺牲普通投资者为代价来谋取不义之财。投资者对金融市场失去了信心，他们开始相信市场是被操纵的，没有人保护他们的利益和他们辛苦赚来的钱。必须要采取一些措施惩罚那些公司舞弊者，恢复投资者对华尔街的信心和信任。

2002年7月，国会通过了具有里程碑意义的立法——2002年的《上市公司会计改革和投资者保护法案》，通常称为《萨班斯-奥克斯利法案》。《萨班斯-奥克斯利法案》以其国会提议人、参议员保罗·萨班斯（马里兰州民主党）和众议员迈克尔·奥克斯利（俄亥俄州共和党）命名。为了支持他的措施，萨班斯参议员说："最初由Enron公司倒闭暴露出来的问题决不是一家公司、一个产业，甚至一个行业所独有的。"他补充道："需要做些什么，来恢复对这个世界最大市场的信心。"[3]

许多人不确定该法案是否会成为法律。由于会计界和政界的反对，国会此前制定的、旨在遏制公司犯罪的努力已告失败。但2002年6月，世通公司的倒闭以及38亿美元的会计舞弊促使国会在众议院和参议院获得压倒性的支持，通过了《萨班斯-奥克斯利法案》。布什总统于2002年7月30日签署了该法案，使之成为法律。他在签署时说："每个选择犯罪的人都会付出代价。"[4]

这项立法加强了上市公司的问责和治理；影响了其高管和董事；提高了审计师的诚信和独立性；大大增强了审计委员会的权力；解决了股票分析师的利益冲突；最重要的是，保护了员工、养老金持有人和投资者免受舞弊。

这项法案是全面的和开创性的。它包括11个标题，涵盖上市公司会计监督委员会、审计师独立性、公司责任、强化财务披露，和分析师利益冲突。它还包括"公司和刑事舞弊责任法案"（第八章）、"2002年白领犯罪处罚强化法案"（第九章）和"2002年公司舞弊问责法案"（第十一章）。该法案涵盖了对公司、股东和政府极为重要的领域，和此前未解决的问题。

本节涵盖了该法案的要点，但并未详尽阐述法案的全部方面。如果想详细了解，请读者阅读2002年《萨班斯-奥克斯利法案》的文本（www.sec.gov/about/laws.shtml#sox2002）。

对独立审计师的影响

《萨班斯-奥克斯利法案》建立了一个强大而独立的上市公司会计监督委员会（Public Company Accounting Oversight Board，PCAOB），以监督受证券法约束的上市公司的审计。关于PCAOB的

68

---

[1]　Levitt：《数字游戏》。

[2]　同上。

[3]　Eric Winig：《政府干预不会阻止舞弊》，载《华盛顿商业期刊》2002年7月12日。

[4]　Elisabeth Bumiller：《布什签署了旨在打击公司舞弊的法案》，载《纽约时报》2002年7月31日，第A2版。

形成及其含义的更多信息，请参见第四章。PCAOB 在编制准确、独立的审计报告时，保护投资者的利益。该法案要求 PCAOB 有五名成员，均是从具有诚信和声誉的知名人士中任命产生，且对投资者和公众的利益作出了明确的承诺。成员目前不能与任何公共会计师事务所有联系。每个成员必须具备财务专业知识，并了解公认的会计原则、内部控制、财务报表和审计委员会职能。其中两名成员必须是、或曾经是注册会计师（CPA），其余三名成员不是、也不能曾是注册会计师。主席可由其中一名注册会计师担任，条件是其已未作为执业注册会计师达五年。

PCAOB 监督会计行业，同时通过一系列措施接受 SEC 的监督，包括：

■ 对为发行人编制审计报告的公共会计师事务所进行注册。

■ 根据规则制定或（和）采用审计、质量控制、伦理、独立性和其他与为发行人编制审计报告有关的标准。

■ 对公共会计师事务所进行检查。

■ 对会计师事务所开展调查和惩戒处分程序，实施适当的制裁。

■ 履行 PCAOB（或 SEC，根据规则或命令）认为必要或适当的其他职责或职能，以促进高专业标准和提高公共会计师事务所提供审计服务的质量。

■ 强制执行本法案、PCAOB 规则、专业标准以及与编制和发布审计报告有关的证券法。

审计师独立性

该法案通过禁止审计师在为上市公司审计客户进行审计时，提供多项非审计服务，从而促进审计师的独立性，包括：

■ 与审计客户的会计记录或财务报表相关的簿记或其他服务。

■ 财务信息系统设计与实施。

■ 评估或估价服务、公平意见或实物捐助报告。

■ 精算服务。

■ 内部审计外包服务。

■ 管理职能或人力资源。

■ 经纪人或交易商、投资顾问或投资银行服务。

■ 与审计无关的法律服务和专家服务。

■ PCAOB 根据规定确定的任何不允许的其他服务。

公司责任：对审计委员会的影响

《萨班斯-奥克斯利法案》通过增加审计委员会的独立性，改进了公司责任。除本监督职责以外，审计委员会成员不得与发行人有任何关联，并且不得接受发行人的任何咨询或顾问工作，或任何其他报酬。审计委员会的每一位成员应为发行人董事会成员，并应是独立的。审计师必须向客户的审计委员会报告，而不是向管理层报告。审计委员会将负责审计师的任命、报酬和监督工作，以及解决公司与审计师之间的任何分歧或争议。

公司还必须披露审计委员会是否至少有一名成员是"财务专家"。该法案规定，财务专家是指接受有公共会计师或审计师的教育和经验，或曾经任职发行人的财务主管、审计官或主要会计官、以及任何履行类似职能的职位，具有以下能力：

■ 理解公认会计原则和财务报表。

■ 为一般可比公司编制或审计财务报表的经验。

■ 内部会计控制经验。

■ 了解审计委员会的职能。

以前，许多审计委员会的成员中没有"财务专家"。人们相信，只要对财务事务有知识和经验的人，就会发现和报告公司的不检点行为及舞弊行为。美国证券交易委员会规定，必须披露该专家的姓名，以及该专家是否独立于管理层。没有此类专家的公司将被要求披露这一点，并必须解释为什么没有此类专家。

各公共会计师事务所必须及时向审计委员会报告财务报表中使用的所有关键会计政策和做法。本报告必须包括与管理层讨论过的、公认会计原则中对财务信息的所有替代处理方法、使用此类处理方法的后果以及会计师事务所首选的处理方法。此外，审计师必须提供会计师事务所和公司管理层之间的任何书面沟通材料，如管理信函或未经调整差异的日程表。

投诉和举报人保护

《萨班斯-奥克斯利法案》要求每个上市公司建立一个能让员工报告不当行为的报告系统。尽管该法案没有特别提到举报人，但其含义是明确的。多亏 Enron 公司的 Sherron Watkins 和世通公司的 Cynthia Cooper，举报人获得了新的尊敬和投资大众的感谢。因为披露公司舞弊的行为，这些女性被《时代》杂志评为 2002 年的年度人物。

各审计委员会必须制定程序，以接收、保留和回应发行人收到的投诉，包括保密、匿名提交的可疑会计、内部会计控制或审计事项。一般来说，公司以热线的形式接收保密电话，并向公司提供信息以便采取适当的行动。热线可以帮助员工免受报复感到安全。

该法案加强了对上市公司员工举报人的保护，这些员工在披露舞弊证据并协助调查制止舞弊之后，被解雇、降职、停职、威胁、骚扰或歧视。遭到报复的举报人可以通过美国劳工部和地区法院寻求救济。许多人没有意识到，现在报复举报人的人将面临刑事后果。该法案将报复定为联邦犯罪，最高可判处 10 年监禁。

改善公司治理：对上市公司的影响

首席执行官和首席财务官认证：《萨班斯-奥克斯利法案》要求上市公司的首席执行官和首席财务官在定期报告中对披露内容进行认证，以加强公司治理和问责。这就直接将责任推到了公司的关键职员身上，以确保他们向美国证券交易委员会提交的财务报表和其他披露的信息是真实的。高管们不能再问"谁来负责，是我吗？"或者说，"我不知道。"

在需要的认证事项中，首席执行官和首席财务官必须证明：

■ 他们已经审阅了报告。

■ 据他们所知，本报告不包含任何不真实的重大事实，也不遗漏任何可能使报表产生误导的重大事实。

■ 据他们所知，本报告中的财务报表和其他财务信息在所有重大方面公允地反映了公司的财务状况和经营成果。

■ 他们负责建立和维护内部控制。

■ 他们设计了内部控制措施，以确保与公司相关的重要信息告知给公司的其他管理者。

■ 在报告发布之前，他们已经评估了公司内部控制的有效性。

■ 他们在报告中提出了关于内部控制有效性的结论。

■ 他们已经向审计人员和审计委员会披露了内控设计和运行方面的所有重大缺陷，这些缺陷可能对公司记录、处理和报告财务数据的能力产生不利影响，他们还发现了内部控制中存在的任何重大缺陷。

■ 他们已经披露了内部控制是否发生了显著变化，或在评估之日后可能显著影响内部控制的其他因素，包括采取的任何纠正措施。

■ 他们披露了任何涉及管理层或其他在公司内部控制中扮演重要角色的员工的舞弊行为，无论是否重大。

不懂法律并不是借口。认证人员违反本法案该节规定的，将面临刑事起诉，并肯定会游街示众（Perp Walk）。违反此认证程序是一项重罪，如果违规行为是明知故犯的，最高可判处20年监禁。

内幕交易：一个令人担忧的问题是，被调查的公司高管会在悄悄抛售大量股票的同时，虚假地向投资者和员工保证公司的健康状况。《萨班斯-奥克斯利法案》通过大幅缩短内部人士报告其公司证券交易的最后期限，来解决这一问题。一家上市公司的高管和董事以前有多达40天的时间来报告他们对公司的股票交易，但现在他们只有2个工作日。交易也必须张贴在公司的网站上。此外，还禁止在养老基金管制期间进行内幕交易。高管或董事违反本节规定而赚取的利润，可由公司追回。

非法所得：根据法案，如果公司因不当行为需要重述其财务报表，CEO和CFO必须在首次公开发行或向SEC提交财务文件后的12个月之内，向公司偿还收到的任何奖金或其他报酬。这对首席执行官来说是一个新的概念，但早就应该如此。在美国企业界，不得不放弃不义之财，甚至是法律允许但没有透明度的收益，这是一种新的现象。

74

禁止向管理人员和董事提供个人贷款：法案禁止上市公司向其高管和董事发放在正常业务过程中未发放的个人贷款。Adelphia的前首席执行官John Rigas、Tyco的前首席执行官Dennis Kozlowski等人在公司董事会不知情或未批准的情况下，接受了巨额个人贷款。利用公司作为个人储蓄罐的腐败高管，现在将面临民事和刑事处罚。

伦理准则：有效的预防舞弊计划和合规文化的基石，是基于诚信的强大价值体系。这些价值观可以很好地反映在伦理或行为准则中，以确保员工知道对他们的期望，然后做出正确的决定。这对高管和普通管理者来说尤其如此。《萨班斯-奥克斯利法案》要求上市公司为其高级财务人员制定伦理准则。然后，它必须披露是否采用了伦理准则；如果没有，必须披露不这样做的原因。

强化财务披露：法案以许多其他方式强化了财务披露。公司必须在其年度报告中编制一份关于内部控制的报告。报告必须确定管理层有责任建立和维护适当的内部控制结构和报告程序，并评估这些控制和程序的有效性。作为审计业务的一部分，发行人的会计师必须证明和报告审计工作中的管理评估。这些是第404节的要求。

该法案还改进了对潜在减损信息的及时报告。将要求向SEC提交的每份包含财务报表的年度报告都必须包括所有重大的更正调整。每份年度和季度财务报告应披露可能对公司财务状况产生重大影响的所有重要表外交易和其他关系。Enron公司利用表外交易来隐瞒债务，导致休斯敦能源公司的大规模舞弊。

民事和刑事处罚

75

该法案制定了一些新的刑事法规，并修订了另一些，以增强执法行动的力度。其中包括：

销毁、篡改或伪造联邦调查和破产记录。为阻止、阻挠或妨碍联邦调查，而销毁、更改或伪造记录或文件，是一项新的法规，可处以罚金、20年以下监禁或二者兼有之。对证券发行人进行审计的会计师必须在审计或审查结束后的五年内，保存所有审计或审查工作文件。这项新法规规定，对任何明知故犯的人可处以罚金或者最高可处10年监禁，或两者兼有之。

证券舞弊。这项法规规定了对欺骗上市公司股东的刑事处罚。它是对现有证券法的补充，并规定了罚金和最高25年的刑期，或两者兼有之。证券舞弊的诉讼时效增加至自犯罪之日起五年，或自发现构成该犯罪之日起两年。

白领犯罪刑罚加重。根据《2002年白领犯罪加重法案》第九章的规定，加重了刑事处罚。

现有的一些刑事法规对监禁的时间有所增加，这包括舞弊起诉的主力军——《邮件舞弊法令》。《萨班斯-奥克斯利法案》将对邮件舞弊和电传舞弊的刑事处罚提高到 20 年监禁。此外，对篡改或妨碍官方调查，以及对信息提供者和举报人进行报复的行为也加重了刑罚。

公司高管未能认证财务报告。还有一项新的刑事法规，涉及对一家公司向美国证券交易委员会提交定期财务报告的认证。如果首席执行官或首席财务官虚假地认证了有关公司财务状况和运营结果的任何声明，他（或她）可能面临至多 20 年的监禁和/或 500 万美元的罚金。

联邦量刑指南修正案。该法案要求美国量刑委员会（U. S. Sentencing Commission，USSC）审查和修订其关于证券舞弊、妨碍司法和广泛的刑事舞弊的量刑指南。由于《萨班斯-奥克斯利法案》的实施，对涉及大量受害者和巨额损失的舞弊案件，涉及上市公司高管和董事的案件，涉及证据销毁以及虚假认证财务报表的案件，都会做出更严厉的量刑。[1]

对于影响大量受害者或危及上市公司财务生存能力的公司犯罪，USSC 已经加大了处罚力度。

如今的《萨班斯-奥克斯利法案》

考虑到《萨班斯-奥克斯利法案》颁布以来已经过去了许多年，关于它是否减少了公司舞弊仍存在许多争论。该法案的作者，前参议员保罗·萨班斯和前众议员迈克尔·奥克斯利重申了他们对法案的支持。奥克斯利指出，《萨班斯-奥克斯利法案》提高了投资者的信心，例如，自从法案通过以来，道琼斯工业平均指数大幅上涨。[2]萨班斯对关于投资者信心改善的言论做了回应。在他看来，该法案显著改善了企业的责任，消除了许多利益冲突，"制衡机制正再次发挥作用，监督机构也正在发挥监督作用。"[3]为了进一步反驳生成该法案相对于外国市场而言，抑制美国市场的说法，他指出，其他国家正在朝着类似的方向发展，有着更高的标准和其他类似于该法案的规定。他将用于合规的资金视为一项资本投资：一开始很昂贵，尤其是对于一个良好的系统而言，但在随后的几年中会得到回报并降低成本。《萨班斯-奥克斯利法案》是一项必要的负担，必须付出这样的代价，以确保公司保持高标准，使人们可以放心投资。[4]

总的来说，这项法案的好处远远大于坏处，不应因立法改革而受到削弱。即使是那些批评其成本和负担方面的人，也承认它引起了更大的董事会问责制，以及它帮助推动公司内部的进一步变革，以帮助其避免未来的丑闻。董事会现在可以在"溃烂和爆发之前"处理和解决内部问题。[5]机构股东受益于披露和认证要求，这有助于安抚投资者，恢复他们对公司财务报表诚信性的信心。尽管许多公司在法案通过后的几年里不得不重述财务结果，但由于公司已经解决了旧问题并避免了新问题，这种做法现在已经不太常见了。更多的公司会立即上报发现的财务问题。[6]由于实施了改革，通常这些较小的问题可以快速处理。公司可以不断调整其程序，以确保其合规工作尽可能稳健。[7]

---

〔1〕　Martin T. Biegelman：《〈萨班斯-奥克斯利法案〉：阻止美国公司的骗子们做假账》，载《白皮书》2003 年 3 月至 4 月，经得克萨斯州奥斯汀市注册舞弊审查师协会（2005 年）允许转载。

〔2〕　Alison Grant：《公司改革奏效，法律的合著者说》，载《西雅图时报》2007 年 4 月 22 日，第 F1 版。法案通过时道琼斯指数略高于 7000 点，2007 年接受采访时道琼斯指数超过 12 500 点。

〔3〕　Dick Carozza：《重新审视〈萨班斯-奥克斯利法案〉：对参议员 Paul S. Sarbanes 的采访》，载《反舞弊杂志》2007 年 5 月至 6 月，第 36 页。

〔4〕　同上。

〔5〕　Joann S. Lublin，Kara Scannell：《批评者从〈萨班斯-奥克斯利法案〉中看到了一些好处》，载《华尔街日报》2007 年 7 月 30 日，第 B1 版。

〔6〕　同上。

〔7〕　最后一节中的内容转载于由 Martin T. Biegelman，Daniel R. Biegelman：《建立世界一流的合规计划：成功的最佳实践和策略》，John Wiley & Sons 出版公司 2008 年版。

第四章　提高企业合规、问责和伦理行为之路

——SAS 99至2010年《联邦组织量刑指南》修正案

🎯 摘　要

　　随着 2002 年《萨班斯-奥克斯利法案》的颁布，企业合规持续改善，执行愈发严格。美国注册会计师协会（American Institute of Certified Public Accountants）发布了《第 99 号审计准则声明》。这是要求外部审计师深入参与制定合理保证的审计准则，以确保实体的财务报表不存在重大错报，无论是因为舞弊还是错误。政府在具有历史意义的《汤普森备忘录》中，就如何及何时对一个组织提起刑事指控，向联邦检察官提供了强有力的指导。这个过程中，政府会向越界企业发出严重警告。美国证券交易委员会充分阐明了"看门人"在保护投资大众和政府利益方面的重要作用。政府大大提高了对舞弊行为的刑期，使舞弊行为现在可以被判无期徒刑。随后还增强了其他的合规性，所有这些都引领着合规文化道路的创建。

SAS 99 方案

　　经过几次尝试并仍没有发现大规模的财务报表舞弊后，会计行业最终找到了正确的路子。2002 年 12 月，新的审计准则声明 SAS 99 "对财务报表审计中舞弊的思考"取代了早期的 SAS 82，为审计人员更有效地揭露舞弊行为提供了更好的工具和指导。审计人员现在"有责任计划和执行审计工作，以合理保证对财务报表是否不存在由错误或舞弊导致的重大错报"。[1] 很简单，SAS 99 要求审计人员在整个审计过程中查找舞弊行为。SAS 99 通过以下内容为审计人员提供发现舞弊行为的指导：

- ■ 舞弊的概念和特征。
- ■ 持有职业怀疑态度的重要性。
- ■ 审计业务人员就舞弊导致重大错报风险的讨论。
- ■ 获取信息以识别由于舞弊导致的重大错报风险。
- ■ 识别可能因舞弊造成重大错报的风险。
- ■ 在考虑到对实体计划和控制措施评估后，评价已查明的风险。

---

〔1〕《第 99 号审计准则声明》，"财务报表审计中舞弊的思考"，美国注册会计师协会，载 www.aicpa.org。2012 年版权所有，美国注册会计师协会。保留所有权利，经许可使用。

■ 对评估结果作出回应。

■ 评价审计证据。

■ 向管理层、审计委员会和其他机构沟通有关舞弊的情况。

■ 记录审计师对舞弊的思考。[1]

SAS 99 中关于舞弊的规定

SAS 99 将舞弊理论和实践结合起来，制定合理的保证——即实体的财务报表不存在由于舞弊 83
或错误导致的重大错报。SAS 99 将舞弊定义为"导致作为审计对象的财务报表出现重大错报的故
意行为"。[2] Cressey 的舞弊三角被纳入 SAS 99，论述了舞弊发生的三个普遍条件：诱因或压力
（动机）、机会、（自我）合理化或态度。此外，SAS 99 定义了两种类型的财务错报，即虚假财务
报告引起的错报和挪用资产引起的错报，通常称为挪用公款或盗窃。

虚假财务报告引起的错报，指故意错报或遗漏财务报表中的信息，其目的是欺骗。SAS 99 言
明，虚假财务报告可以通过以下方式完成：

■ 操纵、伪造或篡改会计记录或证明文件。

■ 歪曲或故意遗漏事件、交易或其他重大信息。

■ 故意滥用与金额、分类、列报方式或披露有关的会计原则。

SAS 99 考虑到财务计划通常是由公司的管理层实施，比如操纵会计记录和管理层越权问题。因
此，除了要注意从事舞弊的员工和虚假提交审查文件的员工之间的串通，还应敦促审计师注意这类事
件发生的可能性。SAS 99 详细说明了普通管理层是如何通过以下方式实现凌驾于内部控制之上的：

■ 记录虚假会计分录，特别是在会计期间临近结束时，为操纵经营结果而记录的分录。

■ 有意偏差用于估计账户余额的假设和判断。

■ 更改与重大及异常交易相关的记录和条款。 84

持有职业怀疑态度

SAS 99 要求审计人员在进行审计时持有职业怀疑态度，以确保找到真相。这要求在任何时
候，都要对实体提供的报表及文件进行质疑和批判性评估。审计人员在进行审计时必须铭记，舞
弊随时可能发生，不受既往经历或管理层诚信理念的影响。一些审计人员在审计卷入企业欺诈案
的企业时，就是因为未能保持应有的谨慎和怀疑态度，从而未能发现会计舞弊。

参与人员之间的讨论

SAS 99 要求审计人员在审计期间交换意见或进行"头脑风暴"，说明一个实体的财务报表在
舞弊的过程中如何被错报，如何被隐瞒，资产怎样被挪用。这个环节中，应讨论"舞弊三角"的
各种要素，以确定公司可能存在的舞弊风险。审计团队的主要成员必须参与这场头脑风暴，并考
虑在必要时让其他专家参与舞弊监测。在整个审计过程中，团队成员之间的沟通至关重要，以确
保在评估是否存在重大错报时，有考虑到所有的舞弊风险。

获取、识别和评估舞弊风险

开始审计时，审计人员必须询问管理层，以熟悉该组织的业务并了解因舞弊导致重大错报的
潜在风险。此项询问应包括以下重点问题：

■ 管理层了解实体面临的舞弊和舞弊风险。 85

■ 管理层通过确定的当事方或举报热线了解到对舞弊的指控。

---

〔1〕 同上。

〔2〕 同上。

■ 该组织已实施合规计划和控制，以监测、阻止和预防舞弊，以及怎样监控这些计划和控制。

■ 具有多个工作地点和业务部门的组织，正在恰当地监控各个地点或部门的舞弊风险，以及是否会因此涉及明显更大的风险。

■ 管理层向员工传达其有关伦理标准和商业实践的政策。

审计人员应询问管理层，是否已向审计委员会通报了该实体的内部控制是如何有助于发现和预防舞弊的。除了与管理层的讨论外，审计人员还应与审计委员会讨论他们对舞弊风险的理解，以及审计委员会是否了解舞弊指控。审计人员还应询问实体的内部审计职能部门，了解他们对舞弊风险的看法，以及是否曾出现舞弊案例。如果有，审计人员应询问内部审计小组如何回应这些指控，以及管理层对舞弊调查结果的反应。此外，还应向其他合适的员工进行调查，如舞弊调查人员和法律合规人员，他们或许了解实体的舞弊行为。审计人员必须始终记住，公司内的舞弊者不会自愿披露舞弊活动的情况，因此，需要独立核实和确证。

在确定实体的舞弊风险时，审计人员必须思考实施舞弊的动机/激励/压力、实施舞弊的机会以及为舞弊行为辩护的合理化/态度，以及识别不寻常或可疑交易的分析程序。这类分析程序包括审查销售量超过生产能力的虚假销售。分析收入和退货的趋势可能会找到填充分销渠道和客户退货的附带协议，发现收入确认的问题。填充分销渠道是一种公司违法行为，通过向分销商和其他渠道合作伙伴提供超过其合理销售能力的产品，在一个财年末期夸大其销量和收益数据。

86 SAS 99 要求审计人员考虑涉及到舞弊风险的问题，包括：

■ 可能存在的风险类型，以及是否涉及虚假财务报告或资产挪用。

■ 风险识别的重要性，以及是否可能导致重大错报。

■ 风险导致重大错报的可能性。

■ 风险的无处不在，即风险是否渗透到整个财务报表中，或仅仅限定在特定的交易或账户。

为了评估已识别的舞弊风险，审计人员必须全面了解已经设计并实施的实体内部控制。必须评估计划和整改方案，以确保它们能够有效降低重大错报舞弊的风险。

审计人员必须认识到实体内存在错报其他舞弊风险的可能性，包括：

■ 收入确认。重大错报通常是由于过早确认收入、记录虚假收入以及不适当地将收入转移到后期。

■ 管理层越权。管理层越权也是很常见的，应被视为一种潜在风险。如今，人们对管理层越权（如虚假的会计分录）进行了更严格的审查。舞弊者总喜欢手动分录，审计人员对此密切关注。

■ 库存数量。伪造库存数量是另一个舞弊风险。审计人员应考虑确定存货的位置，并在有操纵
87 迹象的情况下进行实地存货盘点。检查可以包括箱子内的物品、货物的堆放方式和物品的质量。已知有，舞弊者会堆放空箱子，或是装有损坏存货或停产存货的箱子，来欺骗检查存货的审计人员。

■ 管理层预估。舞弊风险可能涉及特定交易，包括收购、重组或业务部门处置及重大应计负债，如养老金和其他退休后的福利。

■ 操纵会计分录。重大错报通常涉及全年度或年末记录的不适当或未经授权的会计分录，以及调整正式会计分录中未反映的财务报表。

评估审计证据

根据 SAS 99，审计人员需要对进一步审查的风险进行识别，以确保最大程度发现可能的舞弊，包括以下：

■ 会计记录得不一致。

● 未完整或及时记录的交易，或未正确记录金额、会计期间、分类或实体政策的交易。

- 无凭证或未经授权的余额或交易。
- 对财务结果有重大影响的最后调整。
- 员工进入系统和记录的证据与履行其授权职责所必需的证据不一致。
- 向审计人员提示或投诉被指控的舞弊行为。
■ 证据事项互相矛盾或缺失。
- 遗失的文档。
- 似乎已经被更改的文件。
- 预计存在原始格式的文件，却无法获得影印或电子传输的版本。
- 账单上无法解释的重要项目。
- 管理层或员工因询问或分析程序而做出的不一致、含糊或令人难以置信的回应。
- 实体记录与确认答复之间的异常差异。
- 丢失的库存或重大实物资产。
- 无法获得或丢失的电子证据，不符合实体的记录保留做法或政策。
- 无法为本年度系统变更和部署提供关键系统开发、项目变更测试和实施活动的证据。
■ 审计人员和管理层之间存在问题或不寻常的关系。
- 拒绝查阅记录、设施、某些员工、客户、供应商或其他可能需要审计证据人。
- 管理层为解决复杂或有争议的问题，而施加的不适当的时间压力。
- 管理层对审计的投诉或管理层对审计小组成员的恐吓，特别是与审计人员对审计证据的关键评估或解决与管理层的潜在分歧有关的投诉。
- 实体对提供所要求信息的异常拖延。
- 不愿意协助审计人员获取关键电子文件用以测试。
- 拒绝访问关键IT运营人员和设施，包括安全、运营和系统开发人员。
- 不愿意在财务报表中添加或修改披露内容，使其更加完整和透明。

如果在进行彻底审计后，审计人员认为存在可能对实体财务报表构成重大影响的错报，则审计人员应：

■ 试图获取其他证据，以确定是否发生或可能发生重大舞弊，如果发生，则确定对财务报表产生的影响。
■ 考虑对可能需要额外测试的审计之其他方面的影响。
■ 与至少比所涉人员高一级的合适的管理层，以及高级管理层和审计委员会讨论该事项。
■ 如果合适，建议该实体咨询法律顾问。

沟通和记录舞弊风险

作为 SAS 99 的一个组成部分，当审计人员发现舞弊证据时，他们必须将其告知合适的管理层。任何发现的涉及高级管理层或与重大错报有关的舞弊行为，必须向审计委员会披露。舞弊风险也应告知其他合适的当事方，因为可能导致他们在未来的某个时候舞弊。为了记录审计人员对舞弊的考虑，应记录以下：

审计人员在规划审计时，应该就组织财务报表易受舞弊导致重大错报的可能性进行讨论，讨论的方式和时间、参与讨论的审计团队成员，以及讨论的内容。

为识别和评估由于舞弊导致的重大错报风险而执行的具体程序，以及审计人员对这些风险反应的说明。

已识别的重大错报的具体风险，以及审计人员对这些风险的反应。

为应对管理层凌驾于控制之上的风险而执行程序的结果。

导致审计人员认为需要额外审计程序的任何其他条件或分析关系。

向管理层、审计委员会和其他人通报的有关舞弊的性质。[1]

联邦起诉商业组织的原则

2003 年 1 月 20 日，当时的副总检察长拉里·汤普森（Larry Thompson）将打击公司舞弊的斗争提升到了一个更高的水平。当天，他签署了一份具有里程碑意义的备忘录，题为"联邦起诉商业组织的原则"，并将其发送给美国所有的检察官办公室。其中包括一套经修订的原则，用于在司法部检察官决定对商业组织提出指控时提供指导。

《汤普森备忘录》及其随后的修订，是联邦检察官调查和起诉公司舞弊的路线图。这些原则为我们了解政府对公司舞弊起诉的策略提供了一个独特的窗口，每个警惕的管理人员都必须了解其内容。这份备忘录有助于企业保护其员工和投资者免受舞弊，保护自己免受起诉。此外，通过了解政府对起诉企业的想法，组织可以实施强有力的合规和舞弊预防计划，以减轻其罪责。

这些联邦起诉商业组织的准则不仅适用于上市公司，也适用于其他类型的企业，包括合伙企业、独资企业、政府实体和非法人团体。每一位企业高管和总法律顾问都应该熟悉这份政府战略备忘录。事实上，每一位首席执行官和首席财务官都应该反复阅读它，以提醒人们不遵守合规文化的后果。

SEC 对《萨班斯-奥克斯利法案》第 404 节的最终规则

《萨班斯-奥克斯利法案》第 404 节要求美国证券交易委员会通过规则，要求符合 1934 年《证券交易法》报告要求的公司在公司年度报告中列入管理层关于公司财报内部控制的报告。第 404 节要求管理层对财务报告的内部控制和程序有效性进行年度评估和报告，并由独立审计师出具报告，说明管理层的主张。[2] 在 2003 年 8 月，美国证券交易委员会发布了其最终规则，题为"管理层关于财务内部控制报告及对交易行为定期报告的披露证明"（Management's Report on Internal Control over Financial Reporting and Certification of Disclosure in Exchange Act Periodic Reports）。SEC 的规则规定了财务报告的内部控制和程序，定义为"与编制对外财务报表有关的控制措施，这些财务报表应按照公认的会计原则进行公允列报。"[3]

如规则所述，"对公司财务报告的内部控制的评估必须基于有效的程序，并评价其设计和测试运行效果。接受此类评估的控制措施包括……与预防、识别和监测舞弊有关的控制措施。"最终 SEC 规则要求公司的年度报告必须包含管理层的内部控制报告，具体如下：

■ 管理层有责任建立和维护公司财务报告的适当内部控制的声明。

■ 确定管理层对公司财务报告内部控制（internal control over financial reporting, ICFR）之有效性进行必要评估所使用框架的声明。

■ 管理层对公司最近一个财年末期 ICFR 有效性的评估，包括对公司的 ICFR 是否有效的声

---

〔1〕 同上。SAS 99 内容经美国注册会计师协会许可转载。2012 年版权所有，美国注册会计师协会。保留所有权利。经许可使用。

〔2〕 《萨班斯-奥克斯利法案》，美国法典第 15 章第 7262 节。

〔3〕 证券交易委员会：《最终规则：管理层关于财务报告内部控制的报告和证券交易法定期报告中披露的证明》，载 www.sec.gov/rules/final/33-8238.htm。

明。评估必须包括公司管理层发现的公司 ICFR 中任何"重大弱点"的披露。"重大弱点"被定义为"一个可报告的状况，在这种状况下，其中一个或多个内部控制组成部分的设计或运行没有把风险降低到相对较低的水平，即由于错误或舞弊导致的可能会与被审计的财务报表相关的重大金额错报风险，并且在员工正常履行其职责过程中未及时发现。"[1]不允许管理层得出这样的结论：即如果在公司的 ICFR 中存在一个或多个重大缺陷，则公司的 ICFR 就是有效的。

■ 审计年度报告中所列财务报表的注册会计师事务所，出具的关于管理层对公司 ICFR 报告评估的认证报告，以及审计该公司财务报表的会计师事务所的实际认证报告。[2]

PCAOB 和《审计准则第 2 号》

上市公司会计监督委员会（PCAOB）是根据《萨班斯-奥克斯利法案》设立的，旨在成为一个强有力的外部审计人员审计上市公司的独立监管机构。PCAOB 是一个私营部门而非营利法人，系为保护投资者的利益，确保编制和发布准确、独立的审计报告而设立。《萨班斯-奥克斯利法案》的几个部分与 PCAOB 有关，包括：

第 102 节：禁止未在 PCAOB 注册的会计师事务所编制或发布美国上市公司的审计报告，以及参与此类审计。

第 103 节：指示 PCAOB 制定审计及相关验证、质量控制、道德和独立性标准及规则，供注册公共会计师事务所在编制和发布审计报告时使用。

第 104 节：要求 PCAOB 对注册会计师事务所进行持续检查。

第 105 节：授予 PCAOB 对注册公共会计师事务所和与之相关的人员进行广泛调查和惩戒的权力。

PCAOB 在防止违反《萨班斯-奥克斯利法案》方面具有强大的执法作用。为了协助其任务，董事会设立了 PCAOB 中心，负责执行提示、投诉和其他信息。个人可就公共会计师事务所、其员工或其他人的潜在违规行为提出投诉或提供线索，或提供可能与 PCAOB 工作相关的任何信息。通过几种方法可以联系 PCAOB 热线，包括其网站 www.pcaobus.org/ Enforcement/Tips/Pages/Default. aspx，电子邮件、信函或电话。该热线将对收到的任何信息采取行动，包括将其管辖范围以外的其他违法行为移交给适当的执法机构。

2004 年 3 月 9 日，PCAOB 通过了《审计准则第 2 号》（Auditing Standard No. 2，简称 AS No. 2），即《财务报告内部控制审计与财务报表审计合并执行》（An Audit of Internal Control over Financial Reporting Performed in Conjunction with an Audit of Financial Statements）。当时，AS No. 2 为外部审计人员规定了超出 SAS 99 要求之外的更多责任。尽管 SAS 99 提供了有关舞弊风险评估的详细指导，但它只要求审计人员了解对管理层的舞弊预防以及监测计划和控制措施。AS No. 2 要求审计人员评估反舞弊计划和控制措施，作为财务报告内部控制审计的一部分。它要求对财务报表进行综合审计，并对财务报告的内部控制进行审计。根据 AS No. 2，外部审计人员必须测试公司的内部控制，而不是依赖公司所做的工作。正如 AS No. 2 所述，内部控制的成本必须与从改进的控制中获得的预期收益相适应。它还要求审计人员对内部审计部门与舞弊有关的活动进行评估。AS

---

[1]　《审计准则声明汇编》（AU 325），"审计中注意到的内部控制相关事项的通报"，美国注册会计师协会，第 434 页，载 www.aicpa.org/download/members/div/auditstd/AU-00325.pdf。

[2]　证券交易委员会：《最终规则：管理层关于财务报告内部控制的报告和证券交易法定期报告中披露的证明》，载 www.sec.gov/rules/final/33-8238.htm。

No. 2 的一些重要规定如下：

■ 评价管理层的评估意见。

■ 了解对财务报告的内部控制，包括执行演练。

■ 识别重要账户和相关声明。

■ 控制设计之有效性的测试和评估。

■ 测试运行有效性。

■ 测试的时机。

■ 利用其他人的工作。

■ 评估测试结果。

■ 找出显著缺陷。

■ 形成意见和报告。

■ 不披露重大缺陷。

■ 导致对内部控制产生不利意见的重大弱点。

■ 测试旨在预防或监测舞弊的控制措施。[1]

财务报告内部控制审计中的舞弊考虑因素

94　　AS No. 2 建议，"强有力的内部控制也提供了更好的机会来发现和阻止舞弊。例如，许多导致财务报表重报的舞弊行为，都是依赖于管理层利用内部控制薄弱环节的能力。"[2]，AS No. 2 接着提到，"为此，AS No. 2 专门阐述并强调了对可能的舞弊进行控制的重要性，并要求审计人员测试旨在预防或发现很可能导致财务报表重大错报的舞弊行为的控制措施。"[3]

　　审计人员需要评估所有旨在应对可能对公司财务报表产生重大影响的舞弊风险的控制措施。必须评估的一些控制措施包括：

■ 对可能导致重大错报的资产挪用控制不力或缺乏控制。

■ 公司风险评估流程。

■ 伦理准则和行为条款，尤其是与利益冲突、关联方交易、违法行为、管理层和董事会对准则的监督相关的内容。

■ 内部审计职能的充分性、内部审计是否直接向审计委员会报告，以及审计委员会对内部审计的参与和互动。

■ 公司回应投诉和接受秘密提交的可疑会计和审计事项程序的充分性。

　　审计人员必须对公司高级管理层的任何规模的舞弊行为进行识别、查询和评估。虽然《审计准则第 2 号》是全面的，但因执行成本高昂，而受到批评。

《审计准则第 5 号》

　　尽管《审计准则第 2 号》使人们更加注重公司治理、内部控制和财务报告质量，但合规所需的成本和资源导致了没有意义的效率低下。因此，PCAOB 和 SEC 对第 404 节的执行进行了研究，以期使其更为有效和高效。随后，《审计准则第 5 号》"财务报告内部控制审计"于 2007 年 7 月 95　25 日获批，取代了《审计准则第 2 号》。虽然新旧准则之间有许多相似之处，但《审计准则第 5

---

〔1〕　上市公司会计监督委员会：《〈审计准则第 2 号〉——财务报告内部控制审计与财务报表审计同时进行》，第 11-24 页，载 www. pcaobus. org/Rules_ of_ the_ Board/Documents/Rules_ of_ the_ Board/Auditing Standard_2. pdf。

〔2〕　同上，第 4 页。

〔3〕　同上，第 24 页。

号》（简称 AS No. 5）的不同之处如下：

■ AS No. 5 的规定性较低，取消了许多"应该"，并允许外部审计人员使用基于原则为重点来做出其判断。因此，更加关注风险和实质性，包括实体层面的控制。

■ 另一个重点是降低小型或不太复杂的上市公司的审计成本。控制系统的设计不一定要符合审计标准，而是要达到提高财务报表质量的目标。

■ 管理层和外部审计人员现在必须进行自上而下的风险评估，重点是舞弊风险、舞弊预防和相应的意识。非实质性弱点的缺陷不那么重要，重点应放在最高风险的区域。新标准的一个重要因素是评估和沟通所发现的缺陷。

■ 现在鼓励使用他人的工作成果，以便应用专业判断和更加综合的方法。审计人员可以利用他人的工作成果，同时考虑到先前工作人员的客观性和能力。

史蒂芬·卡特勒的"守门人演讲"

2004 年 9 月，时任美国证券交易委员会执行主任的斯蒂芬·卡特勒（Stephen M. Cutler）发表了一篇具有里程碑意义的演讲，题为"《萨班斯-奥克斯利法案》的主题在委员会执行计划中的体现"。演讲是在加州大学洛杉矶分校法学院发表的，被称为"守门人演讲"为人所知。卡特勒谈到了守门人的重要性。守门人，即那些负责监管金融市场中其他人的人。他们是处于重要位置的人，面向着寻求财务报告真相和诚信的投资公众、政府和其他人。他们必须无可指责，并为自己的行为负责。

卡特勒在开始演讲时引用了一句有趣的话，提到了舞弊和腐败对公司的影响。他说："由于 96 许多不正当的公司活动被曝光，上市公司目前正受到严厉攻击。评估这种不当行为的原因并不简单。既然它采取了如此多的形式，单向度的解释就是……该行为是一种生活方式，这是根本不可以接受的。"[1]虽然这句话听起来像是提及当前的公司丑闻，但观众震惊的是，时任 SEC 执行主任的斯坦利·斯波金（Stanley Sporkin）在 1974 年也说过这句话，他讲述说由于很多向外国政府官员贿赂的信息被披露，导致了《反海外腐败法案》的颁布。卡特勒警告说，除非证券市场发生文化变迁，否则历史会一次又一次地重演。

卡特勒概述了三个他认为需要持续的主题，以防止历史重演：

■ 守门人在维护公平和诚实市场中的关键作用。

■ 在发现、调查和起诉证券违法行为的过程中，对诚信的要求公司。

■ 高管需要承担更大的个人责任和问责，并在越界时受到严厉的民事和刑事处罚。

卡特勒将守门人定义为"市场的哨兵：在公司财务数据上签名的审计人员；就披露标准和其他证券法要求向公司提供咨询意见的律师；警告投资者远离不健全公司的研究分析师；以及负责监督公司管理的董事会。它们在确保我们的市场清廉方面至关重要。国会在颁布《萨班斯-奥克斯利法案》时就认识到了这一点。"[2]

卡特勒回顾了许多针对公司和公司高管、独立董事、走入歧途的内部法律顾问、研究分析师、财务服务公司以及其他未能履行其守门人重要职责的人所采取的刑事起诉和民事执法行动。

---

〔1〕 Stephen M. Cutler：《〈萨班斯-奥克斯利法案〉的主题于委员会执行计划中的反映》（演讲，加州大学洛杉矶分校法学院，2004 年 9 月 20 日），载 www. sec. gov/news/speech/spch092004smc. htm。

〔2〕 同上。

97 　他强调让守门人负起责任，因为他们的行动是预防持续发生的公司舞弊和滥用的关键。

加强的量刑指南：少用胡萝卜，多用大棒

随着合规计划的不断调整，对《联邦组织量刑指南》进行重新修改和加强也在情理之中。此前，美国量刑委员会（USSC）建议应满足七项最低要求，以制定有效计划，防止和制止包括自我报告和接受责任在内的违法行为。自 2004 年 11 月 1 日起，USSC 修改了指南，强调有效的合规和伦理计划可以减轻对刑事犯罪的处罚。现在，组织必须促进鼓励伦理行为和承诺遵守法律的组织文化。它将责任直接交给首席执行官和董事以确保合规。各组织现在必须拥有足够的资源、权力、培训计划、报告机制、风险评估和定期评价，以确保舞弊预防和合规性至关重要。

该指南有七个要求，在如下方面做出重大改进：

■ 标准和程序。

● 该组织应制定预防和发现犯罪行为的标准和程序，并确保遵守法律。换言之，一个组织的行为准则必须是健全的，并将伦理行为作为伦理和合规计划的一个组成部分。

■ 组织领导和合规文化。

● 组织的管理机构应了解合规和伦理计划的内容和操作。通常是首席执行官、首席财务官和董事会。

● 他们应对合规和伦理计划的实施和有效性进行合理监督。

98 　● 组织内最高级别的特定人员应被指派全面负责合规和伦理计划。

● 组织内的特定个人应被授予合规和伦理计划的日常运营责任。负有运营责任的个人应定期向高级别人员报告，并酌情向理事机构报告合规和伦理计划的有效性。

● 为履行这类运营责任，应给予这些个人足够的资源、适当的权力，并直接接触该组织的理事机构。

■ 为排除被禁止人员而尽合理努力。

● 组织应尽合理努力，不将其明知或本应通过尽职调查而知道的，从事非法活动或其他与有效合规和伦理计划不符的人员，纳入实质性权力范围。

■ 培训与沟通。

● 组织应采取合理步骤，通过开展有效的培训计划，并以其他方式传播适合这些个人的各自角色和责任的信息，定期以实际方式传达其标准、程序以及合规和伦理计划的其他方面。

● 应向管理机构成员、其他高层领导、员工提供培训，并酌情包括组织的代理人。

■ 监测、审计和评估计划的有效性。

● 组织应采取合理步骤，确保组织的合规和伦理计划得到遵守，包括监测和审计以发现犯罪行为。

● 组织应采取合理步骤，评估组织的合规和伦理计划的有效性。

99 　● 本组织应采取合理步骤，建立和公布一个制度，其中可包括允许匿名或保密的机制，使组织的员工和代理人可以报告或寻求有关潜在或实际犯罪行为的指导，而不必担心被报复，比如热线。

■ 绩效激励和惩戒处分。

● 组织的合规和伦理计划应通过适当的激励措施，在组织内持续推进和执行，以按照合规和伦理计划行事。

● 本组织的合规和伦理计划应在组织内通过适当的惩戒措施持续推进和执行。这些惩戒措

施适用于从事犯罪行为，以及未能采取合理措施预防或发现犯罪的行为。

■ 补救措施。

● 犯罪行为被发现后，本组织应采取合理措施，对犯罪行为做出适当反应，预防进一步的类似行为。包括对组织的合规和伦理计划作出任何必要的修改。

● 组织应定期评估犯罪行为的风险，并采取适当步骤、设计、实施或修改每项合规要求，以降低通过该过程识别犯罪行为的风险。[1]

除前述七项要求外，还有一些组织必须实施的其他要求。组织必须纳入并遵守政府法规要求的行业惯例和合规标准。除非遵守这些要求，否则组织就不被认为具有有效的合规和伦理计划。放弃"律师-客户特权"和"工作-产品保护"，不是降低罪责得分的先决条件。如果组织未能在被要求时制定有效的合规计划，法院必须判处缓刑；如果合规计划不到位，法院可以向上偏离准则。各组织必须记住，避免或至少减轻起诉影响的唯一方法是自我报告、与政府合作、接受责任以及建立有效的合规和伦理计划。

100

FILIP 备忘录

司法部（DOJ）的"FILIP 备忘录"规定了当前的指导方针，说明了对公司进行联邦起诉的标准，并更新了政府对要求提供特权材料的立场。FILIP 备忘录于 2008 年 8 月发布，现已纳入司法部的指控指南，取代了之前的"汤普森备忘录"及其继任者——被称为"McNulty 备忘录"。FILIP 备忘录保留了其前者的许多原则。用以决定是否对一家公司进行刑事指控的因素并没有明显改变。在特权材料使用和对特权材料的要求方面，发生了一些重大变化。

根据这一指南，司法部不会要求公司在调查过程中放弃"律师-客户特权"，以及向政府披露享有特权的材料。相反，政府将寻求被审查的涉嫌不当行为的基本事实。律师在内部调查过程中创建的以笔记、备忘录、报告和其他文件形式的信息受"律师-客户特权"保护，但基本事实不享受此特权。这些基本事实，如果与政府的调查有关，并且不是核心工作成果，比如律师的心理印象和法律理论，就需要根据合作标准予以披露。

公司可以自由地放弃全部或部分其认为合适的特权，但是否这样做应该是公司决定，并且只能是公司自己决定。检察官不应要求免除此特权。政府分析的关键因素是，公司是否及时披露了事件的相关事实。这是获得合作信用的标准。不合作本身并不意味着公司将被起诉；它只是意味着如果提起诉讼，公司将不会获得合作信用。除了公司本身，美国司法部还将大力追诉个别有罪的被告。事实上，备忘录明确指出，只有在非常罕见的情况下，才仅向公司追诉而不对个人提出指控。[2]

101

FILIP 备忘录包括了公司对个人行为承担责任的标准、即上级负责的法律概念。上级负责是指雇主或委托人对员工或代理人在其职责范围内的不当行为负责。为了使公司对其董事、高管、员工和代理人的违法行为负责，政府必须确定该个人的行为①在其职责范围内，②至少部分是为了给公司带来利益。对公司是否带来实际利益并不重要；重要的是是否有某种获益的意图。

FILIP 备忘录列出，检察官在评估公司的刑事罪责时，除了典型的考虑因素，如证据的强度和定罪的可能性，还有其他九个特别要考虑的因素。检察官在进行调查、决定是否提起指控和谈

---

〔1〕 美国量刑委员会：《2010 年〈联邦组织量刑指南〉》，载 www.ussc.gov/Guidelines/2010_guidelines/Manual_HT-ML/8b2_1.htm。

〔2〕 Mark Filip：《联邦起诉商业组织的原则》，第 2 页（备忘录，美国司法部，2008 年 8 月 28 日），载 www.justice.gov/dag/readingroom/dag-memo-08282008.pdf。

判认罪协议时，必须考虑：

■ 罪行的性质和严重性，包括对公众造成伤害的风险，以及适用的政策和优先事项（如有），以管理对特定犯罪类别的公司的起诉。

■ 公司内部不法行为普遍性，包括同谋或纵容公司管理层的不法行为。

■ 公司类似行为的历史，包括以前对其采取的刑事、民事和监管执法行动。

■ 公司及时和自愿披露不当行为，并愿意合作调查其代理人。

■ 公司原有合规计划的存在性和有效性。

■ 公司的补救措施，包括实施有效的公司合规计划或改进现有计划、更换负责的管理层、惩罚或终止不法行为、支付赔偿金以及与相关政府机构合作的任何努力。

■ 附带的后果，包括是否对股东、养老金持有人和员工以及其他未被证明有罪的个人造成了不合乎比例的损害，以及起诉对公众造成的影响。

■ 对公司渎职行为责任人的起诉是否充分。

■ 诸如民事或监管执法行动等补救措施的充分性。[1]

2010 年《联邦组织量刑指南》修正案

2010 年 11 月 1 日，美国量刑委员会对《联邦组织量刑指南》的修正案生效。修正案为企业合规计划提供了新的规则，同时加强了现有的指导。修正案要求继续实行有效的合规和伦理计划以"尽职地预防和发现犯罪行为"，和"促进鼓励伦理行为和承诺遵守法律的组织文化"。[2]

2010 年修正案完整保留了 2004 年修正案中有效合规和伦理计划的七个步骤。2010 年修正案中最重要的一条是，如果符合以下四个条件，即使只是高级别人员参与了所涉犯罪行为，也能为组织的量刑提供依据：

■ 对合规和伦理计划负有运营责任的个人有直接向政府当局或适当的小组（如董事会审计委员会）报告的义务。

■ 合规和伦理计划在组织外发现或很可能在发现之前，监测到犯罪行为。

■ 该组织立即向有关政府当局报告了这一罪行。

■ 没有任何对合规和伦理计划负有运营责任的个人参与、纵容或故意忽视该罪行。[3]

2010 年修正案还要求各组织补救犯罪行为造成的损害，包括向受害者提供适当的赔偿和自我报告。为了防止进一步的刑事犯罪，各组织必须不断地重新评估其现有的计划，并作出必要修改，以提高效力。2010 年修正案中建议的另一个步骤是使用"外部专业顾问，以确保对任何修改进行充分地评估和实施。"[4] 在当今复杂的世界，有效的合规和伦理计划可能还不够。根据组织的全球业务运营、行业、地理位置和其他风险因素，可能需要黄金或白金标准的合规计划。

---

〔1〕 Filip：《联邦起诉原则》，第 3-4 页。

〔2〕 美国量刑委员会：《2010 年〈联邦组织量刑指南〉》，载 www.ussc.gov/Guidelines/2010_guidelines/Manual_HT-ML/8b2_1.htm。

〔3〕 美国量刑委员会：《2010 年〈联邦组织量刑指南〉》，附录 C 补编，载 www.ussc.gov/guidelines/2010_guidelines/Manual_PDF/Appendix_C_Supplement.pdf。

〔4〕 美国量刑委员会：《2010 年〈联邦组织量刑指南〉》，附录 C 补编，载 www.ussc.gov/guidelines/2010_guidelines/Manual_PDF/Appendix_C_Supplement.pdf。

第五章　内部控制和反舞弊计划

🎯 **摘　要**

　　确保合规文化的最佳方式是运用适当设计的内部控制和反舞弊计划。美国注册会计师协会的"管理反舞弊方案和控制"是一个特殊的 14 点计划，任何组织都可以实施该计划来发现和预防舞弊。这些步骤包括建立诚实和高尚伦理的文化，评估反舞弊过程和控制，并制定适当的监督程序。任何方案的关键组成部分，是一个适当的行为准则或伦理政策，可以帮助组织树立诚实和正直的基调。准则必须很好地传达给所有员工。在减轻舞弊风险之前，必须确定这些风险，并对其可能性和潜在的财务影响进行适当的量化。这两个因素有助于确定降低风险的方法。进行风险评估有几种方法。一些可以绘制出针对舞弊的可能性和影响的图表研究方法，比其他方法更有效。

管理反舞弊计划和控制：14 点计划

　　2002 年，美国注册会计师协会（AICPA）的反舞弊工作组委托开展了一项研究，为了帮助预防和发现舞弊行为提供指导。美国注册会计师协会、美国注册舞弊审查师协会、内部审计师协会和其他专业组织赞助了这项研究。2002 年 11 月，研究结果《管理层反舞弊计划和控制》作为 SAS 99 的一个展品发布了。[1]该文件的总体信息是，那些采取积极措施预防和阻止舞弊的组织，将保持其财务健全、声誉和未来。

　　研究发现，一个组织必须采取三项基本行动来减少舞弊。它们包括：建立一种诚实和高尚伦理的文化，评估反舞弊程序和控制，以及制定适当的监督程序。以下是该文件的一些亮点，它应该是任何舞弊预防计划的基石。有三个主要标题和十四个小标题。

创造诚实守信和高度伦理的文化

　　组织有责任去创造一种诚实守信和高度伦理的文化，并向每个员工明确地传达可接受的行为和期望。创造诚实守信和高度伦理的文化应包括以下内容：

　　1. 设定顶层基调　公司的董事和管理者为任何组织内的伦理行为设定"顶层基调"。对道德发展方面的研究强烈表明，当树立了正确的榜样（即顶层基调）时，诚信才可以得到最好的强化。一个实体的管理层不能一成不变，期望实体中的其他人表现出不同的行事方式。

---

〔1〕　美国注册会计师协会：《对财务报表审计中舞弊的思考》（2002 年 12 月 15 日，审计标准声明 99），载 www. aicpa. org/Research/Standards/AuditAttest/Pages/SAS. aspx。

2. 创造积极的工作环境 研究表明，当员工对工作有积极的感觉时，会发生更少的不当行为。影响积极工作环境并可能增加舞弊风险的因素包括：

107

- 最高管理层似乎不关心或不希望奖励恰当的行为。
- 非正面反馈和对工作表现缺乏认可。
- 认为组织中存在不公平现象。
- 专制式而不是参与式的管理。
- 低组织忠诚度或主人翁感。
- 不合理的预算预期或其他财务目标。
- 害怕向主管和/或管理层传递"坏消息"。
- 没有竞争力的薪酬。
- 培训和晋升机会差。
- 缺乏明确的组织职责。
- 组织内部的沟通实践或方法不佳。

3. 雇佣和提拔合适的员工 不诚实行为开始的临界点因个人而异。如果一个实体要成功地防止舞弊，它必须制定有效的策略，最大限度地减少雇佣或提拔诚实度较低的个人的机会，尤其是对于需要高度信任的职位。积极主动的雇佣和晋升程序可包括：

- 对被考虑雇佣或晋升到需要高度信任职位的个人进行背景调查。一些组织还考虑了后续调查，特别是对处于需要高度信任职位的员工，定期（例如，每五年）或根据具体情况而定。
- 彻底检查候选人的教育背景、工作经历和个人推荐信。
- 定期对所有员工进行有关实体价值观和行为准则的培训。
- 纳入定期绩效评估，评估每个人如何根据实体价值观和行为准则为创造适当的工作环境作出贡献。

4. 培训 新员工应在入职时接受培训，内容涵盖企业价值观和行为准则。这种培训应明确涵

108

盖对所有员工在以下方面的期待：①通报某些事项的职责；②通报事项的类型清单，包括实际或可疑的舞弊，以及待通报的具体实例；③关于如何通报这些事项的信息。此类培训应包括"舞弊意识"的内容，其基调应是积极的，但应强调舞弊可能对实体及员工造成的高昂成本（并在其他方面有害）。除了入职培训外，员工后期还应接受定期培训。

5. 确认 管理层需要清楚地阐明，所有员工都有责任按照企业行为准则行事。高级管理层和财务职能部门的所有员工，以及可能受到不道德行为（例如，采购、销售和市场营销）影响的其他员工，每年应至少签署一份行为准则声明。

6. 纪律 实体对被指控或涉嫌舞弊事件的反应方式，会在整个实体中产生强烈的威慑作用，这有助于减少未来发生这类事件的概率。应对涉嫌舞弊事件，应采取以下措施：

- 应对事件进行彻底调查。
- 应采取适当和一致的行动来对付那些违规者。
- 应评估和改进相关控制措施。
- 应进行沟通和培训，以强化实体价值观、行为准则和期望。

对实施舞弊的后果预期，必须在整个实体内明确传达。如果发生了违法行为，且有员工受到处分，那么在匿名的基础上传达这一事实是会有所帮助的。看到其他人因违法行为而受到惩罚，是一种有效的威慑，增加了违法者被抓住和受惩罚的可能性。它还可以证明该实体致力于一个高度伦理标准和诚信的环境。

评估反舞弊程序和控制

109

任何舞弊性财务报告或资产挪用行为，都不可能悄无声息地实施和隐瞒。各企业应通过以下方式积极减少舞弊发生的机会：①识别和衡量舞弊风险；②采取措施减轻已识别的风险；③实施并监测适当的预防性和调查性的内部控制及其他威慑措施。

7. 识别和衡量舞弊风险 管理层在建立和监测企业舞弊风险评估和预防活动的各个方面负有主要责任。舞弊风险通常被认为是整个企业风险管理计划的一部分，尽管它们可能被单独处理。舞弊风险评估的过程应考虑到企业易受舞弊活动（虚假财务报告、资产挪用和腐败）的影响，以及这些风险是否可能导致财务报表的重大错报或对企业造成重大损失。在识别舞弊风险时，企业应考虑影响舞弊风险的组织、行业和国家的特定特征。舞弊风险评估的主题将在本章后文做更详细的讨论。

8. 降低舞弊风险 通过改变企业的活动和流程，可以降低或消除某些舞弊风险。企业可以选择出售其业务的某些部分，停止在某些地点开展业务，或重组其业务流程以消除不可接受的风险。例如，通过在银行实施中央密码箱来收取款项，而不是在企业的不同地点收取款项，这样做可以降低挪用资金的风险。通过密切监测企业的采购过程，可以降低腐败风险。通过实施共享服务中心，为多个部门、附属机构或在多地点运营的企业提供会计服务，可以降低财务报表舞弊的风险。共享服务中心不太可能受到本地运营经理的影响，并且能够以更有效的成本实施更广泛的舞弊监测措施。

9. 实施和监控适当的内部控制 一旦进行了舞弊风险评估，企业就可以确定减轻已识别的风 110 险所需的流程、控制和其他程序。有效的内部控制包括安全的信息系统和适当的监控活动。管理层尤其应评估，是否在已确认存在较高的舞弊活动风险的各个领域实施了适当的内部控制，以及对企业财务报告过程的控制。

制定适当的监督程序

监督可以采取多种形式，可以由企业内外的许多个人在审计委员会（或董事会，如果不存在审计委员会的话）的全面监督下执行。

10. 审计委员会 审计委员会应评估管理层对舞弊风险的识别、反舞弊措施的实施以及适当的顶层基调的建立。审计委员会的积极监督有助于强化管理层确立反舞弊文化的承诺。审计委员会有责任监督高级管理层的活动，并考虑涉及否决内部控制或共谋的虚假财务报告的风险。

11. 管理层 负责监督员工开展活动，通常通过实施和监控流程以及控制措施（如先前讨论过的）来监督。但是，管理层也可以发起、参与或指导实施和隐瞒舞弊行为。相应地，审计委员会（或董事会，如果没有审计委员会）有责任监督高级管理层的活动，并考虑涉及否决内部控制或共谋的虚假财务报告的风险。

12. 内部审计人员 有效的内部审计团队在履行监督职能方面非常有帮助。他们对该企业的了解，可以使他们能够识别出舞弊的端倪。内部审计人员也有机会评估舞弊风险和控制措施，并建议采取措施降低风险和改进控制。除了向首席财务官或其他管理层领导之外，内部审计人员还 111 应向审计委员会报告。

内部审计既是一种监测手段，也是一种威慑措施。内部审计人员根据本组织各运营部门的潜在风险或风险程度，检查和评估内部控制系统的充分性和有效性，来协助制止舞弊行为。例如，在履行这一职责时，内部审计人员应确定以下情况是否发生：

■ 组织的环境培养了控制意识。

■ 制定了切实可行的组织目标。

■ 存在书面策略（例如，行为准则），规定了被禁止的活动，以及一旦发现违法行为时所需采取的行动。

■ 建立并维护适当的交易授权策略。

■ 制定策略、做法、程序、报告和其他机制，以监测活动和保护资产，特别是在高风险领域。

■ 有沟通渠道为管理层提供充分可靠的信息。

■ 需要提出建议，建立或加强具有成本效益的控制措施，以遏制舞弊。

13. **独立审计人员** 独立审计人员可以协助管理层和董事会（或审计委员会），对企业识别、评估和应对舞弊风险的过程进行评估。董事会（或审计委员会）应就管理层的风险评估过程和内部控制制度与独立审计人员进行公开、坦诚的对话。这种对话应包括讨论该企业对虚假财务报告的敏感性，以及该企业面临的资产挪用风险。

112 14. **注册舞弊审查师** 注册舞弊审查师可以直接，或作为内部审计人员或独立审计人员团队的一部分，协助审计委员会和董事会处理监督过程的方方面面。注册舞弊审查师可以提供在公司其他地方可能无法获得的有关舞弊的广泛知识和经验。他们可以为管理层评估舞弊风险（特别是涉及高级管理层的舞弊，如财务报表舞弊），并为制定适当的反舞弊控制措施提供更客观的信息，以使这些措施不易受到管理层的干预。他们可以协助审计委员会和董事会，评估管理层实施的舞弊风险评价和舞弊预防措施。注册舞弊审查师还可以进行检查，解决对舞弊的指控或怀疑，根据问题的性质和所涉及人员的级别，向合适的管理层（审计委员会或董事会）报告。[1]

高管洞见 5.1：ACFE 舞弊预防检查

我们都属于注册舞弊审查师协会（ACFE），该协会制定了一种"舞弊预防检查"，这是一个开始进行舞弊风险评估的好地方。[2]它是一系列关于流程的问题，这些流程在某一特定公司可能存在，也可能不存在。问题的答案会被计分。小心！只有达到 100 分才算通过。这样做的目的是让领导者思考需要建立什么样的流程。

你的公司有多容易受到舞弊的侵害？你们有足够的控制措施来预防它吗？通过使用"舞弊预防检查"这样一个简单而强大的测试，就能了解您的公司在反舞弊方面的健康指数。设计测试舞弊预防流程，旨在用于帮助你在为时过晚之前，识别主要的缺陷并修复它们。ACFE 的"舞弊预防检查"可以准确锁定时机，将组织从财务和声誉风险中拯救出来。

113 **在进行 ACFE 舞弊预防检查之前**

■ 让你所在企业的总法律顾问或外部法律顾问知道你计划参加检查。您的顾问可能希望直接参加测试，以保护您的合法权利。

■ 如果你打算忽略检查结果，就不要参加检查。如果它显示你的舞弊预防流程很差，你就需要修复它们。不采取行动可能会产生法律问题。

谁应该进行 ACFE 舞弊预防检查？

■ 理想情况下，检查应该是由客观、独立的反舞弊专家（如注册舞弊审查师）和企业内对

---

〔1〕 《管理层反舞弊计划和控制》，经美国注册会计师协会许可转载；版权 2012 年，由美国注册会计师协会所有。保留所有权利。经许可使用。

〔2〕 注册舞弊审查师协会：《舞弊预防检查》，载 www.acfe.com/documents/Fraud_Prev_Checkup_IA.pdf。

运营有深入了解的员工之间协作开展。

■ 内部审计人员为这种评价提供了广泛的知识和有价值的视角。同时，独立客观的局外人的视角也很重要，全职反舞弊专家所提供的关于舞弊的深刻知识和经验也同样重要。

■ 作为评估过程的一部分，与高级管理人员的访谈是很有帮助的。但是，对企业里其他级别的员工进行访谈也是很有价值的，因为他们有时可能会提供一个"现实检查"，挑战管理层可能提出的更乐观的观点，比如管理层对伦理商业实践的承诺。

每个答案应得多少分？

■ 每个问题的底部都给出了可用的分数。如果你在企业尚未实施该领域的推荐流程，则可以给零分。如果已经实施了这些流程，并且在过去的一年中对其进行了测试，并且发现它们正在有效地运行，则可以给最高分。如果推荐的流程已经到位，但在过去一年中未进行测试，则给不超过一半的分数。

■ 检查的目的是确定舞弊预防流程中的主要差距，如在特定领域的低分所表明的。即使满分100分你得了80分，但缺失的20分在舞弊预防措施中可能是至关重要的，这会使你暴露在重大舞弊风险中。所以只有100分才能通过，及格分数没有意义。

ACFE 舞弊预防检查

企业：＿＿＿＿＿＿＿＿＿＿＿＿＿＿＿＿＿＿＿＿

检查日期：＿＿＿＿＿＿＿＿＿＿＿＿＿＿＿＿＿

结果

1. 舞弊风险监督

■ 该企业在多大程度上建立了由董事会或其他负责治理的部门（如审计委员会）监督舞弊风险的流程？

评分：从0分（流程未到位）到20分（流程已全面实施，在过去一年内进行了测试，且工作有效）。

2. 舞弊风险所有权

■ 该企业在多大程度上通过确定一名高级管理层成员负责管理企业内的所有舞弊风险，并明确告知业务部门经理负责管理其区域内的舞弊风险，从而创造了舞弊风险的"所有权"。

评分：从0分（流程未到位）到10分（流程已全面实施，在过去一年内进行了测试，且工作有效）。

3. 舞弊风险评估

■ 该企业在多大程度上实施了一个持续的流程，以定期识别其所面临的重大舞弊风险？

评分：从0分（流程未到位）到10分（流程已全面实施，在过去一年内进行了测试，且工作有效）。

4. 舞弊风险容忍度和风险管理策略

■ 该企业在多大程度上确定其对不同类型舞弊风险的容忍度，并获得董事会的批准？例如，一些舞弊风险可能构成可承受的业务成本，而另一些则可能造成财务或声誉方面灾难性损害的风险。

■ 该企业在多大程度上确定并通过董事会批准了该企业管理舞弊风险的策略？此类策略应确定负责管理舞弊风险的所有人，哪些风险将被避免（例如，通过拒绝某些业务机会），哪些风险将通过保险或合同转移给其他人，以及将采取哪些步骤以管理保留下来的舞弊风险。

评分：从0分（流程未到位）到10分（流程已全面实施，在过去一年内进行了测试，且工作有效）。

5. 流程层面的反舞弊控制/重新设计

■ 该企业在多大程度上实施了措施，并尽可能通过流程的重新设计来消除或减少其风险评估中确定的重大舞弊风险？基本控制包括与授权、资产保管和交易记录或报告相关的职责分离。在某些情况下，重新设计业务流程，而不是对现有流程进行额外控制来降低舞弊风险，可能更具成本效益。例如，通过集中职能或将其外包给银行的密码箱处理设施，可以消除或大大降低与资金接收有关的一些舞弊风险，从而可以负担得起更强大的控制措施。

■ 该企业在多大程度上实施了流程层面的措施，旨在预防、阻止和监测其风险评估中确定的每个重大舞弊风险？例如，销售代表为赚取销售佣金而伪造销售记录的风险，可以通过销售经理对其有效监控来降低，也就是销售额超过一定阈值需要经销售经理批准。

117　　　评分：从 0 分（流程未到位）到 10 分（流程已全面实施，在过去一年内进行了测试，且工作有效）。

6. 环境层面的反舞弊控制

■ 重大舞弊行为通常涉及高级管理人员，他们能够通过其高级别的权限凌驾于流程级的控制。因此，防止重大舞弊需要非常重视创造一个促进伦理行为、制止不法行为的工作环境，鼓励所有员工将任何已知或可疑的不法行为传达给有关人员。如果员工拒绝协助和支持高级管理人员犯罪，他们可能无法实施某些舞弊行为。尽管与传统的"硬"控制相比，促进适当的工作场所行为的"软"控制更难实施和评估，但它们似乎是对涉及高级管理人员的舞弊的最佳防御。

■ 该企业在多大程度上实施了促进伦理审查、制止不法行为并促进对困难问题进行双向沟通的流程？这一流程通常包括：

■ 有一名高级管理人员负责促进伦理审查、制止不法行为的流程，并就困难问题进行适当沟通。在大型上市公司中，这可能是一个全职职位，叫作伦理操守官或合规官。在小型公司中，这将是由已有管理人员所承担的额外责任。

● 基于企业的核心价值观，为各层级员工制订行为准则，明确指导哪些行为和行动是允许118 的，哪些是禁止的。准则应确定员工在面临不确定的伦理决策时应如何寻求其他建议，以及他们应如何表达对已知或潜在不当行为的关注。

● 在雇佣时对所有人员进行培训，之后就行为准则、征求建议和通报潜在的不当行为进行定期培训。

● 沟通系统，使员工能够在做出困难的伦理决定之前，在必要时寻求建议，并对影响实体的已知或潜在不法行为表示关切。咨询系统可能包括拨打伦理或合规电话帮助热线，或发送电子邮件至伦理或合规办公室/官员。可以使用相同或类似的系统，使员工（有时是供应商、客户和其119 他人）能够就已知或潜在的不法行为传达关切。公司应做出相关规定，使此类沟通能够匿名进行，以努力创造一个让来电者感到有充分信心公开表达其关切的环境。开放式沟通使实体更容易解决所提出的问题，但保护举报者不受报复是一个重要的问题。

● 酌情迅速调查，并解决有关已知或潜在不法行为的关切表达，然后将解决方案告知给提出关切的人。企业应该制定计划，规定将采取的行动，确定由谁调查和解决不同类型的问题。有些问题最好由人力资源人员解决，有些由总法律顾问解决，有些由内部审计人员解决，有些可能需要由反舞弊专家进行调查。有一个预先安排的计划，将大大加快和简化响应，并将确保在涉及重大潜在问题时，通知到适当的相关人员（如法律顾问、董事会、审计委员会、独立审计师、监管者等）。

● 监测是否遵守行为准则，并参与相关培训。监测可以包括要求至少年度确认合规情况，并对此类确认进行审计，以检测其完整性和准确性。

● 定期度量组织对伦理/合规和舞弊预防目标的实现程度。这种度量通常包括对具有统计意义的员工样本的调查。调查员工对公司伦理/合规活动的态度，以及员工认为管理层在多大程度上按照行为准则行事，对了解项目的运作情况提供了有价值的见解。

120

● 将伦理/合规和舞弊预防目标纳入绩效措施中，据此对管理人员进行评估，并用于确定与绩效相关的薪酬。

评分：从 0 分（流程未到位）到 30 分（流程已全面实施，在过去一年内进行了测试，且工作有效）。

7. 主动地舞弊监测

■ 该企业在多大程度上建立了监测、调查和解决潜在重大舞弊的流程？此类流程通常应包括主动地舞弊监测测试，专门设计用以监测企业舞弊风险评估中确定的重大潜在舞弊。其他措施包括嵌入在交易处理系统中的审计"钩子"，可以在处理流程完成前，标记可疑交易，以对其调查和/或核准。前沿的舞弊监测方法包括计算机化的电子邮件监控（在法律允许的情况下），以识别某些短语的使用，这些短语可能指示计划中或正在进行中的违法行为。

121

评分：从 0 分（流程未到位）到 10 分（流程已全面实施，在过去一年内进行了测试，且工作有效）。

总分（满分 100 分）

解读本组织的得分

通过一个简短的舞弊预防检查，可以大致了解您的组织在舞弊预防方面的表现。评分必须涉及广泛的判断，而更加广泛的评价将有更多的测量数据可供利用。从检查中获得的重要信息，是确定公司舞弊预防流程中需要改进的特定领域。精确的数字分数不那么重要，只是为了帮助传达一个整体的印象。

任何规模的实体之理想得分都是 100 分，因为推荐的流程可以根据各种实体的规模进行调整。大多数公司应该预计，在最初的舞弊预防检查中，都会明显低于 100 分。这目前不被认为是内部控制中的一个重大弱点，根据证券条例，这只是代表了一个可报告的情况。然而，应该迅速弥合舞弊预防措施方面的显著差距，以减少舞弊损失，降低未来发生灾难的风险。

122

资料来源：经注册舞弊审查师协会允许转载，奥斯汀，得克萨斯州，2011 年。

管理舞弊的业务风险

2008 年 4 月，美国内部审计协会（IIA）与注册舞弊审查师协会（ACFE）及美国注册会计师协会（AICPA）共同发布了新的指导意见，旨在帮助各组织提高其舞弊风险管理能力。本报告标题为《管理商业舞弊风险：实践指南》，为预防组织内的舞弊提供了关键指导，包括有效的舞弊风险管理的指导。该指南介绍了一种新的舞弊定义，即"舞弊是旨在欺骗他人的任何故意行为或疏忽，导致受害人遭受损失和/或犯罪者获得利益。"[1]

该指南概述了舞弊风险管理流程的五项关键原则，并就董事会、高级管理层和内部审计师如

---

〔1〕　内部审计师协会、美国注册会计师协会和美国注册舞弊审查师协会：《管理商业舞弊风险：实践指南》，第 5 页，载 www.acfe.com/documents/managing-business-risk.pdf。

何提高舞弊风险管理的有效性提出建议。五项原则如下：

原则1：作为组织治理结构的一部分，应制定舞弊风险管理方案，包括书面策略，以传达董事会和高级管理层对管理舞弊风险的期望。

原则2：组织应定期评估舞弊风险，以确定组织需要减少的特定潜在方案和事件。

原则3：在可行的情况下，应制定预防技术，以避免潜在的关键性舞弊风险事件，并减轻对组织可能的影响。

123　　　原则4：应建立监测技术，以在预防措施失败或未消除风险时发现舞弊事件。

原则5：应制定报告流程，征求对潜在舞弊行为的意见，并采用协调的调查方法和纠正措施，以帮助确保及时妥善地处理潜在舞弊行为。[1]

该指南包含抽样策略、风险管理框架、记分卡和其他增强舞弊预防的优秀参考资料。该指南应是另一种工具，用于制定和维护有力的舞弊预防计划。附录包含注册舞弊审查师协会的一份检查清单，以帮助组织测试其舞弊预防措施的有效性。

舞弊风险评估

管理层必须对各级舞弊风险进行定期评估，并记录结果。在大多数情况下，公司根据过去的事件和当前的情况预测舞弊风险。虽然外部审计可以识别控制漏洞，但只有诚实的内部评估才能判断公司的舞弊风险。如果决策不是基于对风险的全面评估，那么应该实施哪些控制活动的决策就没有意义。进行风险评估时，需要考虑三种类型的风险：

1. 财务报告风险是指财务报表可能存在舞弊或高级管理层实施不当行为的风险。虽然这是一个发生率相对较低的舞弊，但对公司却是具有毁灭性的。董事会、审计委员会和内部审计部门负责与首席执行官和首席财务官一起，负责降低公司的财务报告风险。

2. 操作风险是指组织本身通过诸如不纳税或欺骗客户等作为或不作为的方式来实施舞弊的风险。同样，这是涉及高级管理层的舞弊，因此董事会、审计委员会和内部审计机构负责控制操作

124　风险。

3. 合规风险是指公司内任何地方发生腐败、内部资产被挪用和遭受舞弊的风险。这就是评估工作变得复杂的地方。公司或组织被自己的员工或外部人员欺骗的方式有多种。与其他类型的风险相比，对合规风险的应对要复杂得多，因为需要考虑更多的因素，公司可能遭受损失的方式也更多。

舞弊风险评估是管理层确定其作为组织所面临的舞弊风险的过程。这项工作包括识别舞弊风险，分析其可能性，并确定影响。该评估着眼于最近影响业务的舞弊行为，这些舞弊行为在其行业中很为常见，并且位于可能增加舞弊风险的特定地理位置（国家、城市）。

舞弊风险评估不是合规审计，而是寻找可能导致财务损失、声誉损失或任何其他责任的犯罪活动的领域。舞弊风险评估将着眼于公司的所有业务单元、部门和地理区域，以确定特定舞弊的风险。这个过程可以像公司希望的那样正式，但通常最好保持简单。自然科学家和社会科学家之间一直长时间在争论风险是否可以被客观地衡量。

使用雪茄盒作为零钱抽屉与盗窃的风险。盗窃很容易源自这个无安全措施的盒子，但其影响在任何时候都仅限于盒子中的零钱的数额（通常小于100美元）。风险管理的解决方案是使用一

---

〔1〕　同上，第6页。

个带锁的盒子，既便宜又简单。工资账户带来的舞弊风险要大得多，风险管理将更加复杂和昂贵。[1]其目标是确定：

- 可能出现舞弊（风险）的领域。
- 舞弊的概率（可能性）。
- 舞弊的成本（影响）。
- 合适的对策及其成本（风险管理）。

企业风险管理

企业风险管理（Enterprise Risk Management，ERM）已成为各行业企业关注的热点话题。董事会和高级管理层依靠 ERM 来帮助他们了解和管理公司最重要的风险。ERM 的核心是一种能够为公司提供巨大价值的管理实践。虽然整本书都是关于 ERM 的，但我们已经将其归结为若干基本要素，并突出了一些领先的实践。

一个好的 ERM 计划将帮助公司了解和阐明其最重要的风险和跨越多维度的风险管理选择，包括：

- 其内在风险水平。
- 其剩余风险水平，也称为管理风险水平。
- 它对风险的承受度，因此认识到风险是在公司的承受度之内还是之外[2]。
- 其风险管理计划，考虑到对风险偏好的偏差和管理成本。

每个 ERM 计划都有三个基本步骤。第一，企业识别风险。第二，评估风险。第三，管理风险。企业可以选择不同的框架和方法来指导每一步的实施。单一的选择不一定适合所有要求。可以说，最重要的考虑是采用一种框架和方法，利用现有的业务流程，并考虑企业的行业和组织结构。

我们已经看到了一些领先的 ERM 实践的出现。以下各节将讨论这些领先实践的关键要素。

内在风险识别

企业风险是一个不确定的事件，一旦发生，将影响企业目标、战略或举措的实现。在识别企业最关键的内在风险的过程中，建立和商定风险评估的目标、战略或举措是很重要的。这与问"什么让我们晚上睡不着觉"的方法不同，但更加相关。

有时，最大的风险与管理层做出的未加声明的假设有关，并且这些假设可能是毫无疑问的（例如，每个人都认为已经经营了 30 年的重要合作伙伴将继续经营下去，或者，更确切地说，在本书中假设一个富有的、知名的关键合作伙伴的 CEO 永远不会实施舞弊）。

应用这些想法来揭示舞弊风险，可以采取以下方法：①将准确的财务报告和对法律的遵守作为公司目标，接下来②询问"如果…怎么办"的问题，以揭示与这些目标相关的最大的内在风险，其中许多可能会强调潜在的舞弊风险。一种很好的训练是做一个理论上的快速推演，并且问，"如果我们三年后坐在这里，讨论我们为何没能达到这个目标（如遵守法律），我们会讨论什

---

〔1〕 Charles A. Sennewald：《有效的安全管理》（第 3 版），波士顿：Butterworth-Heinemann 出版公司 1988 年版，第 180 页。

〔2〕 就个体风险而言，我们所说的风险偏好有时也被称为风险容忍能力。无论名称如何，重要的一点是，对于不同的风险，一个组织应该设定并传达：为了实现目标而在风险可能性和影响方面，它愿意承担多大的不确定性。假设承担风险既有成本又有效益，那么一个组织可能在某些领域承担很小的风险，而在其他领域承担很大的风险。

么场景和原因？"

风险评估

尽管确定内在风险有助于公司了解其业务的脆弱性，但评估内在风险也可以确定那些最重大的风险。进一步用于评估内在风险的控制措施的有效性，有助于公司了解当前的风险暴露水平。考虑到所有现行的控制措施，这种实际风险被称为剩余风险。有了对剩余风险的理解，管理层可以确定风险的轻重缓急，并做出审慎的风险管理决策。

正确的风险评估需要一种公认的语言来描述、表达和解释内在风险和剩余风险的水平。通常，风险的两个维度——影响和可能性——用以度量风险。管理层应确定其希望使用什么尺度来评价不同程度的影响和可能性，并为这些尺度赋予自己的意义。

一个企业的价值可以受到多种因素的影响，而不仅仅是财务因素的影响。声誉、在特定市场的竞争能力、客户满意度和其他无形资产都会受损，影响企业实现短期和长期目标。因此，重要的是要对不同的影响区域的水平做校准，使声誉区域中的"10"对企业而言与任何其他区域中的"10"相同。这样做也有助于强调舞弊风险，这些风险可能对企业声誉造成损害，对于企业而言，这可能比起直接的利润损失更具毁灭性。

什么是"高"风险？为了回答这一问题，企业必须建立一种诠释风险评估结果的一致方法。还应考虑其风险承受度。我们提出了衡量风险水平和确定最高风险的两种可供选择的主要做法。

第一种方法（控制有效性）

1. 通过评估影响和可能性来衡量内在风险。

2. 将影响和可能性的分数结合起来，得出一个单一的内在风险水平（例如，可以像影响乘以可能性那样简单）。

3. 设定一个阈值，超过该阈值，内在风险水平将被视作"高"。这些都是要追踪的。

4. 为每个"高"风险确定一套控制措施。

5. 在1到5的范围内，其中1表示控制措施完全有效，5表示控制措施无效或不存在，对每种风险的一套控制措施进行有效性评级。

6. 如果控制措施不满足最低限度的有效性（例如，在1到5的范围中位于1或2），那么组织应该改进措施，否则应定期对其监测。

对本例，假设已经确定了两个风险，A和B。评估了内在风险，我们在影响量表上确定了8分，在可能性量表上确定了7分。风险B的影响量表上得分为10，可能性量表上得分为9。绘图如图5-1所示。

A和B都是相当高的内在风险。我们可以通过将影响与可能性相乘来给每个风险确定一个总体的内在风险评分（同样，一个公司可以自行分配自己的量表，确定自己的内在风险评分公式，这可能会对影响和可能性进行不同的加权）。因此，风险A的内在风险得分为56（8乘7），风险B的内在风险得分为90（10乘9）。

这些数字代表内在风险，而不是剩余风险或经营风险。接下来，应对每种风险的控制措施进行确定和评估。对于完全有效的控制措施，评分为1分；对于无效的控制措施，评分为5分（2，3，4介于两者之间），我们可以对每种风险的控制措施进行评分。想象一下，就我们的例子来说，风险A的控制措施的效果被认为很差，得分为4分。风险B的控制措施很强，得分为1。此外，假设我们企业的偏好是，不允许有内在分数为40或更高的风险，其控制措施的有效性就都不应低于2分。

如图5-2所示，绘制内在风险评分与控制有效性的对比图，直观地显示出需要改进控制的风

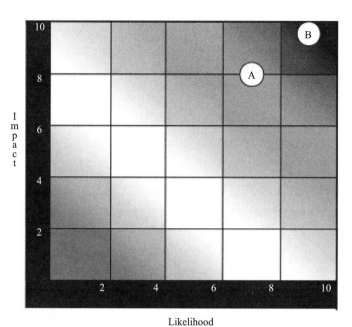

Likelihood

图 5-1　根据影响和可能性绘制内在风险

险和需要持续监控的风险。内在风险水平低于 40 的风险被视为低优先级，可能有机会减少用于控制的资源。

我们现在可以对这些风险进行优先排序，并为每个风险讨论确定适合的风险管理计划。

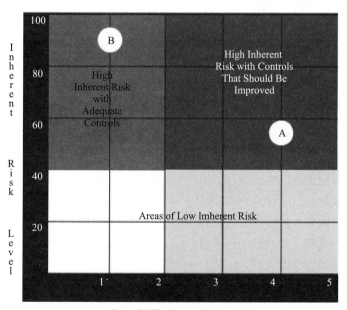

Control Effectiveness(1 is best/5 is worst)

图 5-2　内在风险与控制有效性

第二种方法（剩余风险和风险偏好）

1. 通过在一定尺度上评估影响和可能性来衡量内在风险。将这个点绘制出来，这是内在的风险水平。

2. 通过问"我们希望此风险的影响和可能性在哪里？"确定对该风险的影响和可能性的偏好，并绘制出这一点。

3. 对于每种超出公司偏好的内在风险，确定一套控制措施。

4. 考虑这套控制措施，评估风险的实际影响和可能性。绘制出这一点，这就是剩余风险水平。

5. 对于每种风险，可以比较其内在风险水平、剩余风险水平和风险偏好，以确定哪些风险需要进一步改进控制措施。也就可以发现公司的最高剩余风险。

假设我们正在处理与上述相同的两个风险 A 和 B，具有与以前相同的内在影响和内在可能性水平。风险 A 的内在影响为 8，内在可能性为 7。风险 B 的内在影响为 10，内在可能性为 9。

130

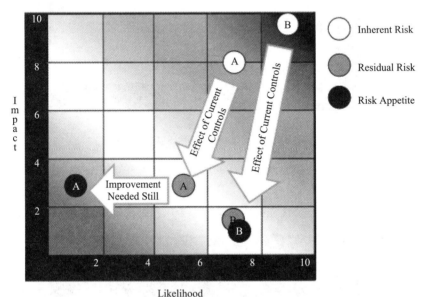

图 5-3　内在风险、剩余风险和风险偏好

接下来，我们需要讨论在影响和可能性的区域中，我们企业对每个风险的偏好在哪里。这个讨论本身是非常有价值的。假设我们对于风险 A 的偏好为 3，可能性为 1。我们对这个风险很难容忍（可能是舞弊风险？）。假设对于风险 B，我们的偏好是影响为 1，但可能性是 7。为什么会这样？也许这是一种成本高昂的风险，或者是一些我们认为无法预防的风险，所以我们认为我们应该集中精力减轻其影响。

最后，我们需要确定当前的控制措施，然后根据控制措施评估风险的潜在影响和可能性。这是风险 A 的剩余风险水平。在我们的例子中，假设我们认为对风险 A 的控制已经降低了潜在的影响，但风险事件仍然很有可能发生。在图 5-3 中绘制这三个点表明，风险 A 仍然超出我们的风险偏好，因此我们应该考虑制定一个适当的管理计划以降低风险的可能性。同样，假设对于风险 B，我们的剩余风险水平正好位于我们的风险偏好之内。这一风险已得到控制，今后应加以监控。

131

风险管理

一旦了解了风险，企业就可以按优先顺序对风险排序，并制定适当的风险管理计划。企业可以通过避免、接受、转移或减轻的方法来管理风险。企业可以通过解决风险的影响或可能性，或两者兼而有之来减轻风险。正确的风险管理计划必须考虑到企业处理风险的成本和收益，以及资源以及其他限制因素。有了良好的 ERM 计划，管理层可以做出更明智的决策。

总　结

一个好的 ERM 计划将识别，并使影响企业实现其目标能力的风险暴露变得透明化。它将使企业能够确定其对某些风险的偏好，以及当前的一套控制措施是否有效地将风险保持在其偏好范围内。此外，鉴于企业的风险偏好，它将提供一种方法来确定哪些类型的控制措施（即改变可能性和改变影响的控制措施）是适当的。最后，它将允许企业估算投资于不同控制水平的成本效益权衡。

实施 ERM 计划可能很复杂。该计划应尽可能考虑和利用企业现有的业务流程。鉴于 ERM 的战略性质，最有效的计划需要高层管理人员的支持和参与。

第六章 财务报表舞弊

 摘 要

财务报表舞弊对企业来说可能是致命的。预防其发生的一个方法是，了解是什么促使高管们这么做。被判舞弊罪的 ZZZZ Best 公司首席执行官巴里·明科（Barry Minkow）表示，他觉得自己的个人价值与股票表现挂钩时开始这么做。认证舞弊审查师协会的创始人约瑟夫·威尔斯（Joseph Wells）曾表示，唯一能阻止舞弊行为的是，让人们能够真正意识到，如果他们犯罪就必定会被抓。个人问责制，加上强有力的把关监督和政府执法，将减少企业舞弊。企业需要了解财务报表舞弊的许多危险信号和因素，以减少其发生的可能性。在舞弊预防当中重要的是，要记住舞弊等式：缺乏足够问责的权力将导致舞弊。

财务报表舞弊中反复出现的主题

财务报表舞弊案件包含以下几个反复出现的主题：

- 高级管理层面临实现财务目标的压力。
- 独裁的高级管理层。
- 激进的会计实务。
- 薄弱的内部控制。
- 没有检举者。

《萨班斯-奥克斯利法案》是因为大量财务报表丑闻泛滥而颁布的，但公司的任何舞弊预防计划都必须包括预防所有类型舞弊的工作。本章论述的是财务报表舞弊，接下来的章节将介绍资产挪用、腐败、贿赂和外部舞弊。

做假账

在财务报表舞弊案例中，首席执行官、首席财务官、财务总监或其他人可能会参与以下几种操作中，以改进财务报表（括号中显示的案例）：

- 夸大存货，这是资产评估行为中最常见的舞弊（Warnaco，2004）。
- 利用时间差异夸大资产和收入（Computer Associates，2004）。
- 将 1 月销售额记在 12 月销售额的账簿中。
- 将 12 月的负债保留至 1 月。

- 将未来的费用作为特殊费用转入当期。

■ 未按要求记录勾账，将坏账变成了收入（Signal Technology，2002）。

■ 不使用"按市值计价"来降低已经贬值的资产价值（Lehman Brothers，2008）。

■ 将支出资本化（WorldCom，2002）。

■ 隐瞒负债——审计师很难审计一些未列入账簿的事项（Enron，2001）。

■ 以一次性收益增加收入（Krispy Kreme，2005）。

■ 在收入实现前，记录收入或记录可能永远无法收回的收入（Gemstar，2002）。

■ 创造虚假收入，即用假发票制造的虚假销售，导致资产和收入的虚假增加（Satyam Computer，2009），或过早确认收入或使用"回旋镖"交易（Microstrategy，2000；回旋镖可能是公司A与B协议，如果公司B同意从公司A购买产品，那么公司A向公司B投资[1]）。

当公司选择操纵数字以实现收益估算时，将存在明显的风险，包括：

■ 股票市值损失。

■ 诉讼。

■ 名誉损失。

■ 刑事指控。

■ 破产。

财务报表舞弊的危险信号

ACFE创始人兼主席约瑟夫·威尔斯（Joseph Wells）提出了一些人们在寻找财务报表舞弊的危险信号时，要问的几个问题：

■ 管理层是否对法规或控制表现出明显的漠视？

■ 管理层是否限制审计师查阅文件或人员信息？

■ 管理层是否设定了不切实际的财务目标？

■ 公司的管理是由一个人或一个小团体主导吗？[2]

斯科特·格林（Scott Green）在其《萨班斯-奥克斯利法案经理人指南》中列出了更多的财务报表舞弊的危险信号：

■ 激进的收入确认政策。

■ 有关坏账储备金、折旧和摊销费用或综合收益的会计政策经常变动。

■ 无支持文档的凭证，影响收入。

■ 既定的养老金计划供资不足。

■ 严重不符合公司业绩的管理层薪酬。[3]

迈克尔·杨（Michael Young）的财务报表舞弊六大要素

Michael Young在他的著作《会计违规和财务舞弊》中，将财务报表舞弊解释为我们这个实时世界的一个症状。人们对财务信息有永不满足的渴望。多家有线电视台完全致力于财务新闻的

---

〔1〕　Joseph T. Wells：《这就是为什么它被称为金字塔计划》，载《会计杂志》190（2000年10月），第91页；Howard Schilit：《金融骗局》（第2版），纽约：McGraw Hill出版公司2002年版，第62页。

〔2〕　Joseph T. Wells：《为什么员工会舞弊》，载《会计杂志》191（2001年2月），第89页。

〔3〕　Scott Green：《〈萨班斯-奥克斯利法案〉经理人指南》，纽约：John Wiley & Sons出版公司2004年版，第123页。

报道。实时数据是常态标准——人们期望在电视或电脑屏幕上随时可以获得最新的财务统计数据。

Young 接着指出，美国企业今天使用的财务报告系统起源于 20 世纪 30 年代，当时的财务信息被设计成以纸面形式传达。速度不是需要担心的问题。财务信息定期向公众报告，因此他们可以据此进行投资。然后，据 Young 说，分析师开始做出预测，以弥补财务新闻的空白。分析师的预测和期望，是实时世界对即时财务信息需求的产物。这些预测是时时更新的，但不一定是正确的！[1]

这些分析师的预测可能对公司的股价产生巨大影响。由于投资者期望企业达到预期收益，企业为了满足这些预期则面临着巨大的压力。公司的每个部门都知道它自己必须赚得什么。

"盈利季"期间的市场波动显示，该体制造成了多么潜在的灾难。一些高管认为，未能实现预期是不能理解的，因为他们大部分个人收入都与公司的股价挂钩。

想象有一家虚构的，名为 Willoughby Manufacturing 的制造行业的上市公司。在过去的四年里，利润一直很好，并且稳步增长。随着股价的上涨，数名华尔街分析师开始对 Willoughby 进行报道。电视和报纸上的宣传引起股票上涨得更高。据预测，本季度将获得创纪录的利润。

有一个不为投资界所知的问题。这家公司生产的商品的市场已开始趋于平稳。华尔街的预测并不现实，但该公司股票的价格现在与这一预测挂钩。投资者时刻计算着他们在 Willoughby 的股权利润，而实际上这些利润将无法兑现。

Willoughby 的经理们要么接受这个坏消息，要么向所有的经理施加压力，要求达到销售预测。Willoughby 的 CEO 选择施加压力。每个部门都被要求达到不切实际的销售配额。一位部门总裁"Peter"，已经开始担心自己的工作。Peter 知道，他在这个季度末无法达到目标配额。他不想因为达不到配额而丢了工作，于是登记了到下个季度才可能达到的销售配额。他希望到那时，销量可能会更好。

多亏了几个部门的会计的"创意"，Willoughby 制造公司达到了本季度的市场预测，并创造了纪录。对下一季度的预测是持续增长。然而，三个部门已经预定了到下一季度才能完成的销售额。三个部门现在已经落后于下一季度不切实际的预测。没有出路了。最终，这会被更高层的人士（审计员或首席财务官）发现。一些首席财务官可能会选择掩盖，而不是公开披露交易时机的不规范，因为这可能会扼杀股价。迈克尔·杨引用了我们报道中的六大要素：

1. 它一开始并不是不诚实。
2. 它从压力开始。
3. 它开始时很小。
4. 它从会计的灰色地带开始。
5. 随着时间的推移，舞弊越来越严重。
6. 没有出路。[2]

学得的教训

公司在财务报告方面的教训很简单：

■ 登记已完成的真实交易所得利润。

■ 利润是公司承担风险所获得的收益，而不是公司因占便宜所获得的收益。

---

〔1〕 Michael R. Young：《会计违规和财务舞弊》（第 2 版），纽约：Aspen Publishers 2002 年版，第 306-309 页。

〔2〕 Michael R. Young：《会计违规和财务舞弊》（第 2 版），纽约：Aspen Publishers 2002 年版，第 11-13 页。

■ 过早登记利润是在沙地上建造金字塔；不能持续下去。[1]

高管洞察 6.1：3 亿美元的舞弊案不容小觑

并不是只有财富 500 强的公司才会有大规模的会计舞弊。美国生活用纸公司（American Tissue）的名字可能不为大众所知，但许多消费者每天都在使用美国生活用纸公司的产品。这家上市公司曾经是美国卫生纸、纸巾、餐巾、纸浆和办公用纸产品的第四大制造商。该公司在美国和墨西哥的办公室和工厂拥有近 5000 名员工。

2003 年 3 月，纽约布鲁克林的联邦检察官指控包括 American Tissue 有限公司的首席执行官和首席财务官在内的七名前高管，诈骗投资者和债权人超过 3 亿美元。2001 年 9 月，由于该公司遭到"大规模抢劫"，美国生活用纸公司申请破产保护。被告记录了虚假销售，伪造了虚假文件，来夸大公司的收入，以确保银行和其他贷方的持续信贷额度。这位首席执行官还将数千万美元转移到他控制的另外两家公司。政府提出的指控包括证券舞弊、银行诈骗和妨碍司法。[2]

美国证券交易委员会还指控该公司和三名前高管在 2000 年和 2001 年虚报收入、收益和资产。公司资金和设备的挪用可能已经进行了多年。美国生活用纸公司在提交破产申请、即将破产时，公司的外部审计事务所安达信（Arthur Andersen）也参与了这一阴谋。安达信的一位高级审计人员命令其他员工撕毁美国生活用纸公司有罪的证明文件，并删除电子邮件。[3]

在一项相关的民事诉讼中，前美国生活用纸公司高管被指控把上市公司当作个人储蓄罐在使用。他们吸收了近 2400 万美元的贷款，没有利息或还款时间表。另外还向家人和朋友提供给了 230 万美元，利用 4000 多张假支票和发票掩盖了那些舞弊交易。首席执行官和另一位高管起初归咎于首席财务官和安达信的草率纪录。[4]邮政检查员和联邦调查局在纽约进行的联邦调查证明，事实并非如此。

2005 年，这位前首席执行官在经过十周的审判后，所有罪名被判成立。前首席财务官和其他前员工一样，认罪并为政府作证。然后，布鲁克林的联邦检察官罗斯林·莫斯科夫（Roslyn Mauskoff）对这一定罪发表了评论，称："这起大规模的公司舞弊是一起事关贪婪、谎言和妨碍法律的典型案例。今天的定罪表明，作为总统的公司舞弊特别工作组的一部分，我们致力于在法律的全部范围内调查和起诉公司舞弊行为。"[5]该名舞弊者被判处 15 年监禁。

与对其他 CEO 的审判一样，被告使用了"Magoo 先生辩护"。其辩护律师辩称，CEO"本质上是一个对公司财务知之甚少的天才技师，舞弊行为是由公司其他对公司利润感兴趣的人制造的。"[6]一位辩护律师进一步补充说，他的当事人是一名来自伊朗的难民，他"不了解我们的

〔1〕 Jerry Fleming：《不惜任何代价得利？》，Grand Rapids, MI：Baker Books 2003 年版，第 28、52 页。

〔2〕 2003 年 7 月 22 日，《公司舞弊特别工作组提交总统的第一年度报告》，载 www. usdoj. gov/dag/cftf/first_ year_ report. pdf；2004 年 7 月 20 日，《公司舞弊特别工作组提交总统的第二年度报告》，载 www. usdoj. gov/dag/cftf/2nd_ yr_ fraud _ report. pdf。

〔3〕 《前安达信审计师被捕，被控妨碍司法》，Accountingweb.com，2003 年 3 月 11 日，载 www. accountingweb. com/i-tem/97276。

〔4〕 《诉讼瞄准 American Tissue 的孟菲斯工厂》，载《孟菲斯商业杂志》2002 年 9 月 18 日，//memphis. bizjournals. com/memphis/stories/2002/09/16 /daily28. html。

〔5〕 纽约东区美国联邦检察官办公室：《新闻发布：American Tissue 公司前总裁兼首席执行官在经过 10 周的审讯后被判犯有 3 亿美元的银行和证券舞弊罪》，2005 年 4 月 13 日，载//www. justice. gov/usao/nye/pr/2005/2005apr13. html。

〔6〕 Robert E. Kessler：《所有罪名成立》，载《新闻日报》2005 年 4 月 14 日，第 A46 版。

商业方式；他来自另一个国家，他没有大学会计或工商管理硕士学位"。[1]检察官很好地反驳了这一点，他告诉陪审团，首席执行官控制公司运营的方方面面，并"监督舞弊的陷阱。"[2]检察官接着补充说，"有些时候你不得不想一想，当时所有的舞弊活动都在进行，他们怎么有时间来制作纸巾呢?"[3]

美国生活用纸制造公司还被指控欺诈其员工，"从工人工资中扣除医疗保险和401（k）退休计划的费用，但从未按规定付费。"[4]北新罕布什尔州（美国生活用纸公司的一家工厂曾经位于此）的一位工会主席，斥责该公司 CEO "毁掉了人们的生活、退休和储蓄计划"，表示政府需要"像对付刑事罪犯一样对付他。"[5]

他们为什么要冒险?

财务报表舞弊的潜在后果如此严重，那为什么还有这么多公司要冒这个风险呢? 动机往往在奖励机制中。当巨额奖金与实现预期挂钩时，将获得奖金的经理可能会作出决定，冒这个风险和奖金相比是值得的。当一位高管正在考虑捏造数字以得到奖金时，他脑海中的首要问题是，"被人抓住的可能性有多大?"如果无法达到预期，满足高估值的压力可能会使高管担心自己的职位。对短期结果的强调生成了一种环境，在这种环境中，失败被认为是不可原谅的。这种压力，再加上对监测的认识不足，会使舞弊的想法成为高管心目中可行的选择。

一些 CEO 以高度独裁的方式来运营公司，通过制造恐惧来管理。如果这样的首席执行官相当地确定没有人会问问题，那么抓到可疑行为的可能性就很小。独裁和傲慢的 CEO 们常常觉得他们应该得到特别待遇和奢侈品。年收入数百万美元的 CEO 们会开始觉得自己是超出常人的，可以逃脱任何事情。似乎没人能对丹尼斯·科兹洛夫斯基（Dennis Kozlowski）说不。当他扭转了公司一些运营不佳的局面时，Kozlowski 成为了众人瞩目的焦点。1997 年，作为泰科国际（Tyco International）的首席执行官，他每年的收入超过 800 万美元，但这不够。到 1999 年，Kozlowski 的年收入为 1.7 亿美元，但这还不够。据称，他通过非法股票销售又盗取了 4.3 亿美元。[6]这些都是自以为可以不受质疑，不被发现的行为。

在监狱里待了几年后，Kozlowski 意识到了自己的做法是错误的。他说："有一种说法是，唯一会被鱼叉叉住的鲸鱼是那些浮到水面的鲸鱼。我本应该满足于公司的适度增长……"[7]

许多公司根据公司业绩提供奖金和股票期权，这就促使高管和经理们有动机去报告更好的财务业绩。这就创造了一个鼓励财务舞弊的环境。[8]被定罪的舞弊者巴里·明科（Barry Minkow）解释得最好：

我会收到人们的来信，告诉我自己是多么伟大，我是怎样的一个商业天才…人们对我的看法变

---

〔1〕 同上。

〔2〕 Frank Eltmen：《American Tissue 案前首席执行官被判舞弊罪》，载《新闻日报》2005 年 4 月 13 日，//library.newsday.com。

〔3〕 同上。

〔4〕 James T. Madore：《受伤的造纸厂小镇在起诉书中看到正义的光芒》，载《新闻日报》2003 年 3 月 18 日，第 A63 版。

〔5〕 同上。

〔6〕 Green：《经理指南》。

〔7〕 Michael Medved：《关于美国商业的五大谎言》，纽约：皇冠论坛 2009 年版，第 139 页。

〔8〕 Howard Schilit：《金融诈骗》（第 2 版），纽约：Mc-Graw Hill 出版公司 2002 年版，第 29 页。

成了一种奖赏和目标…而我作为一个人的价值也与我的股票表现紧密相连。[1]

明科接着说，相比起做他认为是对的事情，他更关心别人对他的看法。[2]

2001 年至 2007 年，美国 CEO 平均薪酬的下降是股市下跌的结果。这将显示出按绩效计酬在总体上发挥着作用。然而，当提到在绩效不佳而获得高激励薪酬时，可以举出许多例子。贝尔斯登（Bear Stearns）董事长吉米凯恩（Jimmy Cayne）被替换时得到了 6000 万美元，摩根大通（J. P. Morgan）以每股 10 美元的价格收购了贝尔斯登的剩余资产，或再如美林首席执行官斯坦奥尼尔（Stan O'Neal），他在离职后得到了 1.6 亿美元。[3]

与普通员工相比，CEO 的高薪在 20 世纪 70 年代末开始显现，此时的股票期权奖励不仅变得更有价值，而且更加普遍。整个 20 世纪 50 年代，大约只有 16% 的高管获得了期权。此后，股票期权授予的频率稳步上升。到 20 世纪 90 年代，接受期权的高管已达到 82%。[4]

公司董事会有责任独立于 CEO。如果一家公司的董事会是真正独立的，CEO 薪酬将代表该公司每年的业绩。然而，高管们似乎得到了越来越高的薪水和奖金，即使业绩不达标也是如此，董事会提供理由来证明更高的薪酬是合理的。如果一个董事会在公司运营不佳的年份不能降低 CEO 的薪酬，那可能就是一个象征性的董事会。对于投资者来说，这是个危险信号。

雷曼兄弟破产事件的一个特别有趣的转变是，经理们获得的所有奖金都是以公司股票的形式发放的，公司股票在五年后才可以兑现。当公司破产时，他们不惜一切代价寻求的奖金变得一文不值。首席执行官迪克·富尔德（Dick Fuld）的股票曾使其身价超过 10 亿美元，但后来跌至 65486.72 美元。[5]

盖特纳的 5 项薪酬原则

在 2009 年 6 月 10 日的一份声明中，财政部长蒂莫西·盖特纳（Timothy Geithner）提出了五项原则，他打算将薪酬做法与股东的利益更好地结合起来，并促进公司和财务系统的稳定：

■ 薪酬计划应适当衡量并奖励绩效。

■ 薪酬的结构应考虑风险的时间范围。

■ 薪酬计划的实施应与健全的风险管理相一致。

■ 应该重新检查黄金降落伞和补充退休计划，以确定它们是否符合高管和股东的利益。

■ 在设定薪酬的过程中，鼓励扩大透明度和建立问责制。[6]

不幸的是，许多公司没有吸取这些教训，因为尽管大萧条对经济造成了影响，但高管薪酬仍在持续上涨。

---

〔1〕 Barry Minkow：《清理》，Nashville：Nelson Current 2005 年版，第 155 页。

〔2〕 同上，第 215 页。

〔3〕 Barry Ritholtz：《救援国家》，Hoboken, NJ：Wiley 2009 年版，第 200 页。

〔4〕 Carola Frydman, Raven E. Saks：《高管薪酬：从长期角度的新观点，1936-2005 年》，美联储委员会技术报告第 2007-35 号（2007 年）。

〔5〕 Andrew Ross Sorkin：《大到不能倒》，纽约：企鹅出版社 2009 年版，第 487 页。

〔6〕 John E. Core, Wayne R. Guay：《在金融服务行业有没有理由规范高管薪酬?》，社会科学研究网络，2010 年 1 月 25 日，载 ssrn.com/abstract 1544104。

对监测的察觉

在几乎每一个创新的公司会计实例中，都有一个或多个人员看到麻烦的迹象。这些不良行为自身也会不停地发展，而掩盖它们比最初的不良行为变得更为重要。

有人说，唯一能阻止潜在舞弊者的是他们感知自己的行为会被人察觉。简单地说，那些认为自己会被抓住的人不会实施舞弊。[1]那些不理解这一原则的人认为《萨班斯-奥克斯利法案》过于严格，政府监管不是解决方法，或者这项制度不适用于他们。

卡波夫与洛特（Karpov and Lott）的声誉强制执行效应

华盛顿大学商学院金融学教授乔纳森·卡波夫（Jonathan Karpov）认为，认识到守法声誉的财务价值是防止未来财务报表丑闻的最好方法，而不是更严格的政府控制。

Karpov 和宾夕法尼亚大学沃顿商学院的约翰·洛特（John Lott）引用了声誉的"强制执行效应"，这将比昂贵且可能有害的政府监管更能鼓励公司诚实地审计自己。

Karpov 和 Lott 研究了从 1978 年到 1987 年期间 132 起实际或被指控的公司舞弊案件，发现参与舞弊的公司平均股价下跌超过 6000 万美元。这是任何罚款、处罚、赔偿和法律费用的 20 倍。Karpov 认为，这项研究表明，声誉成本远远超过法律惩罚。[2]

尽管人们希望所有的公司都会为了其公司声誉而努力在财务报告中做到诚实，但事实似乎并非如此。对财务丑闻的恐惧并没有阻止 Enron 高管选择"做假账"。Enron 的舞弊导致的崩溃和后果也没有阻碍贝尔斯登（Bear Stearns）、雷曼兄弟（Lehman Brothers）和美林（Merrill Lynch）等其他公司之后不负责任的使用证券化。

问责是关键词

事实上，腐败有一个公式：不受问责的权力滋生腐败。我们称之为 PAC 公式，如图 6-1 所示。

$$\frac{P-A=C}{权力-问责=腐败}$$

图 6-1 PAC 公式

克林纳德和耶格尔

马歇尔·克林纳德（Marshall Clinard）和彼得·耶格尔（Peter Yeager）研究公司犯罪并出版了标题为《公司犯罪》一书（1980 年出版），该研究支持了这一观点，即害怕制裁不是一种威慑。Clinard 和 Yeager 的作品对于注册舞弊审查师和对公司舞弊缘何发生感兴趣的人来说，是必读物。在他们的研究中，Clinard 和 Yeager 分析了 477 家有各种非法行为的公司，结果发现甚至只有 10% 的公司因其行为受到了制裁。[3]

根据 Clinard 和 Yeager 的调查结果，市场惩罚不是阻止公司犯罪的充分力量。消费者通常不知道公司从事非法活动。因此，非法活动很少会导致客户减少，名誉重挫或招来联合抵制。并不是所有的公司都像 Enron 和 Arthur Andersen 那样受到影响。一些公司能够控制损害并存活下来，

---

〔1〕　Joseph T. Wells：《S & L 丑闻，有史以来最大的犯罪?》，载《白皮书》（1990 年 5 月至 6 月），第 2 页。

〔2〕　Robyn Eifertsen：《规章不是最佳的舞弊预防》，载《大学周刊》（华盛顿大学），2002 年 3 月 14 日，//depts. washington. edu/uweek/archives/2002. 03. mar_14/news_i. html。

〔3〕　Marshall Clinard, Peter Yeager：《公司犯罪》，纽约：自由出版社 1980 年版。

至少在另一个事件降临之前是这样的。

花旗集团（Citigroup）就是这些公司的一个典型例子。2004 年，花旗的季度利润创下了纪录，与此同时，监管机构正考虑对花旗集团高层提出指控，因其未能监管分析师和投资银行家。美国证券交易委员会和司法部正在审查花旗集团的资产管理部门是否为了记账而过度收取共同基金投资者的费用。英国当局正在调查花旗 8 月份在伦敦的政府债券部门出售欧洲债券，然后迅速以更低的价格回购这一事件。Enron 的债权人起诉花旗集团，因为他们没有透露出了解 Enron 的财务状况，而美国证券交易委员会（SEC）正在研究花旗在阿根廷的会计核算，在那儿它注销了 20 亿美元的不良贷款。[1]糟糕的新闻标题和可疑的会计核算并未对花旗的声誉造成大的损害，不足以影响其股价或利润，直至金融危机爆发。

在那些因实施财务舞弊而被抓获和曝光的公司中，负面报道的财务影响可能是毁灭性的。但如果没有《萨班斯-奥克斯利法案》的规定，将来还有多少公司会继续逃避或试图进行财务报表舞弊？

《萨班斯-奥克斯利法案》有效吗？

虽然人们希望《萨班斯-奥克斯利法案》能够在减少舞弊、滥用和视而不见方面发挥预期的监管效果，但公司和个人的不当行为仍在继续。尽管有讲伦理的公司遵守《萨班斯-奥克斯利法案》，但仍有公司在撒谎和欺骗。《萨班斯-奥克斯利法案》本应促进透明度和尽职调查，但正如我们从财务危机中了解到的，总是有例外和不合规。我们目睹了以下情况：

■ 金融机构在没有适当的借款人证明文件的情况下发放贷款，借款人永远不会偿还贷款，而且他们似乎并不在乎。

■ 如果抵押贷款违约，出售抵押贷款支持证券的信用违约互换的公司没有资本支付，而且他们似乎也不在乎。

■ 当抵押债务损失价值时，公司没有将其记为账面市值。

■ 雷曼兄弟在回购 105 协议中借鉴了 Enron 的做法。

参议员保罗·萨班斯（Paul Sarbanes）在 2007 年说，"该法案不是绝对的保证。总是会有一些狡猾的经营者试图逃脱惩罚。但希望该法案能筛选出大量这些的情况，如果他们被抓到必将受到惩罚。该法案的大部分目的都是为了加强制度，从一开始就阻止'坏苹果'的生长。"[2]

贪婪因素

也许所有这些贪婪都是过去 25 年来人们越来越重视金融、营销和商业管理等实用艺术的结果。20 世纪 80 年代，"我"一代嘲笑文科的教育已经过时，认为大生意、高财务和物质收益才是光荣的，CEO 是值得效仿的英雄。如今，媒体把 CEO 描绘得不那么英雄了。

2003 年，《哈佛商业评论》1998 年至 2009 年间的高级编辑黛安·库图（Diane L. Coutu）认为，对企业高管的强烈反对只是媒体迎合公众的另一种形式。这种迎合让许多人认为自己是贪婪

〔1〕 Mara der Hovaneian, Paula Dwyer, Stanley Reed：《查克王子能清理花旗吗？》，载《商业周刊》2004 年 10 月 2 日，第 11 页。

〔2〕 Dick Carozza：《重新审视〈萨班斯-奥克斯利法案〉》，载《反舞弊杂志》2007 年 5 月至 6 月，第 63 页。

146

的美国公司的受害者。Coutu 认为，需要强有力的自我主义者来推动公司的发展。用谦虚的人来取代他们可能会平息愤怒，但经济可能会因此而受挫。[1] 经济在 2008 年受挫，但这并不是因为公司由谦逊守成的人经营所致。股市崩溃，房地产触底，政府不得不以数十亿美元救助金融体系。这是由于公司领导者承担了太多的风险，却没有对后果给予适当的关注。导致这场灾难的行为将在第 10 章中进行更详细的讨论。正如斯科特·格林（Scott Green）在其《萨班斯-奥克斯利法案经理人指南》中指出的那样，任何 CEO 都应该避免任何不公平交易的苗头。董事会应采取政策，自动调查在坏消息发布之前管理层售卖公司股票的情况。根据格林的说法，这样的政策将促使高级管理人员确保在出售股票前考虑所有法律和伦理要求。[2]

高管洞察 6.2：Satyam 计算机服务：印度版 Enron

大规模财务报表舞弊不仅仅发生在美国。2009 年萨蒂扬计算机服务公司（Satyam Computer Services）被披露 11 亿美元的会计舞弊事件成为国际头条新闻，震惊了印度的商界。舞弊案涉及到许多会计骗局，包括夸大收入和营业利润率、少计负债、虚增现金和银行结余等。

这一舞弊案的影响不仅来自其严重性，还在于它使投资者和政府监管机构完全措手不及。萨蒂扬作为印度的公司巨头享有盛誉。2008 年 9 月，Satyam 因良好的公司治理获得了"世界公司治理委员会"颁发的"金孔雀奖"，并在 2006 年和 2007 年获得了对其公司治理实践的赞扬。[3] 不幸的是，这起丑闻曝光了 Satyam 和印度其他公司治理模式的可疑之处，以及被忽视的危险信号。最终，Satyam 成为了印度的 Enron。

2009 年 1 月 7 日，Satyam 的创始人兼董事长拜拉朱·拉马林加·拉朱（Byrraju Ramalinga Raju）写了一封信中向 Satyam 的董事会披露了会计丑闻，在信中他承认了自己的不当行为。"我怀着深深的悔恨，"他首先说，"我良心上受到了巨大的谴责，我想把以下事实告诉你，"然后继续详细说明公司多年来的账目是如何编造的。他承认他知道这是错误的，但一旦开始就无法收手。他写道："这就像骑着老虎，不知道如何在不被吃掉的情况从老虎身上跳下来。"Raju 在信的结尾说："我现在准备接受法律的惩罚，并面对由此产生的后果。"[4]

Satyam 是一个众所周知的"白手起家"的传奇。Raju 来自农场家庭，通过教育和艰苦创业，于 1987 年 6 月成立了 Satyam，拥有 20 名员工。1991 年，它在印度上市，并逐步成为印度第四大 IT 公司，提供咨询、系统集成和外包服务。它于 1999 年在纳斯达克上市，2001 年在纽约证券交易所上市。多年来，Satyam 在 67 个国家开展业务，宣称有 5.3 万名员工，尽管有 1.3 万人不存在，其所谓的薪酬被抽走，这是 Raju 舞弊的一部分。Raju 的年收入超过 20 亿美元，在财富 500 强公司中有 185 家客户。所有这些都无法阻止 Satyam 股价在舞弊披露当天下跌 82%。

在舞弊被揭露的几天内印度中央调查局逮捕了 Raju 和一些 Satyam 高管。包括首席财务官在内的其他高级管理人员也相继被逮捕。政府的调查还逮捕了 Satyam 的独立审计机构——普华永道（PwC）印度办事处的两名合伙人——指控其"不诚实、欺骗、伪造账户和使用伪造文件"[5]。

---

〔1〕 Diane L. Coutu：《我也很贪婪》，载《哈佛商业评论》81（2003 年 2 月），第 38-44 页。

〔2〕 Green：《经理人指南》。

〔3〕 Andrew Ross Sorkin：《在 Satyam 股价暴跌之际谈"印度版 Enron"》，载《纽约时报》2009 年 1 月 7 日，//deal-book. nytimes. com/2009/01/07/talkof-indias-enron-as-satyam-shares-plunge/。

〔4〕 2009 年 1 月 7 日，《Satyam Computer Services 董事长 B. Ramalinga Raju 向 Satyam 董事会坦白和披露财务会计舞弊》。

〔5〕 Heather Timmons：《印度过错系统中的 2 名审计员被扣押》，载《纽约时报》2009 年 5 月 28 日，第 B1 版。

会计舞弊的严重程度和持续时间，使这座纸牌屋最终没有逃开坍塌的命运。从 2001 年开始，Raju 和他的同谋通过夸大资产负债表和其他会计舞弊手段来实施犯罪：

■ 每个季度的销售数据都会被夸大，使得业务量似乎在增长。

■ 为假冒的客户伪造发票，虚报收入。

■ 不存在现金和银行结余。伪造的银行账户文件据称是来自各大银行的，支持了各种账户中超过 10 亿美元的索赔。

■ 公司将收入夸大了 1.2 亿美元，而负债少记了 2.4 亿美元。

■ 公司夸大了 1.2 亿美元的营业利润。

■ 不存在 1 亿美元的应计利息。

■ 公司员工人数被夸大了 13 000 人，来匹配所声称的虚构收入。

■ 夸大债务人地位，来表明欠公司钱。

无数违规的危险信号和传言都被置若罔闻。如果提前对它们彻底审查，舞弊行为可能早就被发现了。这些危险信号包括：

■ 印度金融界盛传 Satyam 公司有财务舞弊，但无人跟进。

■ 创始人的家人和朋友参与高管层，监督公司治理。

■ 董事会成员，包括一些所谓的公司治理专家，"本来应该提出问题的人却没有提。"[1]

■ 关联方交易。Raju 劫掠了公司，并"试图将他儿子负债累累的公司债务转嫁到 Satyam 公司，努力说服董事会批准这项交易。"[2]

■ 一个全球性组织表达了对 Satyam 腐败活动的看法。2006 年，世界银行向司法部报告称，"怀疑 Satyam 可能参与对世界银行一名高级官员的贿赂。"[3]然而，即使在 2007 年的一次内部调查"发现 Satyam 行为不当"之后，世界银行仍未能公开其关注的担忧。[4]

即使有了危险信号，Satyam 的会计事务所也在公司财务记录上签字了八年，对舞弊行为毫无感知。同样，美国、欧洲和印度的监管机构也没有发现存在不法行为的迹象。普华永道（Price-water-HouseCoopers）在财务舞弊被披露后不久，发表了一份声明评论道："我们依赖对财务报告、管理层提供的信息和解释的管理控制，以及在审计过程中向我们作出的口头和书面陈述。"[5]本应引起普华永道的审计团队有所反应的警告标志包括，由另一普华永道国际公司的合伙人告知 Satyam 的"现金确认程序似乎有实质缺陷，但印度公司没有采取任何措施来纠正这些程序。"[6] 2011 年 4 月，普华永道印度分公司 Price India 被美国证券交易委员会罚款 750 万美元。美国证券交易委员会执行主任 Robert Khuzami 评论道："普华永道印度分公司违反了其作为公共监督机构的最基本职责，在进行 Satyam 审计时未能遵守一些最基本的审计标准和程序。"[7]

Satyam 彻底改变了自己的领导层，并正在努力挽回其声誉和业务，而 Satyam 的前高管们仍被追诉。2009 年 4 月，印度科技企业集团 Mahindra 收购了 Satyam31% 的股份，并将其更名为 Mahin-

〔1〕 Salil Tripathi：《印度面临"Enron 时刻"》，载《华尔街日报》2009 年 1 月 9 日，第 A11 版。

〔2〕 Manjeet Kripalani：《印度商业治理危机》，载《商业周刊》2009 年 1 月 26 日，第 78 页。

〔3〕 Bob Davis：《世界银行列举了对公司的担忧》，载《纽约时报》2009 年 1 月 8 日，第 A9 版。

〔4〕 同上。

〔5〕 Romit Guma：《Satyam 寻觅领导者，确定审计员》，载《纽约时报》2009 年 1 月 15 日，第 B3 版。

〔6〕 Floyd Norris：《印度会计师事务所因在 Satyam 案中舞弊被罚款 750 万美元》，载《纽约时报》2011 年 4 月 5 日，第 B3 版。

〔7〕 同上。

dra Satyam。公司还采取措施解决未决诉讼和调查。2011 年 2 月，Mahindra Satyam 支付 1.25 亿美元了结美国投资者提出的集体诉讼。2011 年 4 月，Mahindra Satyam 支付了 1000 万美元，来了结 SEC 提起的指控，该指控称公司五年多来谎报夸大了的收入。

在对这一丑闻的讽刺性脚注中，Satyam 在梵文中的意思是真理。

微策略（MICROSTRATEGY）变为微悲剧（MICROTRAGEDY）

很少有审计人员愿意向客户透露，将不得不重报收益这一坏消息。这样的事件可能是灾难性的。以数据挖掘软件制造商 Microstrategy 为例。2000 年，Microstrategy 变成了"微悲剧"，因为它不得不重报 1998 年和 1999 年的收益。第一个问题是，Microstrategy 没有将收益分散到多年咨询合同的期间上，而是立即计入了这些利润。另一个问题是，1999 年 10 月宣布与 NCR 公司签订价值 5200 万美元的许可协议，通过该协议，Microstrategy "投资"了 NCR，NCR 将从 Microstrategy 那里购买产品——如此变成了一个"回旋镖"！[1]

Microstrategy 收益的重报，由原先报告的 1200 万美元利润变成 3400 万美元亏损。Microstrategy 的股价从 2000 年 3 月的每股 333 美元暴跌至 2000 年 5 月的 22 美元，Microstrategy 受到了三起诉讼的冲击。[2] 避免此类直接不利后果是人们的一种本能防御机制，可能导致审计师决定"随波逐流"。

股票分析师在哪里?

2008 年，当华尔街大型公司的股票开始下跌时，股票分析师曾在许多华尔街公司工作：美林、贝尔斯登和花旗集团。他们比任何人都了解财务事务的真实状况。据约瑟夫·威尔斯（Joseph Wells）称，在许多审计情形中很难发现舞弊行为，因为舞弊通常是由内部人员实施的，他们比审计人员更熟悉会计系统。[3] 由于审计人员花在查看记录上的时间有限，他们只会最后看一个简要说明，而不会逐天监控这些账本。

部分负担属于股票分析师。分析师将世通（WorldCom）公布的收入作为其成功的证据。如果这些分析师分析了世通的自由现金流，他们会发现资本支出是虚假的，旨在掩盖运营成本。[4]

分析人员应该问的其他问题包括：

■ 公司是否根据应收账款协商融资？
■ 应收账款是否显著增加，而销售却没有增加？
■ 与销售和应收账款相比，现金是否有所减少？
■ 运输成本与销售一致吗？[5]

也许是一个和"审计员在哪里"一样有效的问题，是"投资分析师在哪里?"以下是一些可能表明需要进一步审查的情况：

---

〔1〕 Howard Schilit：《金融诈骗》（第 2 版），纽约：Mc-Graw Hill 出版公司 2002 年版，第 44 页。

〔2〕 H. David Sherman，S. David Young：《轻踏这些会计雷区》，载《哈佛商业评论》79（2001 年 7 月至 8 月），第 129-135 页。

〔3〕 Joseph T. Wells：《跟随可能的罪犯》，载《会计杂志》191（2001 年 3 月），第 91 页。

〔4〕 William A. Sahlman：《费用选项解决不了任何问题》，载《哈佛商业评论》80（2002 年 12 月），第 91-96 页。

〔5〕 Wells：《跟随可能的罪犯》。

■ 高增长公司进入低增长阶段；可能存在掩盖衰落的诱因。

■ 那些一直受到华尔街关注的公司，任何坏消息都可能导致股价暴跌。

■ 许多公司没有得到大多数分析师的关注。

■ 新企业必须决定如何衡量关键交易。

■ 复杂的所有权或财务结构会降低关联方交易的透明度。[1]

在许多案例中，分析师不仅是草率或疏忽，而是彻头彻尾的腐败。2000 年以来的几项调查表明，几家大型公司所做的股票分析既不独立，也不公正。

2002 年，当时的投资巨头美林（Merrill Lynch）支付了 1 亿美元的罚款，因为发现了一封内部电子邮件，显示分析师公开推荐他们知道不是好投资的股票。当然，这些是美林希望从中赢得投资业务的公司的股票。[2]

153

利益冲突的案例也在高盛、摩根士丹利和花旗集团等投资公司的全球市场出现了。2002 年 10 月，当时的纽约州检察长艾略特·斯皮策（Eliot Spitzer）针对花旗集团的五位客户提起诉讼，因为他们将投资业务给花旗银行，以换取花旗集团分析师看好他们的股票评级。[3]

这种偏见是如何侵入股票分析师的分析建议的？1975 年，国会取消了分析师的固定佣金率，允许市场决定佣金率。当然，美国中产阶级首次进入股票市场参与竞争，导致佣金下降。较低的佣金迫使许多华尔街经纪公司越来越多地依赖于投资银行交易，以维持他们已经习惯的方式。

花旗集团（Citigroup）的投资银行业务部门所罗门·史密斯·巴尼（Salomon Smith Barney）的杰克·格鲁曼（Jack Grubman）已成为顶级交易撮合者之一。Grubman 从通过其市场研究获益的公司处获得了数千万美元的费用。1998 年，花旗给了 Grubman 一份合同，将在五年内支付给他 2000 万美元。[4]

2000 年，Grubman 推高了 WorldCom 和 Global Crossing 的股票，这两家公司正在以花旗集团发行的数十亿美元债券进行扩张。这些电信巨头通过宽带和有线电视赚钱，而其线路的价格却在快速下降。随着价格下降，应该有人质疑 WorldCom 和 Global Crossing 是否仍能够偿还债务。而 Grubman 似乎并不关心。[5]这是一个很好的例子，说明了为什么 Karpov 和 Lott 对"良好"的声誉执行效果如此难以接受。当企业高管和明星分析师与现实脱节时，他们就不会为公司的良好声誉而考虑。

2008 年，正是这种对费用和佣金的贪婪导致了一场规模巨大的金融灾难，因为管理者不再看到顾客的利益，甚至不再顾及自己公司的利益，而只是追逐自己获得奖金的因素。在追逐利益的过程中，大型公司接受了可能导致整个公司倒闭的风险（无论当时的风险看起来有多么遥远）。

---

〔1〕 Sherman，Young：《轻踏》。

〔2〕 Joshua Kurlantzick：《街谈巷议》，载《企业家》2005 年 1 月 5 日，第 55 页。

〔3〕 Joshua Kurlantzick：《街谈巷议》，载《企业家》2005 年 1 月 5 日，第 55 页。

〔4〕 Charles Gasparino：《街上的血》，纽约：自由出版社 2005 年版，第 96 页。

〔5〕 同上，第 7 页。

第七章 内部舞弊

——保护公司

 摘 要

157

　　财务报表舞弊并不是唯一一种损害公司利益的舞弊行为。根据美国注册舞弊审查师协会 2010 年向各国提交的关于职业舞弊和滥用的报告，所有针对公司的舞弊行为中，有86% 是资产挪用。有三种类型的资产挪用：盗窃、克扣和虚假支付。这些都是员工和组织外部的人员（如承包商）的舞弊行为。尽管支票舞弊仍然是一个令人担忧的问题，但由于技术进步提高了预防水平，它已经不再像过去一样令人担忧。涉及贿赂、回扣和操纵投标的舞弊仍然是一个问题，而且比大多数人意识到的更为普遍。

虚假支付和资产挪用

158 　　《萨班斯-奥克斯利法案》之后，许多内部审计部门增加了针对财务报表舞弊的检测力度，但不能忽视另一种职务舞弊和滥用——涉及员工舞弊的资产挪用。

　　有各种各样的资产挪用方案和办法，有些往往比其他类型更频繁地出现。在其 2010 年向各国提交的报告中，美国注册舞弊审查师协会对不同类型的资产挪用进行了分类，大约86%的内部舞弊都涉及到资产挪用。这些舞弊也是损失中位数最低的，约为每起事件 135 000 美元。表 7-1 列出了各种类型的资产挪用，以及各种腐败和虚假报表计划。

　　虚假支付是进行舞弊风险评估的一个重要领域。员工可能会尝试以各种方式进行虚假支付，因此需要考虑多种控制措施。在所有虚假支付中，超过一半是账单舞弊。[1]

虚假账单舞弊

通过空壳公司开票

　　虽然有时空壳公司存在合法的商业需求，但它们通常是出于实施舞弊或掩盖资金的真正所有者这样单一的目的而创建。空壳公司在美国可以成立。特拉华州和内华达州由于低成本和易注册

---

〔1〕　美国注册舞弊审查师协会：《2010 年〈向各国的职业舞弊和滥用报告〉》，得克萨斯州奥斯汀：ACFE 2010 年版，第 15 页。

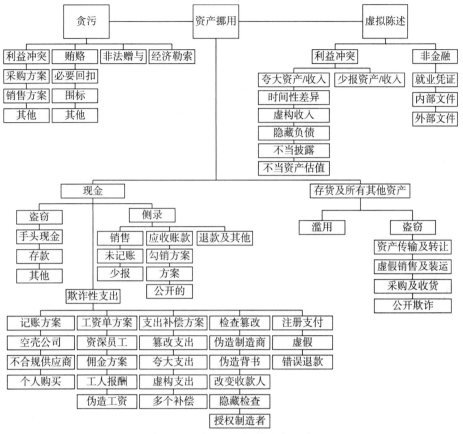

表 7-1　统一职业舞弊分类系统

资料来源：经得克萨斯州奥斯汀市注册舞弊审查师协会（2005 年）许可转载。

而广受欢迎。空壳公司也在海外成立，以利用隐私法。空壳公司可能只是一个假名字和邮箱，用来收取虚假账单的收益，或者可以像几个不同国家的多家公司一样复杂精巧。彻底检查每一个供应商是一个好主意，尤其是使用邮政信箱地址的供应商。

　　并不是所有的舞弊者都很精明。一些员工为不存在的公司提交假发票，并使用他们的家庭地址或妻子和母亲的婚前姓。将员工的家庭住址和供应商地址列表进行比较，就能揪出这些新手舞弊者。

　　一旦一家空壳公司成立，舞弊方以空壳公司的名义开立了银行账户，发票就可以通过各种方式开具。发票通常是一些有关服务的类型，因为它们比货物更难追踪。舞弊者通常拥有批准权，或者是有一个主管，负责简单地在所有发票上盖橡皮图章。未折叠的发票可能未被邮寄，而是由内部人员放入系统的。应付账款人员应注意未折叠的发票和以下事项：

　　■ 供应商在两个不同地址收到付款。

　　■ 多个供应商具有相同地址。

　　■ 供应商与员工具有相同的地址。

　　■ 供应商使用邮政信箱地址或商业邮件接收代理。

转手骗局

更巧妙的舞弊者不会为不存在的商品或服务开发票。相反，他们使用空壳公司以正常价格购买实际货物。然后他们将这些货物以高价转售给他们的公司。这就是所谓的转手骗局。舞弊者通常是负责为受害公司采购的人。将大宗商品采取公开招标的做法可以阻止这种情况，因为竞标价格将低于转手公司的价格。

用公司的钱购买个人物品

以经理购买软件为例，这种舞弊很容易开始。经理询问如何获得某个软件程序，被告知根据公司的办公供应预算提出正式申请。经理可以批准购买，因为购买金额只有几百美元。软件到了，职员把它直接送到经理那里。经理订购、批准和接收货物，没有职责分离。此时，经理意识到任何东西都可以在合理的范围内购买，无论是用于个人还是商业用途。只有良心和担心被抓的恐惧，才能控制经理的行为。这就大部分内部舞弊的起因。员工发现一个没有强有力控制的区域并利用它。这就是 Cressey 的舞弊三角理论中提到的"机会"。

高管洞察 7.1：费用报告舞弊：按我说的做，而不是按我做的做

费用报告舞弊是最常见的资产挪用舞弊之一，经验表明，公司各级员工都可能参与其中。当受害者是受人尊敬的高等研究院所的公司治理中心时，尤其令人尴尬。这个故事涉及弗洛伦西奥·罗佩兹·德·塞拉恩斯（Florencio Lopez-de-Silanes），他是著名的金融和经济学教授，也是著名的耶鲁管理学院国际公司治理研究所的主任。罗佩兹·德·塞拉恩斯就公司治理最佳实践向世界各地的公司和政府提供建议。他是俄罗斯公司治理蓝带小组和墨西哥最佳公司实践委员会的创始成员。他在哈佛大学获得了学士学位和博士学位，并在整个职业生涯中取得了巨大的成就和荣誉。[1]

2004 年 9 月，耶鲁大学的管理人员开始调查，"发现了他在酒店、航班和类似旅行费用上重复报销的证据"，自 2001 年以来，总计近 15 万美元。[2]2004 年 12 月，耶鲁大学的高级教职员工被告知，调查"发现了财务违法，正在与罗佩兹·德·塞拉恩斯先生的律师进行谈判，以避免取消他的任期的混乱过程。"[3]2005 年 1 月，罗佩兹·德·塞拉恩斯因"财务不当行为和违规行为"决定离开耶鲁。[4]在罗佩兹的律师发表的一份声明中，教授说，"我很悔恨无意中造成的伤害。除了我对工作的专注，我没有任何借口。我离开耶鲁是因为这是为研究所和所有相关方面做的正确的事情。"[5]随后，耶鲁大学管理学院网站通知说，罗佩兹·德·塞拉恩斯在 2005 年春季休假，并于 2005 年 6 月 30 日正式辞职。

杰克·西格尔（Jack Siegel）是《行善的同时避免麻烦：非营利组织董事和高级职员指南》一书的作者，他在自己的博客上评论，耶鲁大学在处理这一情况时树立了一个很坏的榜样，在这个过程中削弱了大学作为公司治理培训提供者的信誉。西格尔说，在公司治理方面，"透明公开是法宝"，但这里的情况并非如此。他补充道："因此，我们不知道事实，包括具体涉及的金额，罗佩兹·德·塞拉恩斯先生的有意违法行为的金额，或耶鲁会计系统的薄弱程度。如果有公然的不法行为，就不应该进行协商。"西格尔还质疑，这会给耶鲁学生树立什么样的榜样，因为他们

---

〔1〕 耶鲁大学管理学院教员页面。Lo'Pez de Silanes 在 mba. yale. edu/faculty/professors/lo pez. shtml 上个人简介（此链接不再有效）。

〔2〕 Joann S. Lublin：《差旅费促使耶鲁迫使研究院院长下台》，载《华尔街日报》2005 年 1 月 10 日，第 B1 版。

〔3〕 Joann S. Lublin：《差旅费促使耶鲁迫使研究院院长下台》，载《华尔街日报》2005 年 1 月 10 日，第 B1 版。

〔4〕 美联社：《治理专家因财务问题辞职》，MSNBC. com，2005 年 1 月 10 日，载 www. msnbc. msn. com/id/6809368。

〔5〕 美联社：《治理专家因财务问题辞职》，MSNBC. com，2005 年 1 月 10 日，载 www. msnbc. msn. com/id/6809368。

以后在生活中可能也会处于类似的角色。[1]

　　这里有一些教训要吸取。第一，旅行和费用报告舞弊和滥用现象普遍存在，可以在任何公司中找到。始终需要主动监测和预防。第二，任何公司，尤其是知名度高的公司，都必须时刻记住它的行为将会受到仔细审查。任何可疑的决定，都会使组织受到负面宣传。要记住的一个好的规则是，如果最终行动被刊登在《华尔街日报》的第一版上，它将是怎样的？这个故事的一个很讽刺的点是，耶鲁大学管理学院网站当时告知，罗佩兹·德·塞拉恩斯一直在撰写一篇题为"盗窃技术"的研究论文。

薪资舞弊骗局

　　这些骗局可以采取多种形式，从一个人在考勤卡上撒谎，到在工资列表上输入不存在的或是幽灵员工。公司给幽灵员工开了一张工资支票，然后被舞弊者截取并兑现了。使用直接存款只会使舞弊者的操作更加容易。发现幽灵员工的最佳方法是定期检查，以确定是否有多张支票转到某个特定地址或银行账户。寻找两个具有相同社会保险号码的员工也是一种发现幽灵员工的方法。由于缺乏职责分离或审查缺失，舞弊者更容易将幽灵员工做进系统。幽灵员工通常没有保险或税款的预扣。

篡改支票

　　这种舞弊可以是内部的，也可以是外部的。如果看过汤姆·汉克斯（Tom Hanks）和莱昂纳多·迪·卡普里奥（Leonardo Di Caprio）主演的电影《抓住我，如果你能》，讲述弗兰克·阿巴格纳尔（Frank Abagnale）的生平和罪行，你就会知道过去支票舞弊的世界是怎样的。随着电汇和正支付（Positive Pay）的出现，支票伪造者或"涂裱工"对企业界是一个行将结束的威胁，除非他就是从事支票兑现业务。正支付是银行向其商业客户提供的一项服务，客户公司向银行提供电子文件，列出每个期间所有支票的日期、收款人和金额。如果要求对未列在文件上的支票付款，银行必须在兑现支票之前获得批准。

表 7-2　按发生率划分的支票篡改骗局类型

伪造制造商	50%
收款人变更	20%
授权制造商	15%
伪造背书	11%
隐蔽支票	4%

资料来源：Joseph T. Wells：《职业舞弊和滥用》，得克萨斯州奥斯汀市：Obsidian 出版社 1997 年版，第 159 页。

　　由于超过 50% 的支票篡改是"伪造制造商"骗局，因此正支付受到高度重视。[2]这意味着舞弊者已获得一张空白支票，并伪造了正式签字人的签名。它包括使用伪造的影印件。舞弊者经常在赌场或支票兑现服务处出示这些支票以兑换现金。正支付防止资金从公司的银行账户中提取，因为这些支票不会出现在为银行准备的清单上。弗兰克·阿巴格纳尔（Frank Abagnale）在他的

〔1〕　Jack Siegel：《在耶鲁大学报销费用账户，掏空资金》《照我说的做，而不是照我做的做》，慈善治理咨询公司，载 charity governance. blogs. com/charity_governance/2005/01/tunneling_uuthrou_1. html.

〔2〕　Joseph T. Wells：《职业舞弊和滥用》，得克萨斯州奥斯汀：黑曜石出版社 1997 年版，第 159 页。

《盗窃的艺术》一书中写道："我觉得，正支付是处理伪造或舞弊问题的最佳概念。"[1]这是一个高级别背书。（不同的支票篡改骗局和发生率，见表7-2）

当有效的支票被内部舞弊者截取时，会发生两种类型的支票舞弊。一种类型是舞弊者可能更改收款人，然后将支票转为自己使用。另一类型是支票舞弊发生在支票被截取和背书被伪造时，舞弊者冒充收款人并兑换支票。

当有签名权的人给自己开支票时，授权制造者骗局就发生了。隐蔽支票是把假支票混在有效支票中，让正式签字人签字。

为防止支票截取舞弊，支票一经准备好，应直接邮寄给收款人。员工和承包商不得亲自收取支票。电子资金转账是一种很好的方式，因为它减少了可接触到可流通单据的人数。

对于舞弊者来说，支票有一些很大的缺点：它们会留下审计痕迹、笔迹证据和指印，在交易后的数月甚至数年内都监测得到。使用伪造支票可能涉及面对面交易和虚假的身份证明，这比使用被盗信用卡号码进行长途订单更具风险和难度。信用卡诈骗已经成为一种更流行、更容易和更安全的不诚实谋生方式。一些涂裱工仍然使用"逃脱"策略（如第9章所述），这包括，通过先下一些小订单来成为可信的客户，之后下一个非常大的订单，用一张坏支票付款，然后潜逃。这种"一击命中"的策略是这种骗局的常见操作。

另一种类型的员工支票舞弊是"止付舞弊"。这通常发生在员工离开公司，最后一张工资支票正在邮寄时。员工将等到工资支票邮寄完毕后，要求停止支付，然后要求签发新支票并邮寄到新地址。然后，前员工将尝试兑现两张支票，然后离开。

工资借记卡

除了正支付外，工资借记卡也是遏制支票舞弊的一种很好的方法。财务主管或会计再也不用在支票上签字了。一旦员工发放了一张卡，发薪日就像是通过电子支付进入账户一样简单。员工可以不必有支票账户。工资借记卡就像一张预付信用卡。美国人对塑料制品（指塑料制成的银行卡类）的情缘是有据可查的。没有银行账户，而习惯于兑换支票的员工，将节省支票兑现服务收取的费用，而且员工不必带着大量现金四处走动。据《公司杂志》（INC. magazine）报道，约3000万美国工人没有支票账户。[2]

美国注册舞弊审查师协会（ACFE）的《舞弊审查师手册》列出了一些可能表明公司存在支票篡改的危险信号：

- 作废支票：这些支票应与支票的实物副本核对。
- 遗失支票：表明对支票存货的控制不严。停止支付所有遗失的支票。
- 支付给任何员工的支票，除工资支票外：都应进行审查。
- 更改的支票或双重背书：这可能意味着舞弊。[3]

贿赂、回扣和操纵投标

在世界许多地方，贿赂是一种正常的商业交易。贿赂会带来影响，是在法治薄弱地区经商的不幸代价。如果向外国政府官员行贿，意图影响官方行为，可能会导致违反《反海外腐败法案》

---

[1] Frank Abagnale：《盗窃的艺术》，纽约：百老汇出版社2001年版，第57页。

[2] Nicole Gull：《消除发薪日的痛苦》，Inc.，2005年1月，第36页。

[3] 美国注册舞弊审查师协会：《舞弊审查师手册》，得克萨斯州奥斯汀：ACFE 2006年版，第1节，第530页。

或《英国反贿赂法案》，详见第 15 章。商业贿赂涉及支付款项，以影响依所在职位有能力做出非面向政府的商业决策的人。

腐败计划包括：

1. 商业贿赂：A 公司向 B 公司的某特定人员支付款项（无论 B 公司是否知情或同意），以影响该人员做出有利于 A 公司的决定。A 公司愿意支付，而受贿者也接受了这笔钱。例如，一家银行贿赂一家公司的决策者，将该公司的银行业务引向该银行。

2. 回扣：A 公司向 B 公司多收费用或提交伪造的发票。B 公司内部有共犯帮助掩盖舞弊行为，以换取部分收益返回到共犯手中，以此作为持续交易的基础。例如，采购人员批准供应商开具虚高的发票，以换取返给自己的一部分利润。

3. 操纵投标：A 公司和 B 公司竞标一个大型合同。B 公司负责招标的人员主动提出帮助 A 公司赢得合同，以换取一定比例的合同利润。一旦达成协议，舞弊方可能在合同中指定只有 A 公司可以提供的项目，或者通过传递内部信息确保 A 公司的出价最低。一个舞弊者甚至从根本不存在的公司那里提交虚假的投标书，所有这些投标书都高于同意向他行贿的公司。一旦合同授予 A 公司，舞弊方将保持这个关系，并继续获得部分利润。例如，公司贿赂投标律师，让律师忽略公司没有推荐信、工作经历或其他要求的资格等事实。投标律师帮助公司伪造适当的文件，以换取合同的部分利润。

腐败的危险信号包括：

■ 一个公司支付的价格超过了现有最佳的价格。

■ 非常具体的要求，往往有利于一方投标人。

■ 项目被分为两个合同，以使其保持在审查限制或批准权限内。

■ 公司提交投标的时间窗口非常窄。

■ 一个过于成功的投标人持续中标。

■ 投标律师和投标人之间的社会接触。

■ 从一个新供应商那里获得质量较低的货物。

■ 负责公司采购的职员，生活超过其收入水平。

有各种各样进行贿赂且不会被发现的方法。许多贿赂的形式是赠送昂贵的礼物、旅行、毒品或性恩惠。当然，最受欢迎的贿赂或回扣的形式是现金。当涉及到非常大的金额时，现金并不总是实用的。超过 10 000 美元的现金交易，就要求向政府报告可疑活动。给受贿人提供现金的受欢迎的方法之一是为其申请贷款。由行贿的公司代受贿者还款。这个想法的一个变体是，行贿者向受贿者的信用卡还款。在某些案例中，行贿者只是简单地将信用卡交给受贿者，然后支付账单，账单直接寄给行贿者。贿赂的形式可以是以低于市场价值的价格出售的房屋，也可以是受贿者的配偶受雇于行贿公司，获得高薪或不用上班。

每个行业都有败类。在 Home Box Office（HBO），印刷服务总监因向供应商索要超过 40 万美元的回扣，以换取他们获得 HBO 的广告业务，在 2004 年被判五年缓刑。她用其中的一部分钱在曼哈顿的广场酒店举行了一场奢华的婚礼。[1]

〔1〕 Jim Edwards：《上当受骗》，载《品牌周杂志》2004 年 11 月 1 日，第 24 页。

高管洞察7.2　FRANK GRUTTADAURIA：流氓员工

流氓员工会给组织造成巨大的财务和声誉损害。流氓员工一般不会因自我内疚或者自我理性的改变而亲自揭露舞弊。然而，这恰恰发生在流氓员工弗兰克·格卢塔达瓦里亚（Frank Gruttadauria）的案例中。2002 年 1 月，Gruttadauria 给联邦调查局克利夫兰办事处发了一封信，声称自己是雷曼兄弟在克利夫兰经纪公司的总经理。Gruttadauria 在供认信中，说："在过去的 15 年中，我通过各种方式挪用资金，导致了其他违法行为。它发生在雷曼兄弟的经纪公司、SG Cowen 证券公司、Cowen & Co. 公司、Hambrecht & Quist 公司和 LF Rothschild 公司。"[1]

FBI 开始了调查，雷曼兄弟也是如此。人们发现，Gruttadauria 有一台"独立"计算机，与雷曼的计算机网络没有连接。这台计算机允许 Gruttadauria 创建虚假的客户账户报表，并将其发送给客户。对雷曼的实际客户报表和 Gruttadauria 电脑中修改过的报表进行比较后发现，在 110 个案例中，"邮寄给上述客户的报表包含了总计大约 2.89 亿的虚开值，而同一天雷曼兄弟客户账户的实际账户价值仅约为 1200 万美元。"[2]

Gruttadauria 多年来偷了数百万美元，却没有人知晓。在雷曼兄弟（Lehman Brothers）工作之前，他曾在 SG Cowen 工作，并在那里实施了同样的舞弊行为。联邦调查局最初估计，他伪造的客户账簿，高达 3 亿美元。[3] 对 Gruttadauria 签发了逮捕令，进行了全国范围的搜查后，他于 2002 年 2 月 9 日向当局自首。后续调查发现，Gruttadauria 开展了一场庞氏骗局，从一个投资者那里拿钱，然后付给另一个投资者。他在其最富有的投资者不知情的情况下，把钱从他们的账户中转移出来，去满足其他客户的提款需求。[4] 他这样做，是为了避免在清理客户账户时被发现。他把客户对账单转移到他开的邮箱里，然后给客户发送虚假的对账单，上面显示了虚增的余额。他逃跑时制造了个假身份，以防止被执法部门发现。

2002 年 2 月 21 日，证券交易委员会（SEC）指控 Gruttadauria 和他控制的两家公司，DH Strategic Partners 和 JYM Trading Trust，在 15 年内对 50 多个客户进行了大规模舞弊。2002 年 8 月，Gruttadauria 面对证券舞弊、邮件舞弊、身份盗窃以及向银行提供虚假报表这些指控承认有罪。他后来被判七年有期徒刑。

Gruttadauria 的最后一任雇主雷曼兄弟（Lehman Brothers）可能没有注意到那些危险信号。1999 年，他获得了近 600 万美元的佣金，而行业平均水平为 48.55 万美元。他还获得了近 300 万美元的工资。[5] 在给 FBI 的信中，Gruttadauria 说，"各个公司的贪婪和高层的缺乏关注极大地"促成了他的舞弊行为，"我几乎无法相信，我可以这么长时间做这些，都没有被发现。"[6]

---

〔1〕　美国证券交易委员会，原告，诉 Frank D. Gruttadauria，DH Strategic Partners Inc.，JYM 贸易信托，美国俄亥俄州北部地区法院，2002 年 2 月 21 日，1：02cv324，6。

〔2〕　美国诉 Frank D. Gruttadauria，刑事起诉状，美国俄亥俄州北部地区法院，2002 年 3 月。

〔3〕　Susanne Craig, Charles Gasparino：《雷曼兄弟的 Gruttadauria 计划使用化名 French Francs 跑路》，载《华尔街日报》2002 年 2 月 12 日，第 C8 版。

〔4〕　Teresa Dixon Murray, John Caniglia, Bill Lubinger：《咖啡先生共同创办人，福布斯上榜公司损失数百万美元》，载《克利夫兰平原商报》2002 年 2 月 7 日，第 A1 版。

〔5〕　Charles Gasparino, Susanne Craig：《不知去向：雷曼的经纪人消失，留下大量损失和问题》，载《华尔街日报》2002 年 2 月 8 日，第 A1 版。

〔6〕　Charles Gasparino, Susanne Craig：《不知去向：雷曼的经纪人消失，留下大量损失和问题》，载《华尔街日报》2002 年 2 月 8 日，第 A1 版。

受骗的投资者还认为，Gruttadauria 并不是唯一一个应对舞弊负责的人。他们指责雇用 Gruttadauria 的经纪公司，没有采取足够的措施来发现和阻止舞弊。如果多关注内部控制、合规和舞弊预防计划，就可能更早地发现舞弊。Gruttadauria 在他工作的经纪公司的自由统治，可能是导致舞弊行为长期未被发现的原因。他创建了虚假的账户对账单，使用邮政信箱发送客户对账单，并拥有一台未连接到公司网络的个人电脑，但没有任何合规计划发现这可能是舞弊行为。

被骗的投资者起诉 Lehman Brothers 和 SG Cowen，要求他们归还被骗的投资。俄亥俄州 Cuyahoga 县的一名检察官威胁称，将根据"故意盲目性"为理由追究其刑事责任，因为他们未能发现和阻止舞弊行为。因此，Lehman Brothers 和 SG Cowen 于 2004 年 1 月同意分别向县检察官支付 174 万美元和 450 万美元，以了结案件并避免受到刑事指控。[1] 两家公司还与美国证券交易委员会（SEC）达成民事诉讼和解，但不承认有任何不法行为。雷曼兄弟同意向 SEC 支付 250 万美元，SG Cowen 同意支付 500 万美元。[2]

170

---

〔1〕 《公司同意支付经纪基金》，载《华尔街日报》2004 年 1 月 8 日，第 C7 版。

〔2〕 Ann Davis, Susanne Clark：《Cowen, Lehman 要解决经纪人的舞弊案件》，载《华尔街日报》2004 年 1 月 6 日，第 C6 版。

第八章　前舞弊犯和新人

 摘　要

171

当听说一个人实施了公司舞弊，为此遭受了牢狱之灾，还蒙受了人格和职业上的羞辱，但最终得到了救赎的事情后，我们就能够学到很多。公司舞弊犯沃尔特·帕夫洛（Walt Pavlo）通过"做假账"骗取了一家公司将近 600 万美元。他认为公司员工基本上都很好，但被制度给腐蚀了。是诱惑、贪婪和机会交织在一起，使他转向了黑暗的一面，为此他付出了沉重的代价。帕夫洛以前的公司有许多临时员工和人工交易，几乎不存在舞弊预防和内部控制。高层的基调是"完成数字任务"。

与沃尔特·帕夫洛对话

172

本书中所讨论的大部分内容涉及公司舞弊犯的犯罪行为。当舞弊被发现时，有些人并不承认，并依其宪法和法律权利，在法庭上对抗检察官的指控。有些人则对自己的犯罪行为负责，认罪，并承担后果。承认自己的行为是错误的，这只是救赎过程中的第一步。

沃尔特·帕夫洛就是承认错误的范例。20 世纪 90 年代中期，他是电信巨头 MCI 的信贷和收款高级经理，当时该公司还未被世通收购。帕夫洛在经销商部门负责计费和收款流程。他的部门很难从经销商那里收取费用，但帕夫洛想出了一个狡猾的方法来解决这个问题。他开始做假账，并且在 1996 年 4 月到 1997 年 1 月，他与同伙共诈骗了 MCI 将近 600 万美元。

当公司意识到这起舞弊案后，马上开展了一项内部调查，最终涉及到联邦调查局和国税局。当压力增加到临界点时，帕夫洛向联邦调查局自首，承认了自己的罪行。他对电汇诈骗、洗钱和妨碍司法等罪行供认不讳，最终在 2001 年 3 月被判近三年半的有期徒刑。在狱中，他表现很好，还完成了一个药物和酗酒滥用项目，因此获得了减刑。随后，他被调到一个过渡教习所住了六个月，并于 2003 年 3 月获释。帕夫洛现在在全国各地主要的大学商学院、专业协会、公司和执法机构讲授他在商业生涯中犯下的错误。

1985 年帕夫洛从西弗吉尼亚大学（West Virginia University）毕业后，获得了工程学学位，随后他加入固特异航空航天公司（Goodyear Aerospace），担任其军事防御部门的评估员。在那里，他设计并实现了复杂军事合同的计算机评估系统。他于 1988 年离开固特异，在 GEC 航空电子有限公司工作。帕夫洛是一名高级合同管理员，负责向世界各国售卖的军用航空电子设备的定价和谈判。在 GEC 航空电子公司工作期间，他完成了在默瑟尔大学（Mercer University）的高级工商管理课程。1991 年毕业后，他开始寻找一份更适合他新取得的金融学位的工作，并接受了位于乔治亚州亚特兰大市的 MCI 电信公司的工作。他晋职为信贷和托收经理，三年内被任命为每月 10 亿美元的客户投资组合的高级经理。这些客户代表的是从 MCI 购买长途电话，并以自己的品牌转售的批发运营商客户。其中一些客户是 Sprint 和 AT & T 等家喻户晓的公司；还有许多客户是放松管制后的新兴长途电话公司。

当作者要求帕夫洛接受这本书的采访时，他欣然同意并回答说："我很感谢有机会就白领犯罪这个重要主题，及其对社会、受害者、被定罪的罪犯及其家庭的负面影响发表我的意见。"以下采访为帕罗夫的原话。无论人们是否同意他的意见，他都提供了不少值得思考的东西。

问：请解释一下你参与的舞弊计划。

答：1995 年间，MCI 经销商部门的一些客户开始拖欠付款。每个人（长途服务经销商）似乎都在作弊，这让我很沮丧。于是我和公司外的一个人制定了一个中饱私囊的计划。

我给 MCI 的客户施加压力，要求他们付清欠款，不然就中断线路。还给他们设定了一个付款期限，如果超过这个期限，服务就会中断。然后，客户会不顾一切地筹集资金以满足付款需求。这些金额通常以百万美元计。为了让我们公司看起来炙手可热，每过一两天，我的同伙就会到 MCI 客户门前，装成一个想收购电信公司的投资者。这时最容易得手。

我的同伙会派会计去检查客户的财务状况。最后，天使投资人会建议他为客户还清欠 MCI 的债务，这样他们就可以建立财务关系了。作为偿还这笔债务的回报，天使投资人需要一大笔费用，通常情况下约为 25 万美元，来将投资集中起来，并在每周对开曼群岛账户支付的款项中，积极偿还贷款。

客户这时急需用钱，很快就接受了。然而，天使投资人从来没有寄钱来偿还欠 MCI 的债务。相反，我在 MCI 做了假账，给客户留下了天使投资人已经支付了未清余额的印象。客户认为已经还清了债务，开始把钱汇给开曼群岛。我的同伙及我和七个 MCI 客户一起做了这件事，六个月内，开曼账户那里收到了 600 万美元。

问：是否有内部控制措施可以预防你的舞弊行为？

答：我的罪行拖了很久才被发现，是基于一个简单事实——没有人会质疑好消息。MCI 的许多客户没有支付他们的发票，所以每当他们因为我的计划突然可以支付 200 万美元时，这是一个不会有人质疑的好消息。每个人都愿意去相信这个好消息。我的老板们相信，内部审计人员相信，客户甚至相信天使投资人可以在几天内拿出几百万美元来偿还其对 MCI 的债务。好消息很少受批评，也很少被调查。若是我的老板和内部审计小组问我一个简单的问题，支票在哪里？我是不可能提供的，也不准备伪造。

问：MCI 的内部控制是如何崩溃的，以至于你和你的同伙实施了这么多个月份的舞弊行为而没有被发现？

答：第一个出问题的地方是我们对临时承包商缺乏控制。在该部门的 120 人中，为 MCI 全职工作的近 50% 是临时承包商。与许多快速发展的公司一样，MCI 为了满足了工作负荷增加的需求，和降低全职、长期员工的管理费用，雇用了临时助工。在这种环境下，员工每年的流动率都超过 100%。随着新员工的到来，密码控制、培训问题等挑战也随之而来，而且仍然需要通过现有的员工来满足月末的业绩要求。其结果是，员工之间经常共享密码，培训总是匆匆忙忙，没有经验的员工可以看到任何交易，也不会对交易的合法性提出任何问题。

由于多年来的收购，MCI 也有多个计费平台。这在 20 世纪 90 年代末期通过合并与收购进行整合的许多长途运营商中很常见。为了适应这些不同的计费平台，收入被合并到一台个人电脑上。在个人电脑上，分析师会计算合同费率，然后手动将适当的贷项或借项记入主应收账款系统。对于一些公司来说，这可能是可以管控的，但是在 MCI，我们每个月都有数千万美元通过人工计费系统从账户中贷记。许多公司面临着审计离线计费系统以适应最新的特殊定价的挑战，大多数公司使用手动数据库或电子表格程序来实现他们的预期目标。对人工计费系统的检查很少，因此审计控制也存在重大漏洞。

如果要将高员工流动率、宽松的审计控制和部门积极的财务目标结合起来，可能会形成有助于舞弊发生的特殊情况。虽然宽松的控制条件方便了员工快速和看似有效地完成工作，但它也为后期舞弊的实施创造了越来越多的机会，即使我们在开始时并不知道这一点。MCI 的收款目标非常激进，以每月注销的坏账金额以及未付销售天数（发票发送给客户和发票支付之间的天数）来衡量。这些绝对目标是经过衡量的，但实现这些目标的手段受到薄弱的内部控制的制约。如前所述，许多员工都是承包商，他们知道获得聘用的最佳方式是做好工作。一份好工作是以最低数额的坏账和未付销售天数来衡量的。这种心态并不是临时员工特有的，只是管理层和高管的意识体现。

问：MCI 有没有制定正规的舞弊预防方案？如果没有，会有什么不同呢？

答：我想 MCI 已经制定了舞弊预防方案，尽管我从未听说过。作为一家财富 100 强的公司，我认为这样的计划应该到位，但我从来没有参加过与该计划相关的课程，也没有受过任何舞弊预防或伦理计划相关的指导。

很难说这会不会对我的罪行造成不同。有一个计划的确很重要，但是如果管理层更关心结果，而不是获得结果的手段，那么在这样的环境中，恐怕不是所有的舞弊预防计划都会奏效。有鉴于此，最好的舞弊预防是让管理层参与进来，提出问题，就如何实现目标给出明确的答案。缺乏对管理层的问询提供了一层秘密的面纱，以至于可以在没有管理层加入的情况下，做出个人决定。

问：你能解释一下你对适当的内部控制和健全的舞弊预防计划的重要性的看法吗？

答：许多参与白领犯罪的人，都是初犯，他们任职掌权后就滥用了职权。如果此人知道他的行为会被公司内部的控制措施发现，他们很可能不会试图犯罪。白领之所以犯罪，是因为他们不相信自己会被抓。

管理层应该知道，他们的员工为实现既定目标愿意不惜一切代价。当这些目标与现实相冲突，即可能没有合法的方法来实现这些目标时，员工会寻求解决方法，即使是用包括舞弊的方法。员工取悦高级管理层的愿望很强烈，年轻且经验不足的员工更是如此。这不应被误解为说管理层应对员工或流氓员工的所有行为负责，而是要认识到，取悦他人的欲望是一种真正会影响良好决策的压力。

问：如果你是 MCI 的主管，知道你现在所知道的情况，你会建立什么样的内部控制和预防措施？

答：首先是将收款活动与应收账款管理的职权分开。我处在负责这两项工作的位置——既负责完成收账目标，同时还要确保账目的准确。当应付不过来时，更重要的是满足目标要求而不是准确记账。在我离开 MCI 后，他们就把职权分开了。

审计应该集中在账单系统和应收账款过账系统的自动化上。由 100 多名分析师生成的手工交易仅由少数人手工审计。这样一来，审计人员就"寡不敌众"，永远赶不上了。此种情况下，在一堆超过 10 亿美元的资金（MCI 在运营商部门的每月应收账款余额）中找到几百万，相当于大海捞针。

问：我们的理解是，在你被指控之前，你从未实施过舞弊。是什么让你转而实施舞弊？

答：虽然我对自己的罪行负全责，也为此付出了巨大的代价，但我对 MCI 的客户（长途经销商）和对我的部门采取极端绩效衡量措施的 MCI 高管的非伦理行为感到沮丧。回想起来，正是因为我想取悦我的管理层，才迫使我努力提供预期的结果。有一段时间里，即使是通过越界来达到财务目标，也会让我对自己的工作感觉好一些，因为我希望某一刻它可以停下来。然而随着时间的推移，我做了越来越多的虚假财务交易，我觉得自己被利用了。这一想法促使我进一步采取更为离谱的行动。

在我最沮丧的时候，我遇见了一位在 MCI 之外工作，想找一份新工作的人。然而，当我告诉他我的沮丧，MCI 的客户行为，以及我正在做的"创造性的簿记"时，他有了一个主意。在几次会面之后，我确信在电信领域取得成功的唯一方法就是学会如何作弊。很明显我错了，但是现在已经倒闭的电信公司的计分卡和行业内过分的财务舞弊向你们说明了我所处的环境。请记住，我的客户是 Global Crossing、Winstar、Qwest 和 WorldCom 等公司，他们都因其"创造性"的商业行为而声名狼藉。

问：当你实施舞弊行为的时候，有没有担心会被抓？　　178

答：我很担心，但我觉得我不会被抓住。与任何内部控制相比，我的良心更使我不安。我们能够轻松地在 MCI 内部转移资金来掩盖我们的舞弊行为，还能轻松地说服 MCI 客户与天使投资人合作，这一点很重要。我们一直沿着犯罪这条路来保持好消息，没有人质疑我们是如何做到的。

我以前从未舞弊过，这对于我来说是一个新的经历。我很兴奋，但不是好的兴奋，而是兴奋得让我想呕吐。一旦钱开始流动，有时我觉得我应该得到这笔钱，以及它带给我生活的暂时兴奋。然而，当我晚上上床睡觉的时候，发现自己孤单一人，我恶心我现在的样子。在犯下第一个舞弊行为的 8 个月内，我几乎神经崩溃，无法再正常工作。虽然我没有被抓住，但我想结束这场疯狂的犯罪。

问：MCI"高层基调"的存在与否，有没有影响你的所作所为？

答：MCI 的基调是"满足业绩（的数字）"。当数字被满足时，就没有问题了，你会得到嘉奖，然后再迅速转到下一个问题，然后重复。我们是一家快速发展的公司，除了"继续工作下去"，几乎没有时间去进行反思，或为任何事情设定基调。培训和反思业务如何完成，主要留给个人来做。

问：你贪污的钱并没有使你的生活变得更好，你能解释一下你陷入绝望的原因吗？

答：我认为许多人可能会把参与白领犯罪视为约翰·格里沙姆（John Grisham）小说中所描绘的那样。然而，对于一个正在卷入数百万美元离岸账户的复杂犯罪活动的人来说，清晰地思考和自我控制是不正常的。这太可怕了。在昂贵的商店中购物以及旅行，并不能消除内疚和恐惧。　　179
曾经有人问我，当我被发现后为什么不逃离这个国家，好像逃跑可以解决这个问题。我没有智力能力去理解，如何在与世隔绝的小岛上生活。犯罪和金钱只会摧毁我清晰思考的能力。在与监狱其他白领罪犯谈话之后，很明显我们都没有准备好面对卷入犯罪的压力。工作本身的压力，与从公司挪用资金时所经历的压力相比，是微不足道的。

问：当你意识到舞弊行为被发现时，你有什么想法？能详细描述一下吗？

答：我厌倦了逃跑，所以当我知道他们（当局）发现的时候，是一种解脱——我不用再继续做这些让我发疯的事情了。然后一想到要受到惩罚，还要为自己的行为受到追责，我就非常厌倦。我不想听起来像个懦夫，但我很害怕，不敢面对犯下的错误和相应的惩罚。最重要的是，我开始意识到这会对我的家庭（妻子和两个年幼孩子）产生影响。每次做非法的事情时，总是在担心自己，想着怎样才不被抓住。但一旦被抓住了，并且跳出对自己的惩罚看，才发现家人也是受害者。任何进过监狱的人都会告诉你，真正的惩罚不是监禁，而是对家庭毁灭性的影响。

问：承认罪行、认罪和入狱，最困难的是什么？

答：到目前为止，最困难的部分是对我家庭的影响。我不想说得太详细，但这种探访自己在监狱里所爱的人的痛苦，所有人应该都能想象。生活中人人都犯过错误，但谢天谢地，知道这些错误的人很少。我犯下的错误是最公开、最悲惨的。如果你知道自己去坐牢，是很容易的。但事实是在这个过程中，你和许多你爱的人一起受了罚，生活被永远改变。在现在写这些时，我已经出狱两年了，但在动笔时仍感到十分悲痛。我只能盼着今后的两年会越来越好，但是监狱经历对全家人的影响永远都不会消失。在这种意义上，我被判了无期徒刑。

180　　**问：在监狱里你遇到了其他的公司舞弊犯。在你们互动过程中有让你感到震惊的事情吗？**

A：我只和那些能面对失败、明白自己为什么会坐牢的人来往。有些囚犯控制不住自己的行为，觉得自己不该被监禁。我不和这种人来往。但我也遇到了一些真诚地为自己的行为感到后悔，甚至在监狱里也在努力恢复的人。我们一起祈祷，一起哭泣，互相扶持，讨论时事。当 Enron、WorldCom 和其他大型公司舞弊案被揭发时，我正在监狱里，这引起了在餐桌上的热烈讨论。我们不是在为相关人员的犯罪行为开脱，我们只是都理解导致他们舞弊的压力。

问：你觉得监狱生活怎么样？

答：媒体把白领重刑犯的监狱描绘成俱乐部那样，有游泳池、高尔夫球场、夫妻探访和休闲生活，这对社会是不公平的。没有什么事情比这更离谱的了。白领重刑犯和普通罪犯关押在同样的条件下。在我所在的南卡罗来纳州埃奇菲尔德的监狱里，大约有 500 名罪犯，其中大约 50 名是白领罪犯。其他人主要是毒品罪犯和伪造者，他们要么被判处短期徒刑，要么在监狱系统中努力工作，最后被关在具有最低戒备的监狱。

这种生存很艰难，失去家园、家庭和自由。在监狱里的经历中，没有一天我觉得是好日子。都是很孤独和痛苦的，但不知不觉中学会了克服和生存。要做到这一点，你必须让你的生活远离麻烦，所以我从写作、书籍和冥想中寻求安慰。

我讨厌监狱，而这正是你应该做的。这是一个不友善的地方，没有爱，也没有任何让生活变得有价值的便利设施。监狱是一种惩罚，媒体需要把这个事实公之于众，而并不是把它包装成俱乐部。

181　　**问：在《萨班斯-奥克斯利法案》颁布前的几年里，你就犯下了舞弊行为。它会阻止你吗？**

答：我认为《萨班斯-奥克斯利法案》的独特之处在于，它使每个人都对其伦理行为负责。在过去，高管们忽视了非伦理或非法的活动，但以后不再是这样。高管对公司内的违法者的处理和他们自己的违法行为一样重要。如果不对违法行为进行监管或做出反应，监管者现在就会受到惩罚。在这种环境下，因非伦理行为而被抓住的机率非常高，这样测试公司财务系统的机会就会减少。它会阻止我吗？我想是的，但即使它没有阻止我，我也会早点被抓住。如果这样说，我不知道我们是否可以立法让所有国民的行为始终符合伦理。最后，良好、积极的管理层比任何新报道的立法，都能更好地阻止舞弊发生。

问：你认为《萨班斯-奥克斯利法案》增加对舞弊行为的刑事处罚是否起到了威慑作用？

答：我不认为提高刑期可以解决问题。尽管我深信监禁是一种惩罚，可以有效地改造罪犯，特别是对白领罪犯，但没有必要判处这些很长的刑期。我认为答案在于，经济解决方案才是解决经济犯罪问题的办法。白领罪犯的财产应该被没收。我的做法是，让他们放弃所有财产，几年后重新审视自己的行为，重新开始生活。政府让一个人蹲监狱，银行里却还有几百万美元。这反映了金钱比人命更重要，对于美国这样重视生命的社会来说，这是很过分的。需要明确的是，进监狱时我没有钱，出狱时也没钱。今天我的生活与以往不同，物质的东西很少，未来也会保持这样。保持较低的开销，使我摆脱了我曾经给自己带来的一些压力。

如果单凭判决收监就能阻止犯罪，我们就不需要《萨班斯-奥克斯利法案》中的程序。《萨班斯-奥克斯利法案》不会消除白领犯罪，但它确实提高了内部控制和监管的门槛，这些都会使高管考虑到被抓的可能性很高，因此就不值得冒险。

《萨班斯-奥克斯利法案》和各种内部控制应该被视为一种像保护股东一样来保护员工的方法。无论是在职业方面还是在个人方面，员工都经常感到压力。在这些压力下，必须为员工提供一个安全和合乎伦理的工作环境。这种环境中的诱惑有限，他们可以集中精力解决手头的事情。一个非伦理或管理松散的组织，可能为员工的问题提供一个看似简单的解决方案，或者一个快速满足自我的方法。我相信而且也看到了，这样的环境会把一个好员工变成一个骗子。

问：你会向公司高管和其他商界人士发出什么信息，以说服他们永远不要舞弊？

答：就像你的家人会分享与你做出的有益的和符合伦理的决定相关的财富一样，他们也会分担你做的不符合伦理的决定所带来的痛苦。很多时候，那些参与白领犯罪的人认为，他们的行为只会影响到他们自己，但这与事实相差甚远。它影响到家庭、同事、下属、上级（我们都有上级，甚至是 CEO）和朋友。在独自想要做出可能不符合伦理的决定时，看看桌子上的照片，让它告诉你怎么做。你的决定会对他们的生活造成多大影响？你愿意牺牲你的诚信，来达到工作中的财务目标吗？如果这些事情也会让你家人受累，你还会做下去吗？

问：你现在是公司舞弊问题的演讲者，在世界各地进行了大量的演讲。当听众知道你所做的事情时，他们对你有何反应？

答：除了我自己的罪行，我从来不认为我是其他任何方面的专家。我真的很尊重我演讲这几年遇到的许多专业人士，我不会假装自己是并非熟悉领域的专家。即使是在这里交流，我还是根据自己的经验，从自己的角度来回答。这种方法不仅使我成为一个更好的演讲者，而且使我在听众中具有可信度。我演讲的听众们希望听到一个故事，让他们比来之前更加聪明。

对我来说，最想向听众传达的是，我把他们看作是我犯罪的受害者。在某些方面，我的罪行代表了贪婪和金融市场信任的缺失。作为受害者，观众应该听到我说的四件事：

1. 我对我的所作所为和我伤害过的人深表遗憾和歉意。
2. 我承认我的罪行并从中吸取教训。
3. 我因自己的罪行受到了惩罚，也承受了可怕的后果。
4. 通过演讲和分享我的故事，我找到了回馈社会的方法。

这样观众就可以看到司法系统是有效的。我认为，这是媒体在报道那些似乎没有受到真正惩罚的广受关注的案件时，所忽略的一点。

第九章 外部计划和骗局

——舞弊故事的其余部分

 摘 要

185

为了得到充分保护，公司需要关注的不仅仅是内部舞弊计划，比如财务报表舞弊和资产挪用。他们同样容易成为外部欺诈的受害者，如庞氏骗局和爆仓骗局。信用卡欺诈也是影响消费者和公司的常见类型。信用卡欺诈造成的损失可能是巨大的，网络欺诈的潜在影响，能够损害企业之间以及企业与客户之间的信任关系。公司欺诈解决方案必须包括积极主动的措施，以获得充分保护。地址验证服务（AVS）和银行卡安全值（CSV），也称为银行卡安全号码（CSN）、持卡人验证值（CVV）或银行卡安全代码（CSC），是防止信用卡欺诈的工具。这些和其他检测与预防解决方案，必须用于成功的网络欺诈预防计划。

庞氏骗局

186

20 世纪初，查尔斯·庞兹（Charles Ponzi）从意大利来到美国追求美国梦。到 1920 年，庞兹说服波士顿的许多受害者投资他的"太好了，以至于不可能是真的"的投资交易。这是一个"抢劫彼得来支付保罗"的计划。通过用新投资者的资金向早期投资者支付高利率的回报，庞兹很快得到了大量的好口碑。许多在初始投资中获得 50% 回报的投资者继续投资于庞兹。很快，庞兹每天从投资者那里得到数十万美元。庞兹拿了 2000 多万美元，支付了 1500 万美元的利息，剩下的 500 万美元花在了他自己和妻子身上。

当局关闭了这项计划，并将庞兹送进监狱服刑 10 年。1949 年他在巴西一贫如洗地死去。今天，任何用后来投资者的钱向早期投资者支付回报的欺诈性投资计划，都被称为庞氏骗局。不幸的是，我们并没有从过去吸取教训，庞氏骗局仍然司空见惯。

马多夫骗局

2008 年金融危机的一个后果是，它揭露了许多庞氏骗局。投资者从这些骗局中提取资金，以弥补市场损失和其他支出，结果其中许多骗局破产了，而且经常是以惊人的方式。受害者和肇事者的情况都千差万别，有家庭教师协会的母亲，[1]有公园大道律师事务所，[2]还有大学足球教练。[3]

当然，有一个骗局远比其他骗局影响更大，那就是马多夫庞氏骗局。2008 年 12 月，一项涉案金额为数十亿美元的骗局浮出水面，但无论是事发时还是之后，它都没有受到媒体的太多关注，所以不得不被认为是有史以来第二大此类骗局。[4]它无法与伯纳德·L. 马多夫（Bernard L. Madoff）和伯纳德·L. 马多夫投资服务公司（Bernard L. Madoff Investment Services，BLMIS）竞争。很少有人能做到。华尔街认为马多夫是这个行业的巨头，是电子交易的创新者之一，也是纳斯达克的前主席。他可以为他的投资者取得其他任何人都无法取得的成果。当然，没有人能复制他的成果，也没人知道他是如何实现的，因为他的金融帝国完全建立在谎言之上。

在很多方面，马多夫的骗局是庞氏骗局的缩影。简而言之，这是终极的庞氏骗局。它采取了有助于骗局成功的所有因素，并完善了它们。马多夫的天才体现在两件事情上：一是其投资基金的排他性；二是其回报的一致性。然而，该骗局同时具有扩张性和排他性，给投资者提供了适度的或巨大的回报。总的来说，该骗局造成了前所未有的损失。

骗局

就规模而言，马多夫是最大的庞氏骗局。投资者损失了近 2000 万美元的现金，账面损失约 6500 万美元。有数千人直接向马多夫投资，还有数千人投资"支线基金"，支线基金将资金输送给马多夫，而投资者甚至都没有意识到这一点。数千人失去了他们的毕生储蓄，被迫卖掉自己的房子，向其他家庭大量借款，而这些家庭也经常因马多夫骗局受损。

这是一个利用亲近关系的骗局。马多夫利用其社会团体的关系，不断操纵受害者并获得新的资金。他是纽约犹太社区的支柱人物，积极参与慈善事业。在华尔街取得成功被视为投资奇才后，受害者完全信任他，把他当作投资的向导。即使是那些质疑马多夫的成功，认为不可能有持续返利的人，也信赖马多夫，没有公开反对他。

他总是先拒绝潜在投资者好几次，然后才最终让他们进来。在骗局刚被戳穿时，人们都认为受害者是百万富翁或者富人。事实上，很多普通人把他们的毕生储蓄都投资在他身上，很多人把家人朋友的钱凑到一起，以达到最低投资额，这进一步放大了伤害。

马多夫希望尽可能减少伯纳德·L. 马多夫投资服务公司（BLMIS）投资者的数量，既为了保持自己的形象，也为了减少他必须为其所谓的投资者准备的虚假账户报表。这应该是一个危险信号，因为像 BLMIS 这样的对冲基金放弃投资是不寻常的。然而，即使他拒绝了业务，也能积极地从欧洲到中东等世界各地的基金中招募新的投资。这给他带来了急需的资金，而不需要任何麻烦的个人记录。

对于投资者来说，其回报的一致性也应该是一个主要的危险信号。在科技泡沫破灭、"9.11事件"之后的市场崩溃等情况下，他怎么能保持同样的 10% 到 15% 的回报率呢？不管经济情况如

〔1〕　Andrew Blankstein：《据称经营庞氏骗局的 PTA 妈妈被控多项重罪》，LAtimes.com，2011 年 7 月 6 日，载 latimes-blogs. latimes. com/lanow/2011/07/prosectorscharge-reputed-pta-ponzi-scheme-moms-with-multiplefelonies. html。

〔2〕　Benjamin Weiser：《律师对 4 亿美元的欺诈案认罪》，载《纽约时报》2009 年 5 月 12 日，第 A23 版。

〔3〕　John Barr：《吉姆·唐南被控参与庞氏骗局》，ESPN. com，2011 年 7 月 28 日，载 espn. go. com/espn/otl/story/_/id/6774323/jimdonnan-former-georgia-bulldog-coach-accused-ponzi-scheme。

〔4〕　明尼苏达州商人 Tom Petters 实施了一项 36.5 亿美元的计划，他声称要购买高端电子产品，然后卖给零售业者。见 Annalyn Censky：《Tom Petters 因庞氏骗局获刑 50 年》，CNNMoney，2010 年 4 月 8 日，载 money. cnn. com/2010/04/08/news/economy/Tom_Petters。

何，"Bernie"却一直是稳健的。为了 BLMIS 的安全和保障，投资者选择投资那些有更高回报潜力的项目。这应该是人们的想法吧。

自相矛盾的是，他的骗局在低迷的年份里表现很好。投资者将他的投资视为避开其他市场动荡的避风港。当市场表现良好时，他却陷入了困境，因为他无法复制合法经纪公司的高回报率，人们会将投资转移到其他地方。他的许多重要投资者都是老年人，因此他们是那种会大量投资然后慢慢撤出的人。与此同时，马多夫向知名客户提供了极高的回报率，这些客户往往有助于招募其他精英投资者。[1]

遗产

自马多夫被定罪并被判处 150 年徒刑后，检察官指控了少数员工，其中两名副手认罪。这个骗局的遗产很可能使后人不会称之为庞氏骗局，而是马多夫骗局。

法院任命的受托人，贝克·霍斯特特勒律师事务所（Baker Hostetler）的欧文·皮卡德（Irving Picard）负责彻底解开这一混乱局面，并收回被窃资产以归还马多夫案的受害者。截至本文撰写之时，皮卡德和他的团队已经收回近 100 亿美元。他们正在向银行和其他金融家寻求数百亿美元之多的资金，据称这些银行和金融家为骗局提供了便利，并从中获得了好处。除了"回收款"程序中的数亿美元资金外，他们还将追回支付给不同投资者的，超过其实际投资的虚假利润。[2]他们已经开始将这些收益分配给受害者，但这一极具争议的诉讼似乎还要持续多年才能彻底解决。

189

爆仓骗局

爆仓骗局是通过当事人对小额订单建立即期付款模式而实施的欺诈行为。在没有问题地处理完几个小订单后，供应商就放下了警备。这时大订单已经定了下来。交付货物时，客户不支付费用，就搬走了货物。如果商品的供应商是骗子，这也可以反过来进行。在这种情况下，供应商提供的价格很优惠，但要求客户在交货前付款。在成功合作几个小订单之后，受害公司对供应商很满意，认为它一定是合法公司。但大订单一旦发出，供应商就拿着钱跑了。

高管洞察 9.1：温迪的"手指骗局"代价高昂

外部欺诈计划可以以多种方式影响一个组织。当欺诈越界，并成为企业和公共关系的噩梦时，与其所造成的声誉损害相比，财务损失可能相形见绌。其中一个例子是温迪国际公司在 2005 年面临的产品篡改事件。温迪国际公司（Wendy's）是全球最大的餐厅运营和特许经营公司之一。多年来，品牌忠诚度和食品高品质的声誉一直是他们成功的支柱。但发生在 2005 年 3 月 22 日的一件事，让他们的成功受到了质疑。

一位在加利福尼亚州圣何塞的温迪餐厅用餐的女士，声称她在刚刚购买的一碗辣椒中发现了一根断指。这个女士对这次经历极为反感。她聘请了一位律师，律师迅速向温迪提起赔偿并威胁要提起损害赔偿诉讼。这个故事成为全国头条新闻，并聚焦于温迪的食品处理方式上。这一事件

---

〔1〕　马多夫信托提起的一项诉讼声称，已故的金融家杰弗里·皮考尔（Jeffry Picower）就是这样一个客户。皮考尔的遗孀达成了 72 亿美元的和解，声称她的丈夫绝不与舞弊行为串通一气，而是想归还这笔钱以帮助马多夫案的受害者。见 Diana B. Henriques：《交易为马多夫舞弊案受害者追回 72 亿美元》，载《纽约时报》2010 年 12 月 18 日，第 B5 版。

〔2〕　例如，见《受托人截至 2011 年 3 月 31 日的第五份临时报告》，Bernard L. Madoff 投资证券有限责任公司清算程序，2011 年 5 月 16 日，载 madofftrustee.com/TrusteeReports.aspx。

催生了深夜脱口秀主持人和其他人的笑话。负面宣传正在产生影响。在温迪餐厅吃饭的顾客少了起来。2005 年第一季度的销售额下降了 150 万美元，部分原因是该女子声称她在食物中发现了断指。温迪在西部地区遭受的打击最为严重，同店销售额下降幅度最大。[1]

温迪接下来的做法值得赞扬。温迪并没有屈服或付出数百万美元来平息这件令人不安的事，而是很快开展了内部调查来了解事实真相。它与圣何塞和其他地方的执法机构合作。每一位餐厅员工和食品供应商都接受了面谈。实施大规模的搜索，是为了寻找任何丢了手指的人和可能是肇事者的嫌疑人。2005 年 4 月 7 日，温迪在他们的网站上发布了价值 5 万美元的悬赏令，悬赏"提供可靠的信息，确定圣何塞餐厅异物来源"的第一人。温迪的总裁兼首席运营官表示："查明这起事件的真相对我们公司很重要。"[2]他还说，"我们的品牌声誉在全国范围内受到了影响"。后来，温迪将奖金加倍，达到 10 万美元，并在报纸上刊登悬赏广告，并列出了免费热线接受举报。[3]

当局用一种新型的"成分追溯"调查方法，来确定"手指样本是否来自温迪的辣椒生产、运输和/或制备过程"。分析没有发现任何证据表明手指与辣椒有关。警方还反驳了这名女士的某些陈述。并做出在她的住处进行搜查的搜查令。此外，警方了解到，这名女士曾对公司提起过"非法妨害"诉讼，一项与此无关的刑事指控浮出水面。2005 年 4 月 21 日，这名女士被逮捕并被控企图实施重大盗窃。[4]

警方后续调查查明，据称在辣椒中的断指实际上是涉案女士丈夫的一位朋友在一次工业事故中弄丢的。事故发生后，这位朋友把断指给了这个女士的丈夫。温迪一直认为这个女士的故事是一个骗局，调查也证明了这家公司无错。2005 年 9 月 9 日，这个女士和她的丈夫对向温迪公司勒索钱财的欺诈行为认罪。女士被判 9 年监禁，但只服刑了 4 年。她的丈夫被判 12 年监禁。正如温迪的总裁当时公开声明的那样，"我们坚决捍卫了自己的品牌，但也为此付出了沉重的代价"。[5]

温迪的危机管理计划终止了原本可能会对公司造成更严重损害的欺诈行为。虽然很少有公司会像温迪公司在本案中这样做，但这恰恰证明了它作为一个优秀企业的诚信和实力。它进行了彻底的内部调查，与执法部门合作，并采取了一个非常公开的立场，即其产品和声誉无可指责。温迪对该事件的处理方法，应该是每个面临类似事件的组织的路线图。

信用卡诈骗

信用卡诈骗仍然是对消费者和企业有很大影响的犯罪。它包括以下几个不同的方面：

■ **被盗卡**：在持卡人报告其被盗并被信用卡发卡机构停用之前，信用卡已被盗窃者从持卡人那里取出并使用。

■ **信用卡身份诈骗**：信用卡未被盗，但信用卡信息是通过各种方法获得的（见下文获取信用卡号码一节），诈骗者使用信用卡信息在线或通过邮件订购物品。然而，聪明的诈骗者已经知道，如果他们使用持卡人的真实账单地址和不同的"收货方"地址，他们完成诈骗的机会就更大。

190

191

192

---

〔1〕 《辣椒里的断指损害了温迪的利润》，CNNMoney，2005 年 4 月 28 日，载 money. cnn. com/2005/04/28/news/mid-caps/wendys/index. htm。

〔2〕 温迪国际：《温迪为圣何塞事件中的信息提供 5 万美元的悬赏》，温迪的新闻稿（2005 年 4 月 7 日）。

〔3〕 温迪国际：《温迪主席对圣何塞事件的评论》，温迪的新闻稿（2005 年 4 月 15 日）。

〔4〕 圣何塞警察局新闻稿（2005 年 4 月 22 日）。

〔5〕 《把戏拆穿了：温迪的辣椒断指案进展；断指属于原告丈夫的同伙》，MSNBC.com，2005 年 5 月 13 日，载 www. msnbc. msn. com/id/7844274。

■ 随机数生成器：软件程序猜测有效的卡号。只有有效的信用卡号码才能行得通，因为几乎所有的信用卡订购系统都会筛选出尚未实际分配的信用卡号码。诈骗者随后下了大量的订单，每个订单都有不同的信用卡号码。使用"速度"表的商家很容易在同一信用卡号码上捕获多个订单。速度表在短时间内可以查找到发往同一个地址的多个订单。

■ 虚假信用或退货骗局：这是一种内部信用卡诈骗。客户服务对所有公司都很重要。当顾客不高兴时，公司的政策通常是设法把事情做好，这通常意味着退款给客户。即使没有退货，不诚实的员工也可以在系统中输入伪造的退款。因为没有真正的客户要求返款，员工可以将退款记入自己的信用卡。信用卡退款应定期进行分析，以寻找多笔退款到同一信用卡号码，或同一员工处理的退款数量异常。

获取信用卡号码

信用卡诈骗犯可以通过多种方式获得有效号码。其中一种方法是从"信用医生"那里购买这些号码。信用医生在犯罪界人人皆知，可以帮那些无法获得自己信用卡的人获得被盗的信用卡号码。购买被盗信用卡数据（有效号码和有效期）的标准费率从每卡40美分到20美元不等。有些信用医生提供的号码费用较低，但这些号码都很糟糕，已经被骗子用过了。购买和使用这些号码的人被当局抓住的几率更大，因为持卡人可能已经报告了卡上的诈骗行为。狡猾的诈骗者自己使用信用卡，然后卖给二级诈骗者。这些二级诈骗者随后成为调查人员的目标，成为第一级诈骗者的替罪羊。

诈骗者想要获得"好"号码，一种方法是贿赂酒店的前台职员、呼叫中心代理和加油站服务员。有组织的信用卡团伙为了获得尽可能多的信用卡号码，会派人去申请这些工作。

信用卡风险

任何使用互联网或电话接受订单的公司都依赖信用卡交易，但这些"卡不在场"的交易是有风险的。交易时只需要一个有效的信用卡号码、到期日期，持卡人的姓名和地址。大多数的信用卡交易都是现场交易，但网上信用卡交易中欺诈性质的比例更大。据估计，28%的在线零售订单都有欺诈企图。[1]

尽管信用卡公司一直坚信，网上的信用卡欺诈不比传统的商业形式更普遍，但许多专家对此观点持有争议。Digital River 的阿尔文·卡梅隆（Alvin Cameron）估计说，多达40%的在线购物都有欺诈企图。因此 Cameron 说，电子零售商现在面临一个"成败"的局面：那些无法控制大量欺诈企图的商家很快就会倒闭。根据 Cameron 的说法，在互联网上做生意就相当于让一个没有任何身份证明的人戴着滑雪面罩走进商店，提供银行柜台支票去购买一套价值2000美元的立体声响系统。没有一个实体店会这样做生意，但网络商家却一直这样做。[2]

与人们普遍认为的相反，信用卡欺诈中损失最大的是商家，而不是消费者。联邦法律将欺诈性使用被盗信用卡的消费者责任限制在50美元，但实际上，消费者从未被受到过这种处罚。由于实体店的商家使用读卡器时需要实际的卡和签名，信用卡公司将承担所有欺诈损失。互联网和电话商家则没有这样的保护。信用卡公司对欺诈交易不承担任何责任。这时，信用卡公司向持卡人偿还未经授权的消费，并从商家的信用卡账户中扣除该金额。但还需要附加费用，通常每笔交易15美元。此过程称为退单拒付。

---

〔1〕 Guneet S. paintal：《线上零售环境下的舞弊管理》，载《Infosys Technologies 白皮书》，2008 年 7 月，www. infosys. com/supply-chain/white-papers/Documents/ fraud-management. pdf。

〔2〕 Stephen Caswell：《信用卡诈骗重创网络商家》，载《电子商务时报》2000 年 3 月 20 日，www. ecommerce-times. com/story/2771. html。

像万事达卡这样的信用卡公司也会对商家处以罚款，如果退单订单占总销售额的 1% 或更多，或连续两个月以上占总销售额的 2.5% 或更高，商家也会被罚款。这些规则可能会迫使小型的电子零售商离开网络。但许多观察家认为，万事达卡只是在试图惩罚那些被认为信用卡授权政策松懈的商家。

网络商家被迫开发出复杂的安全保护措施，远远超出了信用卡公司正常的安全审批流程。客户已经习惯了能够将订单开单到一个地址，并将货物运送到另一个地址。这就是信用卡诈骗者所利用的弱点。

信用卡欺诈者以持卡人的身份下订单，在"账单收件人"字段中输入持卡人的姓名和地址。然后他们在"收货方"字段中输入一个临时地址。当收费出现在持卡人的账单上时，欺诈者已经取走订单并逃之夭夭。但也不是所有欺诈者都会使用临时地址。一些自大的欺诈者多年来一直使用同一个地址来接受订单。因此，公司必须跟踪用以接受欺诈订单的地址来保护自己。拒绝表（已知欺诈地址列表）可以防止后续订单被发送到已知欺诈地址。拒绝表用于筛选已知欺诈地址的任何新订单。这些拒绝表决不应试图按照客户的名称匹配，因为名称通常总是假的，并且经常更改。欺诈者已经知道通过更改交付邮政编码中的最后一个数字来使其失效。本地邮局或私人快递公司通常会更正最后一个数字。

由于 eBay 的出现，一种巧妙的邮购信用卡欺诈形式应运而生。欺诈者可以在 eBay 上列出要拍卖的物品清单，但欺诈者可能还并没有得到该物品。当中标者被确定后，欺诈者使用被盗的信用卡号码订购该物品。如果被盗信用卡来自纽约的约翰·史密斯，则约翰·史密斯就是账单递送地址；然而中标人的家庭地址作为"收货方"地址。这就是为什么许多邮购业务不会发送到正在使用的信用卡记录的账单地址以外的任何地址。

转运骗局

从 2003 年开始，许多互联网供应商看到欺诈企图的数量有持续增长。互联网信用卡欺诈的增加，很大程度上可以直接归因于起源于尼日利亚的信用卡骗局，又被称为转运骗局或再发货骗局。

专业欺诈犯在网上聊天室寻找年轻的目标。他们向年轻的受害人讲述了非洲对电脑产品征收贸易关税有多的不公平。他们要求受害人在家中接受几家商户的订单，并要求受害人将物品转运到尼日利亚拉各斯或其他地方的地址。他们提出向转运代理支付每包 100 美元（比任何关税都高）。天真的受害人同意了，并开始接受包裹。所有订单都使用不同的被盗信用卡，金额通常小于 500 美元。这一流行的金额经常被用作行业订单欺诈筛选的限额。当然，受害人永远不会因为转运货物而得到报酬。

有些受害人决定保留所有的商品，这时就会收到死亡威胁电话。这种骗局中，典型的受害人是 15 至 24 岁之间的男性，骗子通常会扮演成年轻女性。有的甚至会给受害人寄来漂亮的金发女郎的照片，应该就是与目标进行交流的人。美国各地警方一直在追查这些被诱骗运送被盗商品的邮件投递员。更高级的骗子让美国的同谋租用仓库，作为将赃物运往海外的中转地。在亚特兰大、休斯敦、迈阿密和其他城市，警察发现了许多这样的仓库，电脑设备和办公用品堆至仓库的天花板，全部是运往尼日利亚的，有时还运往俄罗斯、加纳或乌克兰等地。

美国邮政检查局针对这一特定欺诈行为组织了一次全国性行动。他们采访了 700 多名转运欺诈的受害人，这些人被各种网站上的"在家工作"的广告吸引，做"家庭仓库快递员"一类的工作。一位退休社区的先生认为他是在帮助"一位来自伦敦、在尼日利亚创业的好女孩"。他已经支付了 70 多箱去尼日利亚的运费。因为容易得逞，这种骗局仍然势头很旺。骗子们喜欢高科技产品，但也喜欢衣服和鞋子，这些可以很快在街上出售。

194

195

196

阻止网络欺诈的工具

许多公司使用"拒绝方名单"来阻止邮购欺诈。如果发现欺诈，该地址将被阻止，以防止将来的任何订单。尽管这是一个很好的工具，但其本身并不是一个防止欺诈的有效保护。对于只使用拒绝方名单来防止邮购欺诈的公司，骗子有很多方法可以创建地址变体。

使用拒绝方名单、速度筛选、地址验证系统（AVS）代码屏蔽和卡安全值（CSV）可以大大减少欺诈损失。

速度

速度是指短时间内到达一个地址的订单数量。订单管理系统应设置为标记那些每周有三个订单以上的地址。货代诈骗通常是在短时间内使用相同的地址，但使用不同的信用卡号码。大多数时候，账单地址不是信用卡公司备案的地址。速度检查将在本章后面再次讨论。

AVS

地址验证系统（address verification system，AVS）需要授权，把在线客户提供的地址与该信用卡号的信用卡持有人的记录地址进行比较。地址匹配有三个级别：①街道号，②邮政编码的前五位数字，以及③邮政编码的额外四位数字。邮政编码的额外四位数并没有被广泛使用，因此只有两个级别需要解决，即街道号和五位数邮政编码。

客户提供的账单地址中，账单地址上的街道号与信用卡提供商不匹配的信用卡订单，会产生特定的 AVS 代码。这些 AVS 代码可识别街道地址是否匹配、邮政编码是否匹配、两者是否都匹配或两者都不匹配。

Paymentech 是一家中间商公司，为使用信用卡商户账户的商户进行信用卡支付验证。它根据在线信用卡交易中包含的信息生成 AVS 代码。另一家信用卡处理和风险管理解决方案公司是 Cybersource。许多公司正在设置其预设的地址验证程序，以自动取消从地址授权流程返回的带有 I-8 类型 AVS 代码的订单。I-8 类型 AVS 代码意味着，无论是街道地址号码还是客户提供的邮政编码，都与正在使用的信用卡记录的账单地址不匹配。

订单编号为 I-8 的客户会收到一封电子邮件，通知其最近订单上提供的账单地址与信用卡提供商的记录地址不匹配。真正的客户可能在没有正式通知信用卡提供商的情况下搬迁了，只需使用正确的记录地址——即他们的信用卡对账单邮寄到的地址——重新订购即可。骗子则会被打败，除非他们有被盗信用卡号码人的账单地址。AVS 拦截不会阻止少数知道信用卡号码实际账单地址的骗子。当然，骗子需要的只是从邮箱里截取的信用卡账单。

许多骗子仍然使用随机生成的信用卡号码，希望与有效的信用卡匹配。同样，只有有效的卡号才可以工作，因为几乎每个订单管理系统都会筛选出尚未分配给持卡人的信用卡号码。AVS 代码示例见表 9-1。

表 9-1　地址验证系统（AVS）代码

I-2	地址不匹配，但 9 位邮政编码匹配
I-4	地址不匹配，但 5 位邮政编码匹配
I-6	地址不匹配，邮政编码的前 5 位数字不匹配
I-8	地址不匹配，邮政编码的任何部分都不匹配

具有正确账单街道地址的订单将具有奇数编号的 AVS 代码（I-1、I-3、I-5、I-7）。通过更 198
改系统取消带有 I-8 AVS 代码的订单，每年可以为公司节省 10% 的互联网业务订单。若草率地阻止产生代码 I-2 或 I-4 代码的订单，容易伤及无辜。例如，不以数字开头的地址，如洛克菲勒广场（One Rockefeller Plaza），将在许多系统上生成 I-4 代码。这是因为整个地址没有被验证，只验证了数字。如果地址为 100 Main Street，Any Town，NY 10012，AVS 将地址视为 10010012。如果它是 100 High Street，ANY TOWN，NY 10012 等地址，AVS 会匹配成 10010012。如果地址没有数字（如洛克菲勒广场），数字则不是自动匹配的。简而言之，不能让订单系统设置为阻止所有街道地址与 AVS 不匹配的订单。充其量，AVS 可以阻止骗子使用居住在不同邮政编码地址的受害者的信用卡。AVS 不是一门精确的科学。它是一种工具，在开发可靠的欺诈预防计划时，最好与其他工具一起在系统中使用。

拥有正确账单地址的骗子，就可以提供正确的账单地址并获得有效的 AVS 代码，然后输入与账单地址不同的送货地址。这是公司政策必须发挥作用的领域。每家公司必须决定是否限制其客户向其信用卡上地址以外的其他地址发送订单的能力。AVS 的缺点是创建信用卡安全值（CSV）的原因之一。

CSV

在使用 CSV 的系统中，会提示客户输入 Visa 或 MasterCard 卡背面的三位数字或美国运通卡正面的四位数字。小的黑色数字位于 Visa 和 MasterCard 卡背面的签名条上。据推测，只有持有此卡的人才能提供此号码，因为它不允许存储在任何系统中。存储这些代码的公司就违反了支付卡行业政策。

许多公司只是简单地限制了订单（这些订单可以发送到除记录的账单地址之外的其他地址） 199
的金额，或者他们回电账单地址来验证订单。虽然这可能是祖父母寄送的生日礼物，但也可能是骗子想要的免费商品。回电验证的问题在于，呼叫者经常拨打骗子提供的账单电话号码，骗子会自己验证自己的命令。这就是 CSV 如此流行的原因。

使用 CSV 的订单屏幕可能会受到随机数生成器的攻击。骗子使用计算机随机用 1000 个可能的三位数 CSV 代码中的每一个尝试下单。然而，对骗子而言，有比试图击败由 CSV 保护的订单系统更容易得手的方法来窃取。最完整的 CSV 保护里有名为 CAPTCHA（完全自动化的公共图灵测试，用于区分计算机和人）[1] 的可变关键字，显示在订单屏幕上的一张小图片中。客户必须阅读关键字并重新键入。由于这个词是添加了线条、纹理和/或波纹的照片（不是文本），计算机无法读取它。这样骗子必须一次次地手工输入 1000 个可能的 CSV 代码，因而就防止了自动下订单的尝试。

CSV 需要在订单屏幕上添加一个额外的字段，该字段必须包含在发送到信用卡验证公司（如 Paymentech 和 Cybersource）的数据中。虽然 CSV 是最好的保护，但大多数在线信用卡订单欺诈仍然可以通过 AVS 阻止。骗子正在寻找尚未使用阻止无效 AVS 和 CSV 代码策略的公司。尽管如此，仍然建议所有通过互联网接受信用卡订单的公司使用 CSV 技术。

Cybersource 赞助了一份由 MindWave Research 进行的年度在线欺诈报告。这份对在线商家的调查显示了业界正在使用的信用卡预防方法，以及其使用量的增减（表 9-2）。[2]

---

〔1〕　卡内基梅隆大学的 Luis von Ahn，Manuel Blum，Nicholas Hopper 和 John Langford 在 2000 年创造了这个首字母缩略词。载 www. captcha. net。

〔2〕　CyberSource：《2011 年度线上舞弊报告》（第 12 版），载 forms. cybersource. com/forms/FraudReport2011NAANETwww2011。

2010 年，1/4 的在线订单仍需接受某种类型的手工审查。审查订单最常见的方法是致电客户（67%），或对提供的电话号码进行反向电话查询（63%）。36%使用地理定位。[1]

表 9-2　按年份划分的信用卡预防方法使用情况

预防方法	2004 年[a]	2010 年[b]
CVS	56%	75%
AVS	82%	78%
地理定位	31%	36%
拒绝报告	45%	39%

[a]Cybersource 2005 年度在线欺诈报告。

[b]Cybersource 2011 年度在线欺诈报告。

资料来源：Cybersource，forms. cybersource. com/。

地理定位

地理定位根据生成订单的计算机的 Internet 协议（IP）地址来识别订单的来源。如果订单的 IP 地址位于加利福尼亚，而信用卡的账单地址在纽约，则可能存在问题。然而，聪明的骗子可以通过使用匿名代理服务器来击败地理定位。地理定位并不是很受欢迎，因为它只在持卡人使用其家用电脑下单时才起作用。这并没有考虑到商务旅行、大学生或飞机驾驶员，他们不总是待在一个地方。如表 9-2 所示，地理定位作为欺诈预防措施的使用正在增加。

多商户购买历史记录

像 Cybersource 这样的信用卡服务提供商会建立数据库，跟踪多个供应商间的购买行为，并根据这些信息帮助商家确定风险。例如，客户绑定了多个信用卡号码，但可能对不同商家使用不同的信用卡。此服务在多个交易中查找通用元素，以帮助识别欺诈。

购买设备指纹

与地理定位类似，购买设备指纹收集了用于订购的特定设备的标识符。这些设备与网站通信时，标识符是可见的，不包括任何有关用户的个人信息。2010 年，13%的在线商家使用了该工具，但 30%在线收入超过 2500 万美元的商家使用了设备指纹。

数据挖掘：挖掘信用卡欺诈

有许多公司通过邮件、电话、网络的方式来接受订单，并向客户发货。大多数订单都涉及客户使用支票或信用卡号码。但是，有时订单出现问题，客户应该得到免费更换。这是邮购业务中最常被滥用的功能之一。有些公司不要求客户退回有缺陷的产品来接收新产品。这些公司的员工可以向任何人（包括他们自己）发送免费或"无需费用"的订单。数据挖掘操作将定期查询"无需费用"发送到公司订单处理中心所在城镇任何地址的任何订单。这是通过查找与业务具有相同邮政编码的订单来完成的。然后根据员工处理订单的方式对"无需费用"的订单进行排序。此过程将确定发送给同一城镇的员工、他们的朋友或亲戚的所有订单。

数据挖掘的另一个功能是查看具有多个免费订单或多个已付款订单的地址，其中所有订单上的信用卡号都不相同。公司将制定一套政策，规定客户在被认定为欺诈嫌疑犯之前可以收到多少"免费"订单。未来对嫌疑犯的订单可以搁置。这就是所谓的速度检查。

---

〔1〕　CyberSource：《2011 年度线上舞弊报告》（第 12 版），载 forms. cybersource. com/forms/FraudReport2011NAANETwww2011。

　　速度表在短时间内查找到向一个地址发出的多个订单。订单系统应具有预设规则，标识任何在同一周内使用不同信用卡号订购至少两次的客户。骗子经常尝试随机使用信用卡号码试图获取订单。许多规则引擎设置为在一天内只能捕获多个订单。骗子已经适应了这一点，通常会在订单之间等待一天。许多骗子也知道，大额美元更有可能在装运前被核实。因此，他们会尝试使用不同的别名来下很多小的订单。然而在大多数情况下，骗子会使用相同的地址。一些骗子会尝试数百个订单，希望其中有一些能够通过。他们有一整天的时间试图获得免费商品，因为对他们来说这是一份全职工作。由 IT 部门创建的用于获取高速订单地址的简单规则引擎每天可以节省数千美元。如果公司使用 AVS 和 CSV，它可以每周左右在订单管理系统之外运行速度检查，以筛选 AVS 和 CSV 可能遗漏的欺诈行为。

实用贴士

■ 使用 CSV。

■ 审查前往或来自东欧、非洲或中东（包括以色列）的信用卡订单，因为这些地区的信用卡欺诈率特别高。

■ 不允许客户在最后一分钟更改其送货地址（在收到 AVS 代码后）。

■ 只能寄到永久地址，避免运送到酒店或邮筒投递。

■ 考虑打电话核实大额订单，但要确保电话号码区号与账单地址记录相符。如果账单地址与送货地址不同，公司就无法使用 AVS 的保护。持卡人的任何扣款行为都会失败。

第十章 并非大到不能倒

 摘　要

205

　　发生在 2007 年至 2008 年的金融危机，目前并没有一个通用的名称。它被称为"大衰退""2008 年金融危机"以及"TARP 紧急救助"（Troubled Asset Relief Program 的简称）。戴维·韦塞尔（David Wessel）在《我们信任的美联储》（In Fed We Trust）一书中称之为"大恐慌"。这似乎很好地描述了它。说得更清楚些，大恐慌是指导致雷曼兄弟（Lehman Brothers）破产、贝尔斯登（Bear Stearns）和美林（Merrill Lynch）减价出售、美国国际集团（AIG）濒临破产、摩根士丹利（Morgan Stanley）和高盛（Goldman Sachs）从投资银行变为受美联储更大影响的控股公司等经济事件。接受韦塞尔的术语，我们分析了造成"大恐慌"事件的"完美风暴"。并非由于单一的原因所致，而是由多个相互关联的原因汇聚在一起所致：

　　■ 政府的"有形之手"影响市场的"无形之手"，以"大到不能倒"的政策造成了一种"道德风险"。

　　■ 放松对银行业的管制。

　　■ 债务证券化向投资工具和债务抵押债券（Collateralized Debt Obligations，CDO）的兴起。

　　■ 评级机构对 CDO 和抵押贷款支持证券做评级，认为存在可疑的利益冲突。

　　■ 次级抵押贷款的兴起。

　　■ 房地产泡沫破裂，房价下跌。

　　■ 投资银行奖金结构中的激励机制错位，鼓励为短期收益进行的高风险活动。

206

　　■ 舞弊。

　　■ 糟糕的风险管理。

　　所有这些原因都在寻找问题答案的过程中得到了解决，加州大学的乔治·阿克洛夫（George Akerlof）和保罗·罗默（Paul Romer）早在 1993 年发表的一篇名为《掠夺：为盈利而破产的经济黑社会》的论文中，首次提出了这个问题。阿克洛夫和罗默是诺贝尔奖得主，他们认为，如果财务糟糕、监管松懈，对滥用职权的惩罚过轻，会给股东一种激励，让他们给自己支付比公司价值更多的薪酬，并拖欠债务，特别是还有政府买单的先例，那么以盈利为目的的破产就会发生。[1] 问题是：这是犯罪行为，还是只是贪婪？

---

〔1〕　把阿克洛夫和罗默的论文（基于 20 世纪 80 年代的储蓄和贷款救助）与 2008 年的大恐慌联系起来的功劳，归于 Yves Smith，纽约：Palgrave Macmillan 2010 年版，第 164－166 页；George A. Akerlof, Paul M. Romer, Robert E. Hall, N. Gregory Mankiw：《掠夺：为盈利而破产的经济黑社会》，载《布鲁金斯经济活动论文集》1993 年第 2 卷（1993 年），第 1－73 页，载 www. jstor. org/pss/2534564。

开始的时候

没有人能理解，为什么一家大型能源公司成立了复杂的控股公司和投资证券。公司以未来利润为抵押进行借款。只要股票价格持续上涨，并且有可用的信贷，一切都很好。然而，就像庞氏骗局一样，这是一个不可持续的模式。股价最终下跌，信贷枯竭，投资者损失了数百万美元。政府介入起诉这家公司的领导。你可能会想到安然（Enron），但这里提到的是由商人兼投资者塞缪尔·因苏尔（Samuel Insull）领导的联邦爱迪生（Commonwealth Edison）公司。1932 年，因苏尔在公司因股票损失被摧毁后被政府以邮件舞弊和违反反垄断法为由起诉，但在审判后他被无罪释放。[1]

在 20 世纪 20 年代，投资者所做的就是押注股市会持续上涨。他们确信股票会继续上涨，于是借钱买了更多的股票。银行乐于借款，贷款也很容易获得。银行认为那些以保证金购买股票的人可以出售股票来偿还贷款（这只在有股票买家的情况下才有效）。像联邦爱迪生这样的公司也在借款，前提是假设他们的股票价格将继续上涨。当股票价格开始下跌时，投资者想退出。像联邦爱迪生这样的公司没有足够的资金偿还贷款。信贷枯竭，导致股市进一步下跌。最终，因苏尔无力支付投资者的费用。

这种对股票或股市泡沫过分热情是一种常见的现象。同时发生的还有 20 世纪 80 年代末的垃圾债券、90 年代末的科技股以及 2008 年的住房抵押贷款。这不仅仅是 20 世纪和 21 世纪的现象；1630 年代的荷兰郁金香狂热是另一个著名的泡沫。有了资本主义和自由市场，总会有人不切实际地相信自己不会输。

为了应对 1929 年的股市崩盘，每五家银行中就有一家倒闭的局面，1933 年通过了《格拉斯–斯蒂格尔法案》（Glass-Steagall）或《银行法》（Banking Act of 1933）。[2] 人们认为是利率竞争导致银行倒闭。利率更高的银行为支付高利率承担了更高的风险。[3]《格拉斯–斯蒂格尔法案》不仅创建了联邦存款保险公司（FDIC），而且还禁止银行或银行控股公司拥有其他金融公司。商业银行与投资银行分离，银行将被允许有序倒闭。商业银行的个人储户会受到保护，但金融机构和投资银行的投资者不会受到保护。资本主义仍然发挥作用，但有一个缓冲区。

"大到不能倒" 的政策开始

20 世纪 80 年代初，俄克拉何马州的一家名为宾州广场（Penn Square）的银行向石油工业提供贷款。虽然这些贷款有风险，但宾州广场银行并不在意。它是向投资者发放贷款的第一批银行之一。当石油行业陷入低迷时，宾州广场银行倒闭了。伊利诺伊州大陆国民银行和信托公司是购买宾州广场银行贷款的最佳客户之一。随着该银行的损失逐渐为人所知，其股价下跌，账户超过当时联邦存款保险公司（FDIC）10 万美元的保险限额的储户出于担心损失而取回了他们的资金。[4]

美联储和联邦存款保险公司（FDIC）史无前例地试图稳定银行体系，拯救伊利诺伊州大陆公

〔1〕　向妮可·格里纳斯（Nicole Gelinas）致歉，她开始写她的书《秋天之后》，讲述了塞缪尔·因苏尔（Samuel Insull）的故事。（纽约：Encounter Books 2009 年版）。

〔2〕　Mark T. Williams：《不可控的风险》，纽约：McGraw-Hill 出版公司 2010 年版，第 40 页。

〔3〕　Kaye Bonnick：《为什么大到不能倒？》，布卢明顿，伊利诺伊州：作家之家 2010 年版，第 16 页。

〔4〕　Gelinas：《秋天之后》，纽约：Encounter Books 出版公司 2009 年版，第 48 页。

司，并承诺存款人不会损失一分钱，甚至连债券持有人也不会损失。[1]在国会就伊利诺伊州大陆公司的破产问题举行的听证会上，这项新政策被称为"大到不能倒"。货币审计官作证说，美国不会让该国最大的 11 家银行倒闭。[2]

拯救世界委员会

1999 年 2 月 15 日，《时代》杂志封面人物是艾伦·格林斯潘、罗伯特·鲁宾和拉里·萨默斯组成的为紧急救助长期资本管理（Long-Term Capital Management，LTCM）而成立的拯救世界委员会。LTCM 是一家对冲基金，它借钱来押注价格模型的微小差异。由于价差很小，LTCM 不得不投入很大的资金才能获得显著的利润。LTCM 使用杠杆，借款远远超过其拥有的资本。如果杠杆率是资本的 10 倍，那么 10% 的损失就会使人倾家荡产。LTCM 的杠杆率为 100 比 1。[3]

由于 LTCM 向 14 家最大的银行借款，这些银行（除了贝尔斯登）愿意介入并额外贷款 36.5 亿美元，以帮助 LTCM 获得美联储资助的救助计划。[4]这比基金自然破产的痛苦要小得多，但它发出了一个危险的信息。它消除了"风险带来回报，但过度的风险会带来毁灭"的教训。"大到不能倒"和其道德风险一起被加强。

道德风险

在一定情况下，有政府担保的银行有承担重大风险的强烈动机。[5]"大到不能倒"会侵蚀市场纪律。债权人不担心银行没钱，因为它们被保证不会倒闭。过去经历金融危机的银行，由于缺乏资金，不得不放慢其业务。有了政府担保之后就不再是这样。该银行继续承担过度风险，并不会充分利用本来无法继续得到的金融资本。[6]

被视为限制现代化的法规

1971 年，投资银行获准在纽约证券交易所上市交易。这使得大量的资本流入投资领域。这些公司不再拿自己的钱冒险了。在利息有上限的商业银行，储户也把钱转移到投资银行，以获得更高的回报。

随着 20 世纪 90 年代的并购狂潮，银行们开始游说以争取做大的权利。有几次试图废除《格拉斯-斯蒂格尔法案》。1998 年，花旗银行与旅行者集团合并成立了花旗集团。这次合并违反了《格拉斯-斯蒂格尔法案》，但监管机构给予这家新公司两年的豁免期。[7]

1999 年，《格莱姆-里奇-布利利法案》（Gramm-Leach-Bliley ACT）废除了《格拉斯-斯蒂格尔法案》的限制，允许银行、经纪公司和保险公司合并成庞大的金融网络。一旦银行从新的交易

209

---

〔1〕 Gelinas：《秋天之后》，第 49 页。

〔2〕 Gary H. Stern：《大到不能倒》，华盛顿特区：布鲁金斯研究所 2004 年版，第 42 页。

〔3〕 Barry Ritholtz：《救助国家》，霍博肯，新泽西州：John Wiley & Sons 出版公司 2009 年版，第 71 页。

〔4〕 Barry Ritholtz：《救助国家》，霍博肯，新泽西州：John Wiley & Sons 出版公司 2009 年版，第 72 页。

〔5〕 Gary H. Stern：《大到不能倒》，第 36 页。

〔6〕 Gary H. Stern：《大到不能倒》，第 142 页。

〔7〕 Robert Scheer：《美国大骚乱》，纽约：国家图书出版社 2010 年版，第 54-55 页。

法规中摆脱出来，它们就会"抢购"金融服务公司，并在投资策略上变得更加积极，押注于房地产和股票市场。[1]

北达科他州的民主党参议员拜伦·多根（Byron Dorgan）是反对该法案的八人之一。他说："我想十年后我们回顾过去，说我们不应该这样做，因为我们忘记了过去的教训。"[2]

更多地放宽管制

随着《商品期货现代化法案》（Commodity Futures Modernization Act）的通过，2000 年，金融服务业放宽管制的第二大步发生了。这项法案（也由参议员菲尔·格莱姆发起）在圣诞节休息的前一天被附加到一份 11 000 页的预算法案中。《商品期货现代化法案》通过解除信用违约掉期和其他州与联邦法规对衍生金融产品的限制，进一步放宽了对金融业的监管。[3]这将允许最终创建债务抵押债券（Collateralized Debt Obligations，CDO）作为次级抵押贷款的投资工具。

2004 年，美国证券交易委员会再次放宽限制，取消了对五家公司的杠杆率限制：贝尔斯登、美林、雷曼兄弟、摩根士丹利和高盛。[4]杠杆率限制要求这些金融机构每 12 美元杠杆就有 1 美元的资本。到 2007 年，贝尔斯登的杠杆率高达 33∶1，美林 32∶1，雷曼兄弟 29∶1，[5]这三家公司将不再存在或被收购，另外两家获得杠杆豁免的公司为了生存被迫成为银行控股公司，并接受美联储的监管。

预示

正是 Enron 对豁免能源衍生品交易的游说，最终促成 2000 年《商品期货现代化法案》的出台。Enron 花费了 3.45 亿美元游说放松对能源期货的管制。[6]有趣的是，得克萨斯州参议员菲尔·格莱姆是该法案的主要发起人，这对 Enron 非常有利，因为他的妻子当时是 Enron 董事会成员，并拥有 Enron 股票。[7]

1998 年，Enron 提拔了新首席财务官安德鲁·法斯托（Andrew Fastow）。他已经在 Enron 工作了一段时间，负责建立复杂的财务结构，凭空创造信用和繁荣的假象。法斯托大学毕业后在伊利诺伊州大陆国民银行和信托公司（Continental Illinois National Bank and Trust）工作了很长时间，他在那里学习了资产证券化。尽管他是在救助结束后在伊利诺伊州大陆银行工作的，但该银行仍然在进行着前所未见的交易。[8]

伊利诺伊州大陆银行在本应倒闭的情况下被允许继续开展业务，这教会了法斯托如何进行高风险操作。他把这些做法带到了 Enron，在那里，金融工具不是用来支持业务的，而是用来代替真正的业务的。Enron 高调的失败预示着金融业即将出现的问题，金融业正在采用许多与导致 En-

〔1〕　Robert Scheer：《美国大骚乱》，纽约：国家图书出版社 2010 年版，第 7 页。
〔2〕　Robert Scheer：《美国大骚乱》，纽约：国家图书出版社 2010 年版，第 57 页。
〔3〕　Ritholtz：《救助国家》，第 139 页。
〔4〕　Ritholtz：《救助国家》，第 132 页。
〔5〕　Gillian Tett：《傻瓜黄金》，纽约：自由出版社 2010 年版，第 147 页。
〔6〕　Ritholtz：《救助国家》，第 140 页。
〔7〕　Ritholtz：《救助国家》，第 139 页。
〔8〕　Bethany McLean，Peter Elkind：《房间里最聪明的人》，纽约：企鹅出版社 2003 年版，第 136 页。

ron 破产相同的金融策略。

证券化的兴起

证券化是利用贷款或债务创造证券和投资。最受欢迎的证券化贷款是抵押贷款，即抵押贷款支持证券。其目的是将单个抵押贷款的所有权分散给多个所有者。许多投资者拥有若干组抵押贷款。证券化已经有很长的时间了，但并没有得到积极的利用。到 2002 年，抵押贷款借款人偿还贷款的能力已经让位于贷款人为证券化目的出售债务的能力。[1]次级贷款证券化的利润是任何其他类型的证券化贷款的三到五倍。[2]银行愿意发行如此多的高风险住房贷款的原因，是它们可以在华尔街典当。[3]

根据伊夫·史密斯（Yves Smith）的说法，"放宽管制使金融服务业发生了结构变化，不仅使其变得不那么稳定，而且造成了掠夺性，只在意自身利益，而不是为客户服务。"[4]当美联储主席艾伦·格林斯潘（Alan Greenspan）将利率降至 1%时，大多数债券都跟不上通货膨胀率。投资者希望找到能获得更高回报的方式，但仍拥有 AAA 级投资。于是 CDO（抵押债务凭证）应运而生。因为 CDO 是作为债券出售的，它必须由评级机构进行评级。根据迈克尔·刘易斯（Michael Lewis）在其《大空头》（The Big Short）一书中的说法，"CDO 是一堆 80%的 B 级三级抵押债券，华尔街金融公司曾与评级机构合作，希望评级高于 B 级三级。"[5]评级机构通过发行评级免责声明来保护自己，称用户不应依赖信用评级来做出投资决策。[6]

这是舞弊吗?

总有这样一个问题：可疑行为何时越界并成为舞弊行为？这是犯罪行为，还仅仅只是动机可疑的领导人做出的错误决定？我们将在本章中多次提出这个问题。

康沃尔资本管理公司（Cornwall Capital Management）的查理·莱德利（Charley Ledley）是《大空头》（The Big Short）的话题之一，他对 CDO 的评价是这样的："我们越是关注 CDO 的真实情况，我们就越像它。那是骗局。也许你不能在法庭上证明这一点，但这确实是舞弊行为。"[7]巴里·里霍尔茨（Barry Ritholtz）在他的新书《拯救国家》（Bailout Nation）中问，为什么当美国国债为 AAA 级，CDO 也可以被评为 AAA 级？但是收益率要低很多。不是收益率越高，风险越大吗？"要么这是迄今为止未曾有过的高明眼光，要么就是一场大规模的骗局。"[8]

花旗集团将用来创造抵押贷款支持债券的过程称为"机器"。其交易员联系抵押贷款经纪人联系贷款事宜，将贷款纳入风险模型，然后再纳入 CDO，然后向评级机构申请 AAA 评级。很快，

---

〔1〕 Ritholtz：《救助国家》，第 102 页。

〔2〕 Richard Bitner：《次级抵押贷款机构的自白》，Hoboken，新泽西州：John Wiley & Sons 出版公司 2008 年版，第 13 页。

〔3〕 Michael Lewis：《恐慌》，纽约：W. W. Norton 出版公司 2009 年版，第 317 页。

〔4〕 Yves Smith：《经济学》，纽约：Palgrave Macmillan 出版公司 2010 年版，第 6 页。

〔5〕 Lewis：《大空头》，纽约：W. W. Norton 出版公司 2010 年版，第 129 页。

〔6〕 Bitner：《次级抵押贷款机构的自白》，第 90 页。

〔7〕 Lewis：《大空头》，第 129 页。

〔8〕 Ritholtz：《救助国家》，第 111 页。

花旗每年盈利 10 亿美元。[1]"从投资银行的角度来看，交易的关键是获得 AAA 评级，如果没有这一评级，交易就不可能盈利。"[2]

评级机构的不当激励机制

2001 年，穆迪的收入为 8.007 亿美元。2005 年，得益于 CDO 评级的费用，其收入飙升至 17.3 亿美元。2006 年，则超过了 20 亿美元。[3]前雷曼兄弟（Lehman Brothers）负责不良债务和可转换证券交易的副总裁劳伦斯·麦克唐纳（Lawrence G. McDonald）对评级机构说："请原谅我的苛刻判断，但我认为这些评级机构是一群半途而废、不诚实的恶棍，他们会不惜一切代价快速获利。我只是不相信他们那么蠢。不管怎样，我认为以'愚蠢'为名的辩护可能是所有辩护中最悲哀的。"[4]

次级抵押贷款的增长

《商品期货现代化法案》已经取消了所有联邦和州对信用违约掉期的监督。2000 年，当标准普尔（和穆迪一起的评级机构之一）决定，拥有 80/20 抵押贷款的借款人不会比获得传统的 80% 贷款的借款人更容易违约后，其他条件也放松了。一笔 80/20 的贷款实际上是两笔贷款，包括一笔 80% 的初级贷款和一笔 20% 的次级贷款。获得 80/20 贷款的人没有首付，也没有对房子的产权。其他评级机构很快效仿了标准普尔（Standard & Poor）的做法。[5]2001 年，15% 的借款人"无首付"贷款；到 2006 年，"无首付"贷款的借款人数量占为 50%。[6]

次级贷款由混合可调利率抵押贷款（adjustable rate mortagages，ARMs）主导，在短时间内固定利率，然后每月或每年调高。"这些贷款是根据资产的价值而不是借款人的偿还能力来发放的。这是掠夺性贷款的基本定义。"[7]《纽约客》杂志的詹姆斯·苏洛维斯基（James Surowiecki）将次级贷款机构描述为"与 Wile E. Coyote 是一样意义的掠夺者"，因为许多次级贷款机构自己都破产了。[8]虽然这很幽默，但许多主要的次级贷款机构正在使用利用人们的做法。可能最严重的罪犯是 Ameriquest 抵押贷款公司。[9]

在 2002 年之前，放款人很少批准贷款给信用评分较低的借款人（低于 660）。借贷人必须提供他们的收入和就业证明，通常要支付 20% 的首付。每年发放的次级贷款少于 1000 亿美元。随着证券化的发展，情况迅速发生变化。由于偿还贷款不再是主要关注的问题，次级贷款开始起飞。到 2005 年，每年都有 6000 亿美元的次级贷款发放。[10]这些贷款被称为"忍者贷款"，因为

〔1〕　Charles Gasparino：《出卖》，纽约：Haper 出版公司 2009 年版，第 191–192 页。

〔2〕　Lewis：《恐慌》，第 320 页。

〔3〕　Lawrence G. McDonald，Patrick Robinson：《常识的巨大失败》，纽约：兰登书屋出版社 2009 年版，第 200 页。

〔4〕　Lawrence G. McDonald，Patrick Robinson：《常识的巨大失败》，纽约：兰登书屋出版社 2009 年版，第 200 页。

〔5〕　Bitner：《次级抵押贷款机构的自白》，第 105 页。

〔6〕　Bitner：《次级抵押贷款机构的自白》，第 100–101 页。

〔7〕　出自美国参议院银行、住房和城市事务委员会主席 Christopher Dodd 的开幕词：《抵押贷款市场动荡：因果听证》，2007 年 3 月 22 日，转引自 Lewis：《恐慌》，第 310 页。

〔8〕　Lewis：《恐慌》，第 314 页。

〔9〕　Bitner：《次级抵押贷款机构的自白》，第 101 页。

〔10〕　Matt Taibbi：《贪婪世界》，纽约：兰登书屋出版社 2010 年版，第 83 页。

"没有收入，没有工作，没有资产"。

到 2006 年，75% 的次级抵押贷款都是为证券化市场提供资金的，并且已经从所有贷款的 7% 增长到 14%。[1]这些贷款是根据房屋的价值而发放的，每个人都相信在不久的将来，这些价值会更高。就像 20 世纪 20 年代的投资者借钱买股票一样，他们相信股市会继续上涨。

雷曼兄弟（Lehman Brothers）与数家次级贷款机构结盟，实际上拥有多家次级贷款机构，它成为资助次级抵押贷款机构的领导者。随着杠杆率的提高，雷曼兄弟的处境要求房地产市场表现良好，才能实现收入增长、保持公司盈利。如果"证券化机器放缓"，公司就可能会陷入困境。[2]

是抵押贷款舞弊吗？

Ameriquest 抵押贷款公司（Ameriquest Mortgage）被视为抵押贷款舞弊和掠夺性贷款行为的典型代表。尽管仍有一些人认为，全美抵押贷款公司（Countrywide Mortgage）是更为令人发指的典范。在迈克尔·W. 哈德逊的《怪物》一书中，记载了 Ameriquest 的标准操作程序。以下只是他们可疑行为的一个抽样：

1. 不准确的披露声明。
2. 未能透露利率是可调整的。
3. 夸大借款人的收入。
4. 虚增资产评估。
5. 将不配合的评估师列入黑名单。
6. 修改像是借款人的 W-2s 这样的文件。
7. 贷款销售人员批准自己的贷款。[3]

2003 年，因大量投诉，加州总检察长调查了 Ameriquest。他们的调查发现，在几乎一半的贷款申请中，借款人的职业是以下三者："顾问""股东"（没有关于拥有什么的其他信息）或该行空白。[4]在 2000 年到 2004 年间，联邦贸易委员会（Federal Trade Commission）接到 466 份投诉并在多个州提起诉讼，2006 年初，Ameriquest 同意在以 3.25 亿美元达成和解。[5]

债务抵押债券的演变

雷曼兄弟（Lehman Brothers）和其他投资银行开始出售以信用违约掉期（CDS）为担保的 CDO，而并非以资产为担保。在违约的情况下，CDS 是付款的保证。它们的价值基于出售担保公司的信用评级，而不用提供抵押品。美国国际集团（AIG）是美国最大的商业和工业保险承保商。对于 AIG 的高管来说，这看起来很容易赚钱。同时发生一波违约潮的几率似乎微乎其微。数百万美元的保费似乎是免费的钱。到 2005 年，AIG 在信贷违约掉期（CDS）中扮演了重要角色。如果所有的 CDO 都出了问题，AIG 将面临上千亿美元债务的风险，这就引出了问题。"他们是愚

---

〔1〕 Williams：《不可控制的风险》，第 126 页。

〔2〕 Williams：《不可控制的风险》，第 123 页。

〔3〕 Michael W. Hudson：《怪物》，纽约：时代图书出版社 2010 年版，第 156-159 页。

〔4〕 Michael W. Hudson：《怪物》，纽约：时代图书出版社 2010 年版，第 234 页。

〔5〕 Michael W. Hudson：《怪物》，第 245 页，第 261 页。

蠢，还是根本不打算付钱？"[1]这种行为是由"大到不能倒"的政策造成的道德风险的结果吗？

一些人质疑 AIG 信用违约掉期是否明智的原因之一是，投资银行以伦敦银行同业拆借利率（London Interbank Offered Rate，Libor）加 0.5% 或"Libor 加 50"的价格购买 CDO。AIG 为他们提供了"Libor 加 10"信用违约互换的违约保险。[2]如果银行获得了 0.5% 利息，以 0.1% 的价格将所有风险转嫁给 AIG，则投资银行会从数亿美元中得到 0.4% 的免费资金，但如果出现违约，AIG 就要支付违约金。除非 AIG 支付不起，否则投资银行不会亏损。

AIG 每年通过销售信用违约掉期赚取 3 亿美元，这些掉期为贷款池提供违约保险。[3]到 2005 年底，AIG 发现为数千亿美元的次级抵押贷款的违约提供保险可能是一个坏主意，因此它停止销售 CDO 债务保险。[4]人们发现 CDO 背后的模型还有另一个缺陷。CDO 内部住房贷款 7% 的违约率足以抹去整个 CDO。[5]这不是你在三 A 级投资中所期望的。

房地产泡沫破灭

2006 年，次级贷款借款人的拖欠率已达到 7.5%，这足以让整个 CDO 崩溃。[6]AIG 被要求公布其信用违约掉期（CDS）的抵押品，而目前该掉期已到期。华尔街的大公司已经开始依赖于不断上涨的房地产价值和销售信用衍生产品的费用，但现在他们无法转移贷款或 CDO。随着房价崩盘，次贷市场无法继续发放贷款。许多次级贷款机构倒闭了。CDO 市场因投资者停止购买而受阻。因为房屋贬值，人们停止了房屋净值贷款。家电和建筑材料的销售下降。来自中国的订单减少，中国购买的美国国债也随之减少。整个经济在"负反馈循环"中陷入停滞。[7]

像更大的经济体一样，每个金融实体都是相互关联的。虽然证券化据说可以降低风险和增加流动性，但它真正的含义是许多机构和投资者的财富交织在一起，一个机构的失败会溢出并殃及其他机构。

奖金结构中的不当激励

为什么雷曼兄弟倒闭了？原因之一是，在房地产市场转暖后，为了获得红利，它仍在继续进行房地产交易。[8]到 2006 年底，次级抵押贷款市场明显分崩离析。价格下跌，拖欠率上升。AIG 停止出售 CDO 的信用违约掉期。尽管投资银行无处购买信用违约掉期，但 CDO 仍在不断运作以增加红利。

美林怎么样？它的巨额奖金触发器，与创建和交易 CDO 产生的费用挂钩。2007 年前 7 个月，美林新增了 300 亿美元的 CDO。[9]然而，美林遇到了一个问题。没有人，甚至连银行自己的交易

---

〔1〕 Matt Taibbi：《贪婪世界》，第 100 页。

〔2〕 Matt Taibbi：《贪婪世界》，第 99 页。

〔3〕 Lewis：《大空头》，第 71 页。

〔4〕 Tett：《傻瓜黄金》，第 134 页。

〔5〕 Lewis：《大空头》，第 129 页。

〔6〕 Williams：《不可控制的风险》，第 127 页。

〔7〕 McDonald，Robinson：《常识的巨大失败》，第 254-255 页。

〔8〕 Greg Farrell：《泰坦的崩溃》，纽约：皇冠出版社 2010 年版，第 415 页。

〔9〕 Sorkin：《大到不能倒》，第 163 页。

员，都不想购买美林所创造的所谓安全的抵押贷款支持证券。为了解决了这个问题，它成立了一个新的部门来处理这些不良交易。因此，这些交易员能够获得巨额奖金，他们将自己的奖金分享给那些购买证券的交易者，而这些交易者注定是输家。这又被称为"100万换10亿"，意思是说，每购买10亿美元的证券就有100万美元的奖金。[1]美林的交易员把个人奖金看得比公司的健康更重要。2007年10月，由于CDO价值暴跌，美林预计季度损失接近80亿美元。[2]

按市值计价

大多数银行对非流动性投资的评估仅仅是以支付的价格为基础。如果以后卖得更贵，则记为利润；如果以更低的价格出售，则记为亏损。2007年，随着财务会计准则委员会（Financial Accounting Standards，FAS）第157号财务会计准则的出台，这一情况发生了变化。财务会计准则第157号要求即使尚未实现盈利或亏损，资产的价值也必须"加记"或"减记"。这被称为"按市值计价"。[3]这样有类似资产的买家就可以很容易确定资产的市场价值。然而，如果每个人都把资产当作有毒废物一样，价值又是多少呢？

雷曼兄弟（Lehman Brothers）是其中一家被质疑是否适当地下调房地产资产的公司。具体到2008年第一季度的CDO，雷曼兄弟只报告了对65亿美元不良资产的2亿美元减记。[4]

他们是在误导市场吗?

SEC前主席哈维·皮特（Harvey Pitt）在谈到大恐慌时期的投资银行时表示，"这些主要机构正在进行的会计舞弊水平令人震惊。"[5]Pitt指出，投资银行在同一资产上做了多重标记。根据不同情况，他们会给出更高或更低的标记（值）。这些资产在计算费用时价值更高，而在计算追加保证金时价值更低。他说："这反映的不仅仅是粗心大意，这反映了犯罪行为。"[6]

雷曼兄弟还采用资产负债表外的手段，即雷曼兄弟内部所称的"回购105"交易，临时从资产负债表中删除证券库存，通常为7至10天的周期，并对2007年末和2008年末公司的财务状况造成严重误导。回购105交易采用固定收益证券，要求至少5%的超额抵押金额（即至少价值105美元的证券换取100美元的现金借款）。雷曼兄弟的回购105业务包括两个步骤：①进行回购105交易；②使用回购105现金借款以偿还债务，从而降低杠杆率。新季度开始后的几天，雷曼兄弟会借入必要的资金偿还现金借款加上利息，回购证券，并将资产恢复到资产负债表中。[7]

2010年12月，当时的纽约总检察长安德鲁·库莫（Andrew Cuomo）对雷曼兄弟的回购105业务，向雷曼兄弟的会计师事务所安永（Ernst & Young）提起民事欺诈诉讼。这场长达32页的诉讼描述了这家大会计师事务所与其客户之间的勾结关系。安永从雷曼兄弟收取了超过1.5

〔1〕 Jake Bernstein, Jesse Eisenger：《"补贴"：少数美林银行家是如何帮助他们自己的公司倒闭的》，Propublica出版社，2010年12月22日，载www.propublica.org/article/the-subsidy-how-merrill-lynch-traders-helped-blow-uptheir-own-firm。

〔2〕 Sorkin：《大到不能倒》，第64页。

〔3〕 Sorkin：《大到不能倒》，第120页。

〔4〕 Sorkin：《大到不能倒》，第124页。

〔5〕 David E. Y. Sarna：《贪婪史》，霍博肯，新泽西州：John Wiley & Sons出版公司2010年版，第276-277页。

〔6〕 David E. Y. Sarna：《贪婪史》，霍博肯，新泽西州：John Wiley & Sons出版公司2010年版，第34页。

〔7〕 Anton Valukas的报告，雷曼兄弟控股公司诉债务人，第11章，纽约南区，案件号08-13555，第732-733页。

亿美元的费用，同时据说涉嫌帮助其掩盖财务状况。[1]

困难的风险管理

在 2008 年 4 月举行的 G7 峰会晚宴上，英格兰银行行长默文·金（Mervyn King）告诫华尔街的公司领导人："风险管理很难。因此我们不能让你变得像以前那样大，也不能让你造成曾经造成的损害，这是我们得到的教训。"[2] 华尔街的公司对风险管理的态度是什么？

花旗集团：首席执行官查尔斯·普林斯（Charles Prince）似乎认为，花旗集团没有能力控制其承担的风险。据报道，普林斯曾问当时的财政部长汉克·保尔森（Hank Paulson）："难道你不能做点什么，来让我们不用承担所有这些风险吗？"[3]

雷曼兄弟：首席执行官迪克·富尔德（Dick Fuld）将公司的大部分管理工作留给了总裁兼首席运营官乔·格雷戈里（Joe Gregory）。他的座右铭是："尽可能多做生意；承担冒险。"他与风险管理官马德琳·安东西奇（Madelyn Antoncic）争论，不让她参加会议，或者把她赶出房间。[4]

美林：首席执行官斯坦·奥尼尔（Stan O'Neal）于 2006 年 7 月接替了风险管理经理杰夫·克伦塔尔（Jeff Kronthal）。克伦塔尔是一位经验丰富的风险管理者。他的继任者，奥斯曼·塞默奇（Osman Semerci）是一名在美国抵押贷款市场没有经验的销售员。[5]

贝尔斯登

当贝尔斯登（Bear Stearns）在 2007 年底公布其巨额亏损时，它就逐渐没落了。首席执行官吉米·凯恩（Jimmy Cayne）被迫辞职。公司的两个对冲基金已经倒闭，它们曾大量投资于次级抵押贷款。2008 年 3 月，穆迪下调了对贝尔斯登发行的抵押贷款支持债券的评级。[6] 其他银行开始犹豫是否向贝尔斯登提供贷款。没有现金，它就无法运营。随着流动性问题传言的不胫而走，投资者开始撤资，股票价格暴跌。

摩根大通（J. P. Morgan Chase）有意收购贝尔斯登，以防止其破产。然而，摩根大通在看完贝尔斯登投资组合中数十亿美元的抵押贷款支持证券后，变得冷淡起来。美国财政部长蒂莫西·盖特纳（Timothy Geithner）和美联储主席本·伯南克（Ben Bernanke）有三个选择：[7]

1. 让贝尔斯登破产。

2. 通过向贝尔斯登注入资金来争取时间。

3. 补贴摩根大通的交易。

第一个选择是最不具吸引力的，考虑到银行之间的关系网和市场的脆弱性，如果有其他选择的话，他们不愿冒大规模破产的风险。摩根大通（J. P. Morgan Chase）最终以每股 10 美元的价格

〔1〕　Liz Rappaport, Michael Rappaport：《安永被控为雷曼粉饰》，载《华尔街日报》2010 年 12 月 21 日，on-line. wsj. com/article/sb10001424052748704259704576033545454616160536. html。

〔2〕　Sorkin：《大到不能倒》，第 99 页。

〔3〕　Sorkin：《大到不能倒》，第 98 页。

〔4〕　Vicky Ward：《魔鬼赌场》，霍博肯，新泽西州：John Wiley & Sons 出版公司 2010 年版，第 158 页。

〔5〕　Sorkin：《大到不能倒》，第 163 页。

〔6〕　David Wessel：《我们信任美联储》，纽约：三河出版社 2010 年版，第 151 页。

〔7〕　David Wessel：《我们信任美联储》，纽约：三河出版社 2010 年版，第 168 页。

收购了贝尔斯登（Bear Stearns），并同意在美联储将剥离的 300 亿美元抵押贷款支持资产中先吃掉 10 亿美元。[1]

房利美和房地美

联邦国民抵押贷款协会（Federal National Mortgage Association）又称为"房利美"（Fannie Mae），联邦住房抵押贷款公司（Federal Home Loan Mortgage）又称为"房地美"（Freddie Mac），是担保偿还抵押贷款，将其转换为证券的公司。他们还建立了大量的抵押贷款组合。房利美和房地美为股东所有，都是为了盈利而运营，但每个人都认为它们得到了美国政府的支持。

2008 年夏季，两家公司担保的抵押贷款支持证券的损失增加，股价下跌超过一半。[2]股价下跌使两个公司更难借贷。流动性问题也引发了更多问题。外国投资者开始担心，并问美联储是否会支持房利美和房地美。2008 年 9 月，财政部承诺向两个公司提供高达 1000 亿美元的纳税人资金。但这些公司的管理权要交给政府。持有优先股的人被一笔勾销，但这两家公司的所有债务都将得到偿还。[3]

雷曼兄弟

2008 年夏季，市场不稳定。贝尔斯登已经走下场，华尔街正在寻找下一个目标。雷曼兄弟（Lehman Brothers）公布第二季度亏损 28 亿美元。[4]卖空者像秃鹫一样盘旋。由于没有人购买，雷曼的股票供应过剩。雷曼兄弟，如贝尔斯登、房利美和房地美，发现一旦被别人认为陷入困境，就很难再借款，投资者关闭账户，问题将更加严重。

雷曼兄弟有两个可能的买家：美国银行（Bank of America）和巴克莱银行（Barclays）。总部位于北卡罗来纳州夏洛特的美国银行正打算进军投资领域，与花旗集团展开竞争。总部位于伦敦的巴克莱银行对经纪交易商业务很感兴趣。随着双方谈判的继续，美国银行不打算参与竞标，而将目光投向了美林。巴克莱在谈判的最后阶段决定不和雷曼兄弟达成交易。

美联储没有插手拯救雷曼兄弟。不插手帮助雷曼兄弟的原因可能是，它用纳税人的钱帮助贝尔斯登攀上了摩根大通的大腿，因而受到了舆论的抨击。另一个原因是，可能的投资者都离开了。两位买家都不想要雷曼兄弟。美国银行想要美林，而巴克莱只想要雷曼兄弟的一部分。当巴克莱的交易失败时，雷曼兄弟的总裁巴特·麦克戴德（Bart McDade）给首席执行官迪克·富尔德（Dick Fuld）打电话。他告诉富尔德，"没人能救我们。"富尔德无言以对。[5]

2008 年 9 月 15 日，雷曼兄弟申请破产。同一天，美国银行宣布将收购美林。雷曼兄弟（Lehman Brothers）的高管们一定是被刺痛了，他们看到潜在的救援者将他们的对手从水中拉了出来，而不是他们。为了使经济交易商业务保持开放，尽管美联储继续为雷曼兄弟提供贷款，但破产公告仍使市场出现了巨大的混乱。

自雷曼兄弟被允许破产以来，那些蒙受损失的人一直在寻求正义。如前所述，当时的纽约州

---

〔1〕 David Wessel：《我们信任美联储》，纽约：三河出版社 2010 年版，第 172 页。
〔2〕 David Wessel：《我们信任美联储》，纽约：三河出版社 2010 年版，第 182 页。
〔3〕 Wessel：《我们信任美联储》，第 185—187 页。
〔4〕 Kaye Bonnick：《为什么大到不能倒？》，布卢明顿，伊利诺伊州：作家之家出版社 2010 年版，第 62 页。
〔5〕 Sorkin：《大到不能倒》，第 351 页。

总检察长安德鲁·科莫（Andrew Cuomo）就回购 105 的做法，对雷曼兄弟的会计师事务所安永（Ernst & Young）提起民事欺诈诉讼。愤怒的投资者也对雷曼兄弟提起了多项诉讼，声称这些评分是虚假的，而首席财务官也在上边签字认可了这些。[1]

美林证券

2008 年，美林遭受了巨额损失，达 276 亿美元。[2] 在雷曼兄弟破产的同一天，美国银行选择美林而不是雷曼兄弟，因为它对美林的满意度高于雷曼兄弟，特别是对资产评分的价值。[3] 美国银行同意以每股 29 美元的价格收购美林，与当时每股 17 美元相比属于溢价。[4] 尽管美联储给予了大量鼓励，但没有纳税人的钱来抵消美林账簿上的不良资产。摩根大通（J. P. Morgan Chase）与贝尔斯登（Bear Stearns）资产达成的交易，也就是摩根大通（J. P. Morgan Chase）首席执行官杰米·戴蒙（Jamie Dimon）所谓的"杰米交易"（Jamie Deal），不太可能重演，因为美联储的雷达上有一个更紧迫的问题：AIG。

AIG

AIG 的信用评级已经下滑。AIG 发行的信用违约掉期（CDS）建立在其声誉和良好的信用评级的基础上。之前它没有提供过任何抵押品。评级下滑后，它现在被要求提供抵押品。AIG 不但需要支付违约金，现在还必须拿出抵押品。当现金流问题出现时，股票会下跌，也没有人想借钱给你。和贝尔斯登、雷曼兄弟和美林一样，AIG 也陷入了困境。

2008 年 9 月 16 日，在宣布雷曼兄弟（Lehman Brothers）破产和收购美林（Merrill Lynch）的后一天，美国政府向 AIG 贷款 850 亿美元，换取其 79.9% 的股份。[5] 截至 2009 年 3 月，美联储和财政部已经往 AIG 投入了 1830 亿美元。[6]

222

TARP

美国财政部长蒂姆·盖特纳（Tim Geithner）早就认为，不要尝试一次性拯救公司，这并非最佳策略。在内部，盖特纳的人把该计划叫作"打破玻璃"，即"在紧急情况下，打破玻璃"。他曾要求国会拨款 7000 亿美元从华尔街公司购买问题资产，并试图稳定市场。2008 年 9 月 29 日，众议院以 228 票对 205 票否决了该提案，之后道琼斯工业平均指数下跌 778 点，这是迄今为止最大的单日跌幅。[7] 本周将下跌 1096 点，下周下跌 1874 点，两周下跌 2970 点。[8]

众议院在一周后的 10 月 3 日重新审议了该提案的新版本。57 名议员改变了他们的投票（33

〔1〕　Ward：《魔鬼赌场》，第 223 页。
〔2〕　Bonnick：《为什么大到不能倒？》，第 69 页。
〔3〕　Sorkin：《大到不能倒》，第 367 页。
〔4〕　Sorkin：《大到不能倒》，第 333 页。
〔5〕　Wessel：《我们信任美联储》，第 195 页。
〔6〕　Wessel：《我们信任美联储》，第 194 页。
〔7〕　Wessel：《我们信任美联储》，第 227 页。
〔8〕　Wessel：《我们信任美联储》，第 227 页。

名民主党人和 24 名共和党人）并通过了它。国会所不知道的是，财政部长对怎么使用这些资金有了新的主意。他重新考虑了问题资产救助，现在正计划直接投资于个别银行，而不是购买不良资产。[1]收购不良资产很复杂。正如贝尔斯登、房利美、房地美和雷曼兄弟的迅速没落所表明的，"在对这些数字进行评估时，捏造数字的余地太大了。"[2]

2008 年 10 月 12 日星期日，盖特纳邀请九家最大银行的行长第二天到财政部一趟，他要告诉他们一个不能拒绝的提议。第二天，九家银行的每一家都被告知必须要以优厚的条件接受注资。如果他们拒绝注资，那么未来再要求注资时，条件就不会那么好了。这九家银行在一笔"照收不误"的交易中获得了以下：

花旗集团—250 亿美元

摩根大通—250 亿美元

富国银行—250 亿美元

美国银行—150 亿美元

美林—100 亿美元

高盛—100 亿美元

摩根士丹利—100 亿美元

纽约梅隆银行—30 亿美元

道富银行—20 亿美元[3]

TARP 基金最终被用作流动性缓冲，因此银行也重新开始放贷。然而，他们还赋予国会权力，把华尔街高管们叫到华盛顿、对薪酬过高、不协调的激励措施以及可能的监管改革加以质询，以取代华尔街游说取消的监管改革。每个人都说了所有正确的事情。

很快，TARP 的受益者就把钱还给政府。首先是高盛在 2009 年夏天偿还债务，然后是摩根大通、摩根士丹利、花旗集团。正如调查记者和作家维姬·沃德（Vicky Ward）所说，"魔鬼回到赌场，并渴望再次转动轮盘。"[4]

"大到不能倒"政策

回顾过去，联邦政府对在大恐慌期间规模太大而不能倒闭的金融公司的政策是什么？以下是实际发生的情况：

■ 贝尔斯登在一项由 300 亿美元纳税人资金补贴的交易中被收购，以避免其破产。

■ 房利美和房地美被政府接管。

■ 雷曼兄弟被允许破产。潜在的合并伙伴没有收到任何补贴。

■ 美林是在没有补贴的情况下被收购的。

■ AIG 以 1830 亿美元收归国有。

■ 前九大银行得到了大量资金。

我们看到的是，没有真正的政策。因为政府每次都做不同的事情，投资人和债权人不能确定

---

[1] Sorkin：《大到不能倒》，第 485 页。

[2] Ward：《魔鬼赌场》，第 218 页。

[3] Wessel：《我们信任美联储》，第 239 页。

[4] Ward：《魔鬼赌场》，第 218-219 页。

会发生什么。这只会增加不稳定性。"大到不能倒"政策的主要目的是防止不稳定。以下是政府"大到不能倒"政策的三个主要原因：[1]

1. 防止银行体系的不稳定发生，并蔓延到经济的其他领域。
2. 保护未投保的储户和债权人。
3. 保护信贷配置。

有人做得都对吗?

之所以许多银行在高风险金融工具上追求利润，是因为银行业和整个金融业都在不断变化。长期以来支持该业务模式的固定费用收入由于折扣经纪人的存在受到侵蚀，因此许多投资银行放弃了风险管理策略。许多商业银行接受了更高的次级贷款费用。旧的客户服务模式已不再盈利。

与其使用噱头式的金融工具，银行或许更应该在其传统企业应用程序中寻找创新机会，将这些应用程序由多层中间件和专有代码结合组成。金融服务业拥有任何行业中最古老的技术。[2]如果一家银行想从行业中其他忙于冒险的参与者中脱颖而出，有两种好方法：

1. 创新：找到更好的方法来管理客户账户。
2. 重申：不要放弃你的风险管理原则。

荷兰国际集团（ING Direct）和哈德逊城市银行（Hudson City Bancorp）是两家不甘人后的公司，它们已经向世人展现了成功：第一家通过创新，另一家通过重申其对风险管理原则的承诺。截至 2000 年底，荷兰国际集团的存款额为 6.51 亿美元。[3]截至 2011 年第一季度，这些存款已增长至 818 亿美元以上。[4]这一增长率几乎是同期美国银行平均增长率的 10 倍，这在很大程度上归因于一种着眼于互联网的新型业务模式。[5]ING Direct 主要在其网站上提供销售的高收益率产品。它在美国七个城市设有现代化的网吧。通过提供无纸化的在线支票账户，ING Direct 正在迎合未来的浪潮。根据美国银行业协会的一项调查，55 岁以下人群的首选的银行服务方式是互联网。[6]每年手机上网用户都在翻倍。预计到 2015 年，将有 2.44 亿人通过手机进行金融交易。[7]

哈德逊城市银行坚持其保守的贷款做法，放弃了次级抵押贷款。哈德逊城市银行选择了缓慢、稳定的增长，而不是短期高风险的暴利，避免了许多银行面临的困境。正如从 2008 年至 2010 年间，银行倒闭数量的增加如下所示：[8]

2008 年—25 家

2009 年—140 家

2010 年—157 家

〔1〕　Stern：《大到不能倒》，第 53 页。

〔2〕　Louis Hernandez：《小到不能倒》，布卢明顿，伊利诺伊州：作家之家出版社 2010 年版，第 64 页。

〔3〕　Louis Hernandez：《小到不能倒》，布卢明顿，伊利诺伊州：作家之家出版社 2010 年版，第 59 页。

〔4〕　Philip van Doorn：《GE 对 ING 的出价可能会彻底改造利润引擎》，载《华尔街日报》，2011 年 6 月 7 日，www. thestreet. com/story/11145032/1/ges-ing-bid-may-overhaul-profit-engine. html。

〔5〕　Louis Hernandez：《小到不能倒》，第 59 页。

〔6〕　Louis Hernandez：《小到不能倒》，第 60 页。

〔7〕　《移动银行用户数每年翻番》，PYMNTS. com，2010 年 2 月 18 日，载 www. pymnts. com/mobilebanking-subscriber-numbers-doubling-every-year/。

〔8〕　《联邦存款保险公司破产的银行——2011 年、2010 年、2009 年、2008 年和 2007 年的银行破产》，载 www. calculatorplus. com/savings/advice_failed_banks. html。

尽管最初因为不追求更高的回报而受到批评，但储户们在 2008 年找到了哈德逊城市银行存款。当其他银行举步维艰，哈德逊城市银行的存款却增加了，2008 年的全年净利润同比增长了 64%。[1] 自 1999 年 7 月上市到 2010 年年底，哈德逊城市银行不仅以平均每年 19% 的速度增长盈利，而且在经济衰退期间增长加快。[2] 具有讽刺意味的是，在大恐慌烟消雾散后，哈德逊城市银行因其良好行为受到惩罚，因为政府被迫需要支持由其他金融机构的鲁莽行为造成的抵押贷款市场破裂。

抢劫：阿克洛夫和罗默

在本章的开头，我们根据 1993 年加利福尼亚大学的乔治·阿克洛夫和保罗·罗默的研究提出了一个问题。他们的论文《掠夺：为盈利而破产的经济黑社会》，其理论上认为有合适条件的话，管理者会为了追求个人利益让他们的公司破产。条件是：

1. 糟糕的会计。

2. 松懈的管制。

3. 对滥用职权的处罚很低。

4. 政府救助的先例或预期。[3]

所有这些都是在大恐慌时期出现的。这个策略有许多丰富多彩的描述："头我赢了，尾我扯平""赌复活""第四节足球"，等等。然而，阿克洛夫和罗默在 1993 年写的论文也讨论了将这种活动推广到其他合同无法兑现的公司的问题。这预言性地描述了那些阴暗的次级抵押贷款机构与无法偿还贷款的借款人签订抵押贷款合同的做法，只是为了填补 CDO 的渠道：

掠夺可以共生地传播到其他市场，带来一个整具有反常激励机制的黑社会经济。政府担保所涵盖的行业内的抢劫者将与该行业外的非关联企业进行交易，使其生产方式有助于最大化地提高抢劫者当前的利益，而不考虑未来的损失。抢劫者不是寻找将履行其合同的商业伙伴，而是寻找那些会签订合同的合作伙伴，这些合同如果充分履行，似乎具有很高的现值，但它们不会也不能得到履行。[4]

阿克洛夫和罗默将这一有缺陷的经理人实施的活动称为犯罪。每当这些因素结合在一起时，这种行为的趋势将是相同的。阿克洛夫和罗默从 20 世纪 80 年代起的储蓄数据中看到了这一点，2008 年的大恐慌中也是如此。

那些记不得过去的人注定要重蹈覆辙。

——乔治·桑塔亚纳（George Santayana），《常识中的理性》

---

〔1〕 Lindsay Blakley：《哈德逊城市银行：一家不盲目相信的银行》，BNET. com，2008 年 12 月 1 日，载 www.bnet.com/article/hudson-city-bancorp-one-bank-that-didnt-drink-the-kool-aid/253410。

〔2〕 Chuck Carnevale：《哈德逊城市银行公司，短期风险长期机会》，SeekingAlpha.com，2011 年 1 月 29 日，载 seekingalpha.com/article/249498-hudson-city-bancorp-shortterm-risk-long-term-opportunity？source＝yahoo。

〔3〕 Akerlof, Romer, Hall, Mankiw：《掠夺：为盈利而破产的经济黑社会》，第 2 页。

〔4〕 Akerlof, Romer, Hall, Mankiw：《掠夺：为盈利而破产的经济黑社会》，第 3 页。

第十一章　设计健全的舞弊预防计划

 摘　要

　　所有实体企业都需要健全的舞弊预防计划，配备有精明和经验丰富的舞弊审查人员。注册舞弊审查师（Certified Fraud Examiner，CFE）认证，是企业监测和预防舞弊的金标准，所有的企业调查人员都应获得该认证。预防舞弊部门还需要司法会计师和司法数据分析师。应采用财务诚信的概念来保护本组织免受各种形式的舞弊和滥用职权，同时减少财务和声誉损害的风险。该计划应与内部审计职能部门保持一致，因为这种伙伴关系可实现巨大的协同效用。与内部审计人员的互动将有助于发现更多的舞弊和滥用职权问题。舞弊预防计划应包括对所有舞弊行为的发现、调查和预防，这些舞弊有财务报表舞弊、资产挪用、贿赂和腐败等。调查部门需要各种各样的舞弊监测软件和技术解决方案，并在整个公司实现跨团队的优质合作。

　　公司面临许多舞弊风险。存在舞弊损失、股东诉讼、政府调查、起诉、定罪和罚款等造成的财务风险。除了财务风险，舞弊还带来声誉风险和具有破坏性的媒体关注。替代责任也是一个严重的风险，即使员工行为未经公司授权，甚至违反了公司政策，公司也可能要对员工的行为负责。根据组织政策，组织可以对犯罪行为承担责任。如果员工的犯罪行为是在受雇的期间和范围内进行的，公司也可能要对这些行为负责。一旦受人尊敬的公司被舞弊摧毁，想想数千无辜的普通员工所遭受的个人损失吧，他们相信自己的公司，但却被公司的高级管理人员欺骗了。他们失去了工作、储蓄和养老金，面临着多年的情感和财务问题。

只有健全才能做到

　　在过去的十年里，预防舞弊已经取得了长足的进展。公司高管意识到，预防舞弊对公司的长期存在至关重要。预防舞弊的概念不仅仅是一种良好的商业实践；它更是一项对正确的公司管理至关重要的要求。每家想要认真对待合规的公司，都需要进行舞弊监测和调查对策。建立最先进的舞弊预防计划，需要努力确保诚信、透明、诚实报告和合规文化。只有健全的舞弊预防计划才能做到这些。健全可以理解为具有或表现出力量或蓬勃的健康发展，有坚定的目标和前景，很强大。它是主动的，而不是被动的。[1] 使计划健全的因素有很多。经验丰富的舞弊审查员和司法会计师了解人们实施舞弊的原因，并知道如何发现它。他们始终关注与舞弊有关的本地、国家和世

---

〔1〕　参见《韦氏第三版新国际英语词典》，1986年版，S. V. "健全"。

界事件，以便将最佳实践融入到公司的计划中。他们总是在舞弊预防工具库中添加新的策略。最重要的是，它是对卓越和创新的承诺。

233　　一个健全的舞弊预防计划必须建立一个可预测的、针对舞弊或财务不当行为的响应模型，提供全面及时的结果以便支持管理层的行动，包括相关的业务、法律和人力资源决策。首要的重点是制止不当行为，推动政策、程序、内部控制和合规的持续改进，包括《萨班斯-奥克斯利法案》认证和举报规定。经验表明，一旦建立了健全的舞弊预防计划，许多以前隐藏的舞弊案件将被披露。为员工和其他人提供良好的沟通报告机制，可以举报舞弊和不符合公司政策的指控，有助于发现和解决之前解决不了的问题。所处理的舞弊和滥用类型将涵盖传统的财务舞弊和滥用，从低风险领域，如费用报告舞弊和小额现金滥用，到更高的风险领域，包括财务会计问题、利益冲突、隐藏的业务关系、回扣和贿赂。

调查响应

　　健全的舞弊预防计划将包括对舞弊问题的认识、舞弊风险评估、监测、教育、预防和响应性调查。不管多好的预防计划，都不能阻止所有舞弊行为。因此，所有预防计划都需要一个调查性响应组件，通过该组件，公司调查人员可以对舞弊指控快速做出响应。舞弊调查单位必须对舞弊的监测、调查和预防负责，必须要得到高级管理层和审计委员会的强力支持。

　　公司创建的任何部门都需要配备经验丰富的舞弊调查人员。由于舞弊计划的复杂性及其众多形式，一个人需要多年的经验和技能，才能成为一名舞弊监测和调查专家。应考虑雇用具有丰富调查经验的前执法专业人员、公司调查人员、司法会计师和其他人员，以及相关专业的认证人

234 员。注册舞弊审查师（Certified Fraud Examiners，CFE）、认证合规和道德专业人员（Certified Compliance and Ethics Professionals，CCEP）、注册会计师（Certified Public Accountants，CPA）、认证保护专业人员（Certified Protection Professionals，CPP）、专业认证调查人员（Professional Certified Investigators，PCI），以及其他高技能的调查人员和法庭科学专家，应成为每个有调查职能的组织的一部分。

　　尤其是，注册舞弊审查师认证（Certified Fraud Examiner certification，CFE）已经成为舞弊监测和预防的金标准。CFE 被称为全球反舞弊专家。要成为注册舞弊审查师，舞弊审查员必须符合严格的学历标准，拥有调查虚假财务交易和其他舞弊的经验，还必须了解舞弊、会计、犯罪学和道德等有关知识。因此，CFE 们具有调查舞弊和反舞弊控制措施的丰富知识。他们应该是任何健全的舞弊预防计划中的一部分。除了其调查技能，调查人员还必须是变革的推动者和合规的代言人，说服上层管理层（然后是下面的各级）明白舞弊预防的重要性。

　　雇佣这些反舞弊专业人员表明公司对高度诚信的承诺，他们可以帮助公司实施健全的舞弊预防和调查计划。还应对调查人员的技能辅以高科技工具和资源，以促进他们的调查能力。同时需要对调查人员进行持续培训。一个合理的建议是，每位调查人员每年至少应接受 40 小时的培训，培训重点是舞弊监测、调查程序、雇佣法和其他法律。公司应传达出这样的信息，即公司已经准备好、愿意并且能够对舞弊指控做出快速、适当的回应。

　　还应考虑为所有进行的调查制定一个调查框架。该框架将为卓越的调查和监督提供一个详细的逐步过程。对于如何安排合规性问题，以供审查和调查决定，应该有一个接收过程。还必须包

235 括一个分配过程，来决定由谁实际进行调查，以及在什么监督下进行调查。调查开始前，应制定详细的调查计划，确定调查范围和所有相关要素。计划中应该包括需要分析哪些文件，调查过程

中需要哪些工具，将访谈谁，谁来领导调查，需要人力资源、法律、调查供应商和其他人提供哪些调查协助，完成调查的时间表，以及调查的其他关键要素。

财务诚信的概念

考虑使用"舞弊调查组"或类似的其他名称来称呼舞弊预防部门。该部门可以被称为财务诚信部门，以强调对财务诚信的保持、流程的改进和预防，而不仅仅是被动反应型的调查。术语"财务诚信部门"传达了一个强烈的信息，即总体任务是保护财务健康，促进财务管理和诚信。"财务诚信部门"还向员工传达了一个不同且更好的信息，即不仅仅是对舞弊的响应。将"财务"和"诚信"这两个词结合起来，会传递出一个非常积极的信息，即该单位不仅在保护他们，而且也在保护公司。

财务诚信调查部门应该有一个章程或使命，为整个组织的舞弊预防计划提供明确的目标和定义。章程或使命必须传达给公司的主要利益相关者。财务诚信部门章程的样本见附录11.1。

财务诚信部门必须有书面的政策和程序，并应与公司其他部门密切合作。应进行需求和能力分析，确定一系列针对关键项目要素、拟定组织结构和部门团队能力的建议。良好的启动策略包括以下因素：

■ 计划和流程开发，包括公司范围内的舞弊风险状况。

■ 与其他公司组织（包括高级管理人员、法律、合规部门、人力资源、内部审计和财务、采购和公共关系）进行政策整合和密切互动。

■ 事件和趋势跟踪及报告的案例管理。

236

■ 技术解决方案的开发，以识别舞弊和滥用。

■ 执行调查的调查方案。

■ 在全公司范围内开展舞弊风险和预防策略的宣传计划。

附录11.1 财务诚信部门章程样本

财务诚信部门（FIU）是内部审计的一个组成部分，旨在协助总审计师、首席财务官、总法律顾问、首席合规官以及其他管理层和董事会成员有效履行其对财务诚信的责任。为此，FIU有权对可能对公司财务诚信产生负面影响的任何财务不当行为或违反公司行为准则及其他相关行为准则的报告或指控作出回应。FIU有一个世界性的章程。FIU的职责包括：

■ 对可能对公司财务诚信造成负面影响的财务不当行为，或违反行为准则的指控，进行及时和专业的调查。调查将在法律总顾问办公室的指导和监督下进行，并酌情向法律总顾问办公室和其他管理层成员发布调查报告，以供解决。

■ 识别并提出建议，以纠正增加财务不当风险的控制弱点和流程缺陷；提出建议，采用行业最佳实践。

■ 为了预防、监测和调查舞弊、浪费和滥用事件，与管制员社区和其他财务人员合作，提供一个积极、全面和有效的计划。

■ 与业务部门合作，不断改进与财务相关的流程，提高成本效益。

调查行为准则

另一个可以考虑的最佳实践是制定具体的调查行为准则。虽然几乎所有的公司都有员工业务行为准则，但很少有公司为其调查人员制定专门的行为准则。这类准则详细说明了调查专业人员在从事调查活动时必须如何行事。

237　　企业调查人员的作用和内部调查过程，一直是过去几年媒体对包括财富 500 强在内的公司进行报道的焦点。就调查人员的行为提出许多问题，包括监视员工和记者、监控技术、利用借口和诡计获取个人信息以及其他可疑的调查技术。其结果对商业组织中的调查角色进行了更大的监督。最重要的是，调查人员不能有任何妨碍调查的偏见或先入为主的意见，并应始终准确、完整地报告事实。

调查行为准则应要求遵守公司政策以及最高的道德和法律标准。因此，创建一个具体的调查准则，体现专业行为、最佳实践、遵守法律和政策、禁止不适当和不道德行为，是另一个可以进一步保护组织免受声誉和财务风险的方法。调查行为准则应满足以下要求：

- 调查人员将诚实正直地进行调查。
- 调查人员将使用公司批准的调查技术，并始终符合最高的专业标准。
- 调查人员将准确、完整地收集证据和报告事实。
- 调查人员不允许有任何偏见或先入为主的意见干扰调查。
- 调查人员不会参与任何实际有或感知到有利益冲突的调查。
- 调查人员不会在调查中使用诡计或虚假陈述。
- 调查人员将尊重证人和调查对象的隐私权。
- 调查人员将保护在调查中获得的所有证据。
- 调查人员将确保任何协助公司调查的调查供应商或承包商遵守与本行为准则相同的标准。
- 所有调查人员、授权供应商和承包商应遵守年度认证要求。

238　　# 技术解决方案

目前的现代舞弊预防部门必须拥有广泛的技术工具和解决方案，才能成功进行舞弊调查。具体而言，必须使用法庭科学数据分析工具来识别电子数据中的异常或违规情形，这些异常或违规情形表明存在舞弊或滥用行为。该部门还须熟悉市场上的舞弊监测软件，具备开发特定舞弊风险的内部应用程序的技术专长。建议每个部门都配备专门的法庭科学数据分析员，通过识别、设计、维护和使用适当的技术来减轻舞弊，支持复杂的调查。今天几乎所有的舞弊案件都与计算机、电子邮件和互联网有关。因此，必须有数字证据恢复能力，以识别、保存、恢复和检查电子证据。该部门要能胜任这一领域的工作，或者至少可以接触到能够熟练检查数字证据的专业人员。

在内部审计中嵌入舞弊预防计划

许多舞弊调查部门都是建立在公司安全部门内。这一直是传统的做法，因为舞弊响应与实体安全、盗窃调查、工作场所暴力和行政保护职能部门相互一致。加强的舞弊预防计划还需要与公司的内部审计职能部门进行持续的互动。在当今世界，"内部审计必须对旨在预防和发现舞弊的措施有扎实明确的理解，并且能够评估和测试反舞弊控制是否有效。"[1]越来越多的舞弊预防计划被纳入内部审计。正如普华永道会计事务所所说，"一些更大的内部审计职能部门正在建立内部组织，以解决舞弊的预防、监测、调查和补救以及法庭科学调查中产生的问题。"[2]舞弊预防和内部审计互相协作，可以实现巨大的协同效应。与内部审计师的互动，使信息交换更加自由，能够对潜在的舞弊事件做出更快的反应，以便进行调查。专业的舞弊调查人员可以根据审计人员发现的"危险信号"判断其是否有依据。运作良好的财务诚信部门应以内部审计为基础，或至少要与该部门有紧密的互动。

内部审计部门具有独立的评估职能，负责检查和评估公司的活动，为管理层和董事会服务。为此，内部审计部门有权指导整个公司做广泛、全面的内部审计计划。在履行职责时，内部审计人员可以全面地、自由地、不受限制地访问所有公司的活动、记录、财产和人员。这同样也是舞弊预防部门的职能，因而这两个团队的密切互动有益于所有人。

财务诚信部门与内部审计部门保持一致的另一个好处是，他们可以随时获得内部和独立审计人员的调查结果。某大型技术公司的一位舞弊调查人员坦言，他的团队与内部审计部门几乎没有任何互动。此外，他想知道如果与内部审计部门有更密切的互动，会不会让更多审计发现的潜在舞弊问题移送到内部审计部门。有效的舞弊调查部门要能积极主动地审查审计结果，发现舞弊的危险信号至关重要。无论该部门设置在哪里，都必须配备足够数量的经验丰富的调查人员，这些调查人员有丰富的舞弊监测经验、司法会计技能和CFE认证。

在哪里会发现舞弊

公司能发现的舞弊类型多种多样，但一般可以分为三大类：

■ 虚假财务报表，包括虚假财务会计、收入确认、不当资产估价、滥用会计系统和附函（合同中未包含的书面或非书面协议）。

■ 资产挪用，包括虚假支出、盗窃和盗用。常见的挪用方法有合同舞弊、虚报账单、虚报费用、搬迁舞弊、时间和出勤舞弊以及虚报残疾索赔。

■ 腐败，包括贿赂、回扣、经济敲诈和利益冲突，包括内幕交易、员工对与其有业务往来的公司拥有隐蔽的所有权，以及员工配偶对供应商公司拥有未披露的所有权。

根据作者的经验，许多公司会发现涉及费用报告相关的舞弊是最严重的舞弊问题，其次是利益冲突，然后是供应商回扣。

尽管公司高管可能认为公司没有舞弊问题，但事实确实如此。一旦启动并运行了舞弊预防计划，它将发现已经存在数月或数年一直没有被发现的问题。在任何群体中，包括公司内部，也会有一定比例的员工心怀不轨，并会瞅准时机进行舞弊。

不能忽视滥用

舞弊并不是一个组织面临的唯一问题。尽管舞弊是一个大问题，但滥用的问题更大。更重要的是，舞弊通常会得到解决，但滥用往往会被忽视。尽管舞弊和滥用含义不同，但减少滥用必须

〔1〕 普华永道：《内部审计在减少舞弊和声誉风险中的新作用》，2004年版，第15页。
〔2〕 普华永道：《内部审计在减少舞弊和声誉风险中的新作用》，2004年版，第6页。

是一个健全的舞弊预防计划的一部分。滥用可以被界定为"不当使用、误用、错误使用、不公正或错误的做法"。[1]滥用通常指违反政策，例如出于个人原因不当使用公司资源。这可能包括带回家一盒公司的笔供个人使用，长期迟到早退，使用复印机复印个人资料，或者在没生病时请病假。还有例如员工僭越了授权的购买限制，拆分发票使其在批准限额内可以报销，过度的旅行和娱乐支出，如晚餐消费 400 美元一瓶的葡萄酒，坐一等舱旅行，而规定只能乘坐经济舱。如果滥用没有得到适当的解决，它会给人带来这种行为是可以被宽恕的错误印象，进而导致舞弊。

241

员工配合公司调查

当人们面对可能的舞弊行为和不当行为时，坦白和诚实是最为重要的。说到诚实，要么全是实话，要么全是假话，半真半假是不可接受的。调查人员的技能和经验是在谈话时能否从员工那里获得真相的关键因素。专业的谈话技巧和尊重所有人尊严的态度，对找到真相有很大的帮助。

员工在内部调查中的合作，对于确定案件事实和取得成功至关重要。证人将为指控提供很好的见解和背景。随着对证人的访谈，收集书面证据和支持性证据，可能有助于在不得不面对被调查员工之前就可以证明或反驳指控。通过这种方法，对当事人的询问变得更容易，当员工面对大量的不当行为的证据时，就更容易坦白。

因此，公司行为准则应包含一项声明，告知员工必须充分、真实地配合任何经授权的公司调查。调查人员不能强迫作为调查对象的员工与其交谈，但人力资源部和管理层可以利用这些没能达成和讨论的指控，来确定最终的惩戒处分。

调查计划

在实际调查开始之前，应制定调查计划，概述调查的预期步骤。该计划应涵盖调查的范围和目标，并应采用书面形式，除非法律顾问另有规定。确定调查是在内部进行还是由外部律师进行。确定关键业务、法律、人力资源、审计和其他联系人，以协助收集文件、确定证人和解释业务运营。考虑联系公司的公关部门，以便提醒其可能存在的外部沟通问题。内部调查不仅需要在公司内部顾问和外部律师之间协调，还需要与其他公司职能部门协调。这包括公司安全、人力资源、内部审计和适当的业务部门。同时考虑是否需要在本阶段或调查结束时向外部审计师披露调查情况。

242

在公司总部，如果可以的话，在整个国家或地区，确定业务、财务和合规方面的主要联系人。审查和分析所有收集的文档。为确定内部或外部法律顾问，以了解当地就业法和刑事法，尤其是与舞弊和腐败相关的法律。确定所有潜在的受访者，包括证人、当事人、投诉人的监督人和其他人。确定所有潜在的受访者是不是员工，或位于美国境外，需要进一步了解当地法律才能访谈。任何员工补偿的问题都需要考虑，并审查董事和高管（directors and officers，D & O）保单的保险范围和限制。

为案例中的问题和事件准备一个时间表，以便更好地了解谁、何事、何时、何地、为什么以及如何处理，这总是有好处的。确定是否要提前通知受访者。如果能搜索工作场所的话，要做好准备。要考虑隐私和特权问题。公司是否是需要工会代表出席访谈的工会企业？调查计划应经相

---

〔1〕 参见《韦氏第三版新国际英语词典》，1986 年版，S. V. "滥用"。

关法律部门批准。记住，调查过程总是会发生变化，从而导致调查计划发生变化的。因此，该计划是一个活生生的文件，应该通过调查的许多步骤进行适当的修订。

有时，可能会出现平行的政府调查——联邦检察官和民事监管机构都对同一组事实进行调查的情况。这些平行的政府调查可能在公司进行内部调查时发生。这可能是一个与政府进行对话的机会，以了解更多有关他们的调查情况以及对公司的看法。政府也有可能要求公司分享内部调查的结果。

在规划任何内部调查的调查步骤时，最好的做法是从先前的内部和外部调查中反思经验教训。从先前调查中得到的教训，无论好坏都可以帮助推进专业调查，避免重复陷入造成更大风险的陷阱。先前的政府调查中出现的一个问题是，调查对象公司和员工会销毁文件。这可能涉及传唤文件或其他尚未被传唤，但很可能与调查有关系的文件。可以想到的两个案例是美国诉安达信案（United States v. Arthur Andersen）和美国诉夸特隆案（United States v. Quattrone）。

在"美国诉安达信案"中，安达信是安然的外部审计，预计将收到政府传票，要求其提供与政府对安然进行公司舞弊调查相关的文件。在此之前，安达信的一位内部顾问建议发出一份通知，提醒安达信审计业务团队他们的文件保留政策。这是一种不加掩饰的企图，旨在鼓励销毁与政府调查的安然事件有关的文件。[1]

负责安然审计业务的休斯敦合伙人大卫·邓肯（David Duncan）会见安然高管和其他安达信审计业务团队的成员，之后组织了一次大规模的销毁工作，粉碎文件和删除电子邮件。随后，安达信以妨碍司法公正被起诉，因其粉碎文件和删除电脑文件以保护其客户安然。邓肯认罪，在审判中是政府的合作被告。尽管安达信在审判后被定罪，但美国最高法院在 2005 年 5 月，以与陪审团指示有关的程序为理由推翻了该定罪。[2]

在美国诉夸特隆一案中，弗兰克·夸特隆（Frank Quattrone）是瑞士信贷第一波士顿银行（CSFB）的一名投资银行家，2003 年 4 月他被联邦检察官指控以销毁传唤文件而妨碍司法公正。夸特隆向其员工发送了电子邮件，提醒他们公司的文件保留政策以及政府刑事调查带来损害民事诉讼的可能性。政府最终起诉了夸特隆，他在审判中被定罪并被判入狱。2006 年 3 月，第二巡回上诉法院以陪审团的不当指示为由驳回了对夸特隆的定罪，但法院说，证据足以维持定罪。[3]夸特隆未因这些指控而被重新审判。

进行约谈

在对公司员工进行约谈时，员工必须了解公司或外部律师的角色，以及公司使用和披露约谈期间所说的任何内容的权利。这包括向执法机关披露任何员工的陈述和所获得的证据。员工需要了解，代表公司的律师不代表员工，他们可能受到不利的影响。这些对员工的警告性声明被称为厄普约翰（Upjohn）警告，他们需要认识到在公司工作时承认不当行为的潜在影响。

在厄普约翰诉美国案中，最高法院裁定，在适用联邦法律的联邦诉讼中，公司实体可以主张"律师—客户"特权，特权的范围应取决于沟通的主题，而不是取决于谁在进行沟通。只要沟通涉及公司法律顾问处理的任何法律问题的代理主题，那么沟通的对象是管理层、下级员工还是代

---

〔1〕 美国诉安达信有限责任公司案，544 U. S. 696（2005 年）。

〔2〕 美国诉安达信有限责任公司案，544 U. S. 696（2005 年）。

〔3〕 美国诉 Quattrone 案，441 F. 3d 153（第二巡回法庭，2006 年）。

理人就并不重要。在此之前，联邦法院使用"控制组"测试来确定特权，这在一些州仍然适用。这种特权只适用于控制组成员，即负责最高决策的高级领导。Upjohn 案中最高法院将"律师—客户"特权扩展到了之前控制组以外的广大员工群体。[1]

尽管 Upjohn 案件实际上不是一个警告案件，但为了使公司保留将内部调查结果披露给第三方的酌处权，警告还是需要的。在内部调查中，"公司米兰达"的警告几乎是强制性的。Upjohn 警告清楚地说明了向员工提供和不提供哪些保护，并保护了律师和公司之间的"律师—客户"特权。

如果受约谈的员工要求得到律师，公司必须决定是公司提供律师，还是员工自费聘请自己的律师。如果公司决定提供代理律师，则必须考虑多重代理和利益冲突的问题。虽然让一家律师事务所代表所有要求律师的员工看起来更简单、更便宜，但这是一条充满危险的道路。公司可能与员工有完全不同的问题。员工之间可能有不同的利益，这些利益可能随着时间的推移而改变，从而为公司带来重大的法律问题。

在进行约谈时，强烈建议两名调查人员参与。这提供了更多的约谈记录，因为一个人可以做详细的记录，而另一个人可以进行谈话。有两名调查人员在场，可以提供更好的保护，使其免受被调查对象所捏造的调查人员有不当行为的指控。虽然这种情况不常见，但它确实发生过，提前得到保护总是更好的。所有约谈都必须做大量的记录。约谈结束后，应仔细检查记录，以便做出任何必要的澄清和补充回忆。如果公司政策和法律允许，考虑对约谈录音。尽管录音记录需要有必要的协议，但这种做法消除了许多实际上说了什么和未说什么的问题。无论录音与否，约谈记录都应在约谈备忘录中正式确定下来。

制定调查的工作时间表，并随着调查的进展不断更新。在适当的调查间隔内，准备详细的调查报告，并附上证据。报告写作是一项关键技能，需要花时间和努力才能熟练掌握。请务必与法律顾问核实，是否需要写书面报告，因为法律顾问可能决定不准备报告。在调查和报告阶段考虑使用特权。各公司应通过外部律师、顾问和其他行业专家为调查人员提供有关内部调查、约谈和报告写作的持续培训，以确保调查团队和其工作成果是经过专业培训的。

人力资源的作用

一旦调查得出结论，相关员工有舞弊或其他违反公司政策的行为，管理层、法律顾问和人力资源部必须采取适当的惩戒措施。假设违规行为上升到需要解雇的程度，员工将被公司开除。对舞弊的标准是零容忍的。无论被偷的是 1 美元还是 100 万美元，任何形式的舞弊都是不能容忍的。一个不诚信的人必须离开公司。尽管有些人可能认为问题已通过解雇解决，但经验表明情况可能并非如此。仅仅把舞弊者从公司解雇是不够的。应防止舞弊行为的责任人以其他就业身份返回公司。

如果人力资源部没有将该员工列为不符合再雇用资格人员，则被解雇的员工很可能在数月或数年后申请就业。一些大公司人力资源部门人员流动率高，如果没有适当的记录，就不可能保留关于谁被解雇以及为什么解雇的记录。因舞弊行为被解雇的员工可能会返回之前的公司，担任临时员工或供应商。尽管被解雇的员工可能已经改过自新，不会再犯下舞弊行为，但必须始终记住，衡量未来业绩的最佳指标是过去的业绩。安全起见，如果一名员工因不当行为而被解雇，公司最好将该员工列入不符合再雇用资格的名单，并在雇用新员工之前总是参考该名单。

---

[1] Upjohn 诉美国案，449 U. S. 383（1981 年）。

与公司高管和审计委员会的互动

财务诚信部门的一个关键要素是高管层的承认和参与。首席执行官和首席财务官不需要成为舞弊监测和预防专家，但他们需要某些员工是舞弊监测和预防方面的专家。高管们还需要知道，他们的舞弊监测专业人员正在做什么来保护公司的利益。舞弊预防部门必须能够接触到最高执行机构，才能使计划成功。舞弊预防部门的领导应定期与首席财务官、合规总监、审计委员会、内部审计师和其他相关人员会面。应讨论公司调查的舞弊和滥用问题，以及改进流程和内部控制方面的建议。

建议定期与首席财务官或其他相关的公司高管会面，讨论财务诚信部门的工作，包括监测、调查、预防和恢复。应包括讨论最近进行的调查、发现问题的方式、内部控制失败导致舞弊发生的原因、员工离职和其他纪律处分、移交起诉、追回资金和成本规避，以及对员工进行舞弊预防意识方面的培训。与高管进行的持续会面将使他们认识到舞弊和腐败风险，以及健全计划的重要性，并表明高层对计划的支持以及态度。这种在公司最高层的能见度，将使所有员工重新认识到公司对合规和诚信文化的重视。除了与高级管理人员密切互动外，财务诚信部门还必须与公司安全、法律顾问、财务、公共关系、人力资源和其他公司部门进行重要的互动，以确保跨部门协作。

作为舞弊威慑的起诉

公司应考虑将内部和外部舞弊案件移交执法部门进行起诉。犯罪分子中有一定比例的人知道可能因自己的行为而面临监禁后，就不敢实施舞弊。追究舞弊者的责任，对于伸张正义和保护企业是很重要的。它可以向员工传达一个强烈的信息，即公司在维护无舞弊环境保护他们的利益，并愿意追究违法者的责任。不将案件移送执法部门的一个考虑因素是，金钱损失很小，不符合各地区的起诉条件。另一个考虑因素是，根据案件事实，披露是否符合公司的最佳利益。公司的法律顾问应对任何起诉移交做出最终决定。

向舞弊者追回被骗资产：降低舞弊的获利

一个定义明确的舞弊预防计划必须包括追回被骗资产，以消除舞弊带来的财务收益。舞弊损失来自底线，因此任何资产追回都是有益的。资产追回也传递了另一个强烈的信息，即不仅不能容忍舞弊行为，而且要尽一切努力追回被骗资产。考虑民事诉讼，支持和鼓励对起诉案件采取刑事没收，制定同意追回资产的协议，并取消对舞弊公司的员工的奖金和其他激励性薪酬。

成本效益是指提高底线的同时控制成本和减少开支。同样重要的是衡量舞弊损失、追回、赔偿和成本规避。跟踪损失和追回的情况是非常重要的，以充分了解问题的严重程度和应对措施。舞弊损失和舞弊预防计划的益处总是难以量化的。一种方法是通过追回的资金数额来显示预防计划的价值。另一种方法是通过早期发现，来证明所规避的成本。当发现舞弊时，考虑推断未来 12 个月的损失，以显示如果没有发现到并阻止，舞弊的金额可能是多少。企业高管总是关心利润，而追回损失和规避成本可以证明一个健全的财务诚信计划能带来的财务效益。

另一个从舞弊中获取利润的考虑因素是，向员工或其他在公司内部或外部进行舞弊或盗窃的人员发放 IRS（Internal Revenue Service，美国国税局）1099 表格。鉴于舞弊者不会在纳税申报表上申报他们的非法收入。我们知道有几家公司采用了这一程序，但尚未被普遍接受。很可能有些

249　公司从未考虑过这一做法。但至少应该考虑，并在可能的情况下采用该做法。过向政府报告舞弊公司的人所收到的收益，发放 1099 表格是对良好的公司治理和公民身份的延伸。它向那些进行舞弊的人发出了强烈的信息，即公司将采取强有力的措施，包括向国税局报告被挪用的资金，以采取国税局认为适当的任何行动。重要的是让员工和其他人知道公司有这个 IRS 报告的流程。

可以想象，一个人在被发现舞弊某公司后会做出退赔，因为知道他（她）最终还会通过 1099 报告程序与国税局打交道。单凭这一点，舞弊者就会感到恐惧，并会增加成本效益和偿还舞弊收益。一旦这项公司政策广为人知，它将具有一定的疗效，并对应增加舞弊预防率。由此产生的威慑将促进已经有效的合规文化的发展。公司 1099 报告政策示例见附录 11.2。

250

附录 11.2　公司 1099 报告政策示例

公司已经启动了一项政策，其中员工、前员工、供应商、承包商、合伙人或任何其他人，对公司实施的舞弊、贪污和盗窃等非法活动的所得，将由公司税务部门通过 IRS1099 表格向 IRS 报告。将要报告的金额是基于公司因员工或其他人的活动而遭受的实际损失的数额，或者，如果无法确定损失金额，则根据进行调查的法律部门和调查组确定的合理数额。如果前员工或其他外部人员对该金额提出质疑，则应说明理由。根据美国国税局的规定，从非法手段中获得的收入应向受益者征税。公司的调查组将根据每项潜在 1099 报告的具体情况保存详细记录。在年底，调查组负责人将向公司税务部门报告所需的相关信息，以便在 1 月 31 日国税局通知的截止日期前向员工或其他人发布 1099 表格。在向国税局提交信息之前，将仔细检查损失金额，以确保报告的准确性。年度损失报告将由调查组、法律部门和税务部门保存。这些报告将包含以下内容：

- 员工或其他人的姓名。
- 职务和工作单位。
- 邮寄地址。
- 社会保障号。
- 向国税局报告的金额。
- 案件编号。
- 违规商业行为的详情以及如何量化金额。

报告的金额将出现在 1099 杂项表格第 3 框（其他收入）中。归还挪用资金不影响报告要求。收入是在挪用者控制资金时确认的，因此不受随后归还的影响。

国际调查

全世界各地的舞弊和腐败违法行为都在增加，这种情况几乎没有改变的可能。具有国际影响力的公司需要在其运营的所有国家进行调查。会计舞弊、挪用公款和对政府官员的贿赂在世界各地都会发生。如果一家公司的业务总部设在美国，它需要在总部设立一个调查机构。如果在美国以外有重大的经营活动，调查机构也需要在这些地区设立。重要的是要记住，在一个国家进行调查的方式可能与在其他国家进行调查的方式大不相同。这不仅是由于不同的文化，而且由于不同的劳动和就业法律，以及商业惯例。因此，法律顾问的指导对于保护公司的利益至关重要。

在一些国家，当局有能力在不起诉的情况下将人长期拘留，同时对他们不断进行审讯和恐吓。在一家公司的国外经营活动中，许多当地员工发现自己被拘留，却无法获得律师帮助或公司资源。公司发现自己失去了所需要的关键员工来经营业务。更重要的是，公司无法通过和这些被限制的员工谈话来进行其内部调查。此外，当局还扣押了电脑和文件，这也影响到公司的业务以及公司"应对"政府调查的能力。

由于其他国家个人和公司权利的差异，让员工为应对政府执法活动的可能性做好准备可能会很困难。然而，知道这些权利是什么，建立沟通协议，备份系统数据，以及适当的文档保留策略，在这种情况下可能被证明是非常有用的。

251

与公司领导不断讨论

预防舞弊和报告舞弊对公司管理至关重要。随着《萨班斯-奥克斯利法案》的颁布，首席执行官和首席财务官现在必须证明他们的财务报表是真实的，没有错报和舞弊。除非首席执行官和首席财务官想入狱，否则不允许再进行任何模糊的财务会计。《萨班斯-奥克斯利法案》第 302 节要求首席执行官和首席财务官证明：SEC 表格 10K（年度报告）和 10Q（季度报告）不包含不真实的陈述、财务信息是公允的，披露控制和程序是有效的。《萨班斯-奥克斯利法案》有一项具体要求，即公司要披露"任何涉及管理层或其他在公司内部控制中扮演重要角色的员工的舞弊行为，无论是否重大。"[1]违反这一要求是一项联邦重罪，将被判最高 20 年监禁。

舞弊预防部门在帮助高管证明其账簿和公司合规方面发挥着关键作用。除了与首席执行官、首席财务官和其他高管持续举行会议外，财务诚信部门还需要定期与其他高管、总法律顾问、首席合规官、总审计师及其他适合的人员会面，讨论当前可能需要或不需要向披露委员会、审计委员会、证券交易委员会和/或司法部报告的舞弊案件。如果披露了需要报告的严重舞弊问题，会议可能会更频繁。财务诚信部门应编制一份报告，详细说明所有各类舞弊和滥用案件，并按风险等级对其进行排序。财务诚信部门的经理应在定期安排的舞弊讨论会上提交本报告，提供每个案例的具体细节，并回答任何问题。

每季度与外部审计师讨论舞弊

252

另一个降低舞弊风险和促进透明度的措施是，定期与公司外部审计人员召开会议。美国注册会计师协会关于审计准则的声明（SAS）99，对财务报表审计中舞弊行为的考虑，为审计师发现公司财务报表中的舞弊行为制定了标准和指南。由于 SAS 99 的规定，审计师必须在整个审计过程中寻找舞弊行为。审计师必须提出试探性问题，并确定公司是否符合 SAS 99 的要求。外部审计师需要与财务诚信部门密切合作，以确保制定了健全的舞弊预防计划。

建议财务诚信部门每季度都举行会议，与外部审计师讨论公司现有的舞弊预防计划，包括监测、调查、恢复和预防等方面。除财务诚信部门的经理外，高级管理人员、总法律顾问、首席合规官、总审计师和其他适合的人员也应出席会议。财务诚信部门的经理应与外部审计师讨论相关问题，以证明合规性和透明度。外部审计师将感兴趣的是公司对舞弊案件的应对，但也同样有兴趣了解公司在识别舞弊风险，宣传舞弊预防，以及遵守政策、程序和法律的文化方面，都积极开展了哪些工作。

---

〔1〕 《萨班斯-奥克斯利法案》，美国法典第 15 篇，第 7241（a）（4）（B）节。

第十二章 检举者和热线

 摘 要

检举者和热线电话是发现和预防舞弊及腐败的重要手段。《联邦量刑指南》《萨班斯-奥克斯利法案》《多德-弗兰克法案》以及其他加强公司治理的措施都讨论了检举者和热线电话的重要性,以及实施它们的标准。员工的举报是最常见的舞弊发现手段,热线电话也是检举的首选机制。创建一个最先进的报告系统,并适当地为其宣传,以便员工和其他人报告违反业务规定的行为和其他问题。此外,持有舞弊证据的合法检举人要相信,他们将受到保护,不受遭受报复。如果不将这种保护纳入计划,将会产生民事和刑事法律后果。要想成功设立热线电话,必须理解并执行许多要求,以保护公司利益。一个重大要求是使用第三方供应商的热线,以确保热线举报的独立和保密。

什么是检举者?

现在也许是成为检举者的最好时机。与检举者相关的法规和保护是有史以来最多的。获得巨额赔付的可能性不仅仅局限于 Qui tam 诉讼（"Qui tam"是拉丁语,"代表国王起诉的人"）,巨额的金钱奖励正在帮助人们克服作为告密者的耻辱。《多德-弗兰克法案》（Dodd-Frank Act）的检举者条款和国税局的检举者办公室是向知道舞弊、腐败和滥用信息的检举者开放的新途径。

如今的高管需要比以往任何时候都更深入地了解潜在的风险,而且没有什么事情比了解检举者和热线更重要。如果受托保护其公司利益的人有意隐瞒或未能发现舞弊的存在,他们将承担责任。他们是检举者,冒着职业风险,揭露和指控公共或私人组织的财务舞弊或其他不法行为。

经验告诉我们,舞弊行为通常是由了解内部情况的人发现和揭露的,包括员工、供应商、客户和其他人。长期在公司工作多年的秘书或簿记员可能知道所有"埋藏的尸体"在哪里,如果有机会,他们将把有价值的信息提供给非常愿意倾听的联邦探员、检察官或新闻记者。除了被称为检举者外,这些人也被称为机密线人（confidential informants, CIs）、机密消息来源、知情员工,或如 ACFE 称其为哨兵。他们是愿意挺身而出的公民——不顾个人或职业的牺牲与后果——都愿意揭露公司最高层的舞弊和腐败。[1]

有些人认为检举者只是心怀不满的员工,想找一个简单的方法来报复其雇主。在某些情况下,这可能是真的,但显然不是全部。这可能是雇主以前在反驳检举者对公司不法行为指控时所

---

〔1〕 美国注册舞弊审查师协会:《奖励和特别认可》,载 www.acfe.com/membership/awards.asp。

用的辩护。通常来说，诋毁检举者要比彻底调查并确定指控是否属实要容易得多。对于检举者来说，被辞退有时并不是最糟糕的事情。企业和职业同事经常反对检举者，而不是认同他们的行为。检举者失去了朋友和家人，有些人为了减轻个人的痛苦和抑郁而酗酒。[1]

可以肯定地说，没有人渴望成为检举者。事实上，人们通常不会用这个词来指那些"告发"舞弊和滥用职权的人。他们被称为老鼠、卧底、告密者、背叛者，甚至更糟糕。往往是检举者独自面对一个不法分子。圣路易斯大学艾默生电子商务伦理中心的主任詹姆斯·费舍尔（James E. Fisher）评论说："独狼式的检举者通常是对抗一个拥有更多资源和权力的强大企业或政府实体。"他接着说，"从一开始，你就有可能遭到报复。"[2]

报复（Retaliation）是检举人面临的一个大大的"R"字。毫无疑问，这种恐惧使许多了解公司舞弊的个人不敢将事实公之于众。利用报复作为无声武器的公司在过去可能已经成功了。在过去的十年间，重点是通过加强《虚假索赔法案》（False Claims Act）作为在政府舞弊案件中实施民事和刑事处罚的手段，《萨班斯-奥克斯利法案》和《多德-弗兰克法案》提供的检举人保护以及媒体对检举人角色的良好宣传来减少报复。

政府利用线人和检举者

可以说，政府打击企业舞弊的成功在很大程度上是因为有合作的线人、被告和检举者的协助。在安达信案中，政府有一名合作的被告，前安达信合伙人大卫·邓肯。他为检方作证，并帮助控告安达信为保护其客户安然去毁坏文件和删除电脑文件，犯了妨碍司法公正罪。尽管美国最高法院在 2005 年 5 月推翻了这一定罪，但并非是因为邓肯的合作。在起诉世通 CEO 伯纳德·埃伯斯（Bernard Ebbers）时，政府有合作被告和前首席财务官斯科特·沙利文（Scott Sullivan）作证，以及其他合作的世通被告，他们帮助以公司舞弊罪名对埃伯斯定了罪。在无数其他案件中，被告决定认罪并与政府合作，以期得到较轻的判决。

合作被告就是指犯了罪也认罪，并同意与执法机关合作，提供不利于同谋的证据，以期获得减刑的人。检举者"是指在一个组织中，目睹成员的行为违反了组织的使命，或威胁到公众利益，并决定公开揭发这些行为的人。"[3]简单地说，检举者是一个想揭露和制止组织中的不当行为的线人。

有人说，如果一个人想要了解犯罪的信息，那么那些信息更有可能来自犯罪分子，而不是诚实的公民。每一个辩护律师都会质疑一个合作被告的可信度，尤其是最初与其他人一起共谋，后来决定脱离同伙的人。控方并不总是可以奢侈地使用满足很高伦理道德标准的证人。尽管人们希望没有"包袱"的证人供辩方去攻击，但事实上，检察官必须打出他们的牌，包括利用罪犯提出不利于其他罪犯的证据。没有人比舞弊者的同伙更了解他们实施的舞弊。

检举者是公司的哨兵

在过去的十年中，一些广为人知和鲜为人知的检举者卷入了公司丑闻。最著名的是安然公司

---

〔1〕 Fred C. Alford：《举报者：破碎的生活和组织的力量》，纽约州伊萨卡：康奈尔大学出版社 2001 年版，第 19-20 页。

〔2〕 Marci Alboher Nusbaum：《吹口哨：不是为了胆小鬼》，载《纽约时报》2002 年 2 月 10 日，第 B10 版。

〔3〕 Fr. Floriano C. Roa：《商业道德和社会责任》，马尼拉：Rex Books Store，Inc. 2007 年版，第 145 页。

的舍伦·沃特金斯（Sherron Watkins）和世通公司的辛西娅·库珀（Cynthia Cooper），他们揭露了各自公司的舞弊行为。他们的行为为检举者赢得了新的尊重，也得到了投资大众的感激。"检举者可能是有价值的一手信息来源，否则这些信息可能不会被曝光，"时任美国证券交易委员会主席玛丽·夏皮罗（Mary L. Shapiro）这样评论说："这些高质量的线索对于保护投资者和从不法分子处追回不义之财至关重要。"[1]

259

对于一家公司来说，培养一种让员工感到有义务站出来举报不当行为的文化是至关重要的。沃特金斯（Watkins）认为她就是这样做的，2001 年 8 月，她给当时的安然 CEO 肯尼思·雷（Kenneth Lay）写了一封长达六页的信，详细说明了她发现的会计异常和可能发生在这个能源巨头的舞弊。她把这称为"一个精心策划的会计骗局"。[2]她对把信寄给 Lay，而不是寄给执法部门或媒体这样的外部，感到一定程度的信任和安慰。显然，她认为安然会采取更多的行动，而不仅仅是响应她的信。

沃特金斯指控的严重程度使她非常担心，这是安然将要面临厄运的预兆。沃特金斯有勇气写一封如此详细的公司不法行为举报信，并把它寄给她的首席执行官，这一点值得称赞。然而，有些人可能会质疑，为什么她只寄了一封检举信给 Lay，而不是公司以外的人。她为什么不把信寄给联邦调查局、证券交易委员会或媒体？这个问题可能永远不会有答案，但可以这么说，检举者可能有自己的风险承受能力。

并非所有检举者都会声名狼藉。有些人只是挺身而出，履行他们的职责，然后努力回到他们以前的生活。大多数人也不会利用他们对公司舞弊的揭发来著书立说。以安然的外汇和主权风险总监莫林·卡斯塔内达（Maureen Castaneda）为例。2002 年 1 月，当她被安然解雇时，她带回家一盒碎纸作为搬家的包装材料。她不知道碎纸里面有什么，直到她有一天偶然发现一张纸上有个熟悉的名字。这张碎纸包含了舞弊性的账外合作关系的财务记录，这将导致许多安然高管被起诉。

卡斯塔内达了解到，在证券交易委员会宣布对安然的财务状况进行正式调查之后很久，碎纸行为仍在继续。卡斯塔内达把她的发现告诉了她的律师，律师立即将其披露给了政府。这些粉碎的文件后来被用来证实安然的员工非法销毁证据。卡斯塔内达在接受美国有线电视新闻网（CNN）的杰克·卡弗蒂（Jack Cafferty）的一次现场采访时说："公司里很多人很自大，我的意思是说到了这样的程度，你认为你可以对华尔街撒谎并逍遥法外。没有比这更傲慢的了。"[3]

ACFE 已经认识到"企业哨兵"的重要性，他们没有恶意或幕后的动机，只是要揭露不当行为。为此，ACFE 设立了一个名为"克里夫·罗伯逊哨兵奖"的奖项，该奖项每年颁发给"不考虑个人或职业后果，公开披露在企业或政府有不法行为的人。"该奖项是以已故的奥斯卡获奖者

260

命名的，20 世纪 70 年代他在好莱坞揭发舞弊丑闻，并于 2003 年首次获得该奖项。1977 年，罗伯逊发现哥伦比亚电影公司的负责人盗用了他应得的资金，并向当局报告了这起舞弊案。好莱坞的权力经纪人对罗伯逊的检举不满，将其列入黑名单里达数年。ACFE 的"哨兵奖"上写着"为选择真相而非自我利益"。该奖项意义重大，因为罗伯逊是好莱坞著名的演员，他敢于冒着巨大的职业风险，站出来揭发好莱坞最高层的公司腐败。

---

〔1〕 美国证券交易委员会：《SEC 根据多德-弗兰克法案提出了新的举报者计划》，证券交易委员会 2010 年 11 月 3 日第 2010-213 号，载 www. sec. gov/news/press/2010/2010-213. htm。

〔2〕 Charlene Oldham：《欺骗日记》，载《达拉斯晨报》2002 年 2 月 3 日，第 1H 版。

〔3〕 《前安然高管：调查开始后，碎纸仍在继续》，CNN. com，2002 年 1 月 22 日，载 edition. cnn. com/2002/law/01/22/castaneda. cnna. cnna/。

《萨班斯-奥克斯利法案》对检举人的要求和保护

《萨班斯-奥克斯利法案》的第三章（公司责任）第 301 节（上市公司审计委员会）要求各审计委员会制定程序，以"接收、保留和处理发行人收到的有关会计、内部会计控制或审计事项的投诉；以及发行人的员工就可疑的会计或审计事项提交的机密、匿名的文件"。[1]这意味着上市公司需要有一种机制和程序，保证员工和其他人报告财务不当问题的保密性和匿名性。显然，这个机制所指的就是电话热线。

第四章（强化财务披露）第 404 节（内部控制的管理评估）要求发行人及其外部审计师对"发行人财务报告的内部控制结构和程序的有效性"进行年度评估。[2]这意味着需要对接受投诉的机制以及如何调查和解决投诉进行评估。除非一家公司已经建立了一个有效的流程，从建立热线、为其进行适当宣传、进行专业和彻底的调查、在必要时采取适当的行动、向审计委员会报告结果，否则公司将无法遵守第 404 节。

第八章（公司和刑事舞弊问责）第 806 节（为提供舞弊证据的上市公司的员工提供保护）详细说明了员工检举者可以采取何种民事诉讼来保护自己免受因举报舞弊而招致的报复。[3]第十一章（公司舞弊责任）第 1107 节（对检举者的报复）规定，对协助执法的检举者进行报复是联邦重罪。其处罚包括对被判犯有报复罪的管理人员和其他人员判处最高 10 年的监禁。[4]实际的刑事处罚详见修订的《美国法典》第 18 章第 1513 节，"任何人，因明知却意图报复那些向执法机构提供任何与实施或可能实施联邦犯罪有关的真实信息的人员，采取对其有害的行动，包括干涉其合法就业或生计，应根据本规定处以罚金或者 10 年以下监禁，或二者并罚。"[5]

OSHA 的作用

美国劳工部（Department of Labor，DOL）职业安全与健康管理局（Occupational Safety and Health Administration，OSHA）的使命是，通过制定和执行标准，与员工和雇主合作，创造更好的工作环境，确保美国工人的安全与健康。DOL（OSHA 通过推论）已经由《萨班斯-奥克斯利法案》指定，以加强对检举者的保护。OSHA 提供了关于保护检举人和举报可能对检举人进行报复的详细信息。[6]OSHA 现在实施 21 项保护检举人的规定。在过去的几年里，已经颁布了许多新的检举者保护法规，包括《平价医疗法案》《FDA 食品安全现代化法案》和《多德-弗兰克华尔街改革和消费者保护法案》。

举报公司舞弊时的法律保护

《萨班斯-奥克斯利法案》第 806 节规定，在上市公司或经纪公司工作的员工或其承包商、分包商、代理人，享有特殊的检举人保护。本节规定的适用主体包括所有根据《证券交易法》第 12 节注册的证券类别的公司，或根据《证券交易法》第 15（d）节要求编制报告的公司，或其承包商、分包商或代理人。尽管本节规定涵盖了大多数公司，但重要的是要向美国证券交易委员会查询 www.sec.gov 网站，并在 EDGAR 数据库中搜索特定的公司、承包商或代理商。

261

262

---

〔1〕　《萨班斯-奥克斯利法案》，美国法典第 15 编第 301 节。
〔2〕　《萨班斯-奥克斯利法案》，美国法典第 15 编第 404 节。
〔3〕　《萨班斯-奥克斯利法案》，美国法典第 15 编第 806 节。
〔4〕　《萨班斯-奥克斯利法案》，美国法典第 15 编第 1107 节。
〔5〕　《萨班斯-奥克斯利法案》，美国法典第 15 编第 1513 节。
〔6〕　美国劳工部职业安全与健康管理局：《举报人计划》，载 www.osha.gov/dep/oia/whistleblower/index.html。

根据《萨班斯-奥克斯利法案》的保护，对于那些提供信息、促使提供信息或协助政府调查（包括执法部门、证券监管机构或国会）的人员，或对涉嫌违反邮件舞弊、电汇舞弊、银行舞弊、证券舞弊、SEC 规则或条例，或其他与舞弊股东有关的联邦法律进行公司内部调查的人员，公司不得以任何方式解雇或歧视。这还包括向公司的主管或其他人披露信息。受保护员工必须是合理地认为不法行为违反了联邦法律或 SEC 规定。此外，禁止因投诉或以其他方式协助处理潜在违规行为而解雇或歧视员工。严格禁止任何形式的报复，包括：

- 解雇。
- 降级。
- 停职。
- 威胁。
- 骚扰。
- 拒绝雇用或重新雇用。
- 列入黑名单。
- 其他歧视或纪律处分。

提出投诉的要求

一个人必须在被指控的违规行为发生之日起，或意识到违规行为发生之后起的 180 天内提出投诉，才会受到 OSHA 的保护。OSHA 将对投诉进行审查，并决定是否对指控进行调查。然后，OSHA 将针对投诉发布调查结果和命令。在 OSHA 发布其结果和命令后，任何一方均可要求劳工部的行政法官进行听证。对于任何行政法官的决定和命令，都设有上诉程序。如果在投诉第一次提出之日起 180 天内没有发布最终机构命令，投诉人可以向相应的美国地区法院提起诉讼。

检举者救济

获胜的检举者可以得到以下补偿：

- 同等资历的复职。
- 带息还薪。
- 特殊损害赔偿，包括诉讼费用、合理的律师费和专家证人费。

总有可能有人会错误地指控公司的不当行为。员工可能出于各种原因对某个特定的人（如主管）心怀愤怒或怨恨。这可能导致虚假投诉。OSHA 承认这一点，如果发现投诉是轻率的或是恶意的，那么诬告者可能会被政府和受害公司追究责任。[1]

多德-弗兰克法案

美国总统奥巴马于 2010 年 7 月 21 日签署了《多德-弗兰克华尔街改革和消费者保护法案》。《多德-弗兰克法案》（Dodd-Frank Act）以其主要发起人，前参议员克里斯-多德（Chris Dodd）和众议员巴尼-弗兰克（Barney Frank）而命名，该法案是政府应对金融危机，以缓解另一场经济崩溃所作的回应。该法案包含了大量的法律、法规以及华尔街经营方式的变化。该法案的第 922 节是检举人条款，为检举人举报证券违法行为提供了巨额经济奖励，并提供了强有力的保护，使其免受报复。此次加强美国证券交易委员会的检举计划，预计将显著增加举报案件的数量和金钱奖励。

---

〔1〕 美国劳工部职业安全与健康管理局：《举报人计划》，载 www.osha.gov/dep/oia/whistleblower/index.htm.

获得金钱奖励的条件是："检举人必须自愿向美国证券交易委员会提供有关违反联邦证券法的原始信息，从而引起美国证券交易委员会成功执行联邦法院或行政诉讼，其中美国证券交易委员会获得总额超过 100 万美元的货币制裁。"[1]检举人可获得证交会追回金额的 10% 至 30%，超过追回的第一笔 100 万美元。第 922 节涵盖上市公司、私募股权基金和对冲基金。对于谁能获得检举者的奖励有一些限制。被排除在奖励计划之外的人员包括：

■ 先前有法律或合同义务举报违法行为的个人。

■ 除非另有许可，利用从客户委托中获得的信息为自己作出检举索赔的律师。

■ 通过证券法规定的委托获取信息的独立公共会计师。

■ 外国政府官员。

■ 通过公司内部合规计划了解违规行为的个人，或对实体负有责任的个人，并向他们报告信息，以期他们将采取适当措施应对违规行为。[2]

最后一项排除条款"旨在防止公司人员'超前交易'进行合法的内部调查"，只要公司及时向 SEC 披露自我违规行为。[3]无论是有意还是无意，检举人条款都有可能通过激励员工绕开内部举报渠道，直接向政府报告以获取高额奖金，从而严重破坏公司合规计划。2010 年末，超过 260 家公司致信美国证券交易委员会，警告说，检举人条款可能会将舞弊行为转变为员工和其他人的"金矿"。这些公司担心《多德-弗兰克法案》将大大削弱合规计划。证券交易委员会听取并提出了减轻影响的建议，包括：

■ 举报违规行为的个人如果首先向其公司内部报告问题，只要他们在 90 天内向 SEC 报告违规行为，就不会被取消获得奖励的资格。

■ SEC 将对首先通过公司内部渠道举报不法行为，随后向 SEC 举报的检举人给予更高比例的奖励。

■ 美国证交会将禁止合规人员和身居要职的负责人接受奖励。

合规计划的问题

时间将说明《多德-弗兰克法案》对公司合规计划的影响有多大。然而，可以公平地说，将会有更多的个人举报和公司自我举报的情况。美国证券交易委员会报告称，自《多德-弗兰克法案》颁布以来，舞弊信息激增。一旦巨额奖金开始发放，将会有更多的举报。各组织将需要评估其检举计划和反报复保护措施。有效的合规计划旨在让员工和其他人主动站出来报告不当行为，使公司能够进行全面和客观的调查。《多德-弗兰克法案》可能会改变这种情况，因为检举者直接向政府举报，并在这一过程中获得巨额奖金。另一个问题是，巨额奖金的诱惑是否会导致员工报告轻微的投诉或公司尚未充分调查的其他问题。

对于公司来说，特别棘手的问题是《多德-弗兰克法案》对《反海外腐败法案》（FCPA）案件的影响。虽然执法行动主要来源于企业的自我举报，但《多德-弗兰克法案》可能让员工抢先一步来举报公司。员工和其他了解腐败情况的人可以在公司完成调查并作出自我举报决定之前，向政府举报。以前在《反海外腐败法案》案件中曾有检举人，但金钱奖励可以显著推动案件数量的增加。美国证券交易委员会报告称，它每天至少会收到一个 FCPA 举报。结果可能是，更多的公司会自我举报，因为担心其他人会抢先冲进政府大门进行举报。

---

〔1〕 美国证券交易委员会：《SEC 根据多德-弗兰克法案提出了新的举报者计划》。

〔2〕 美国证券交易委员会：《SEC 根据多德-弗兰克法案提出了新的举报者计划》。

〔3〕 美国证券交易委员会：《SEC 根据多德-弗兰克法案提出了新的举报者计划》。

持续评估和修改合规计划是有效合规的标志。对于《多德-弗兰克法案》，在合规计划的设计、实施和修改方面需要更加重视。这包括彻底审查投诉、进行内部调查、公正和公平的惩戒决定与补救措施、传达业务行为标准、保护检举人和反报复，以及强化内部控制。

国税局检举人计划

2006 年《税收减免和医疗保健法案》对现有的 IRS 检举人举报税务舞弊违规的计划进行了重大修改。该法案极大地提高了最高赔付额，强制要求对提供真实信息的人支付奖励，并设立了上诉程序以便在对索赔结果出现争议时实现公平。与《虚假索赔法案》类似，成功的检举者可以依据某些规则，得到追回收益的 15% 到 30%。国税局检举人办公室负责管理检举人计划和奖励支付。

美国国税局正在寻找"具体和可信的信息"，该信息"导致从不合规的纳税人那里征收税款、罚款、利息或其他款项。"美国国税局希望得到"可靠的信息，而不是有根据或无根据的猜测"和"重要的联邦税收问题"。有不同类型的奖励，这取决于目标是商业实体还是个人，以及奖金的门槛。[1]然而，第一个案例花了几年时间才有结果，得到了奖励。

2011 年 4 月 7 日，美国国税局向一家未透露姓名的财富 500 强金融服务公司的内部会计支付了创纪录的 450 万美元的奖励，因为其举报了该公司 2000 万美元的欠税事实。会计告诉他的雇主，公司没有向政府交税，但是公司的管理层有意识地决定不自行报告或改正这个问题。所以，该会计自作主张，于 2007 年向国税局举报了这起税务舞弊。调查历时数年，会计师需要聘请一名律师来推动国税局采取行动，结果是国税局检举人办公室首次根据 2006 年法案支付了检举人奖金。推动建立检举办公室的参议员查尔斯·格拉斯利（Charles Grassley）说："这应该会鼓励许多其他人去检举。"[2]

这项广为人知的奖励促使其他了解税务舞弊的人向国税局报告。代表该会计师的律师事务所也有同样的感受，他们创建了一个名为 www.first-tax-fraud-reward.com 的网站。该网站记录了该案件、事务所代表客户所做的成功的努力、2006 年法案、美国国税局检举人计划，以及私人公民如何举报与未缴税款和税务舞弊有关的不当行为，同时可能获得丰厚的报酬。

热线：建好热线，他们就会打电话

"建好热线，他们就会打电话"应该是今天运行良好的员工热线的准则。2002 年 1 月的同一天，安然副总裁舍伦·沃特金斯（Sherron Watkins）和前首席执行官杰夫·斯基林（Jeff Skilling）都在国会就安然的内爆问题作证。他们坐在一起，却作了相反的证言。斯基林说，据他所知，安然的一切都符合规定。然后，沃特金斯详细描述了她是如何试图向当时的首席执行官肯尼思·雷（Kenneth Lay）"吹口哨"的，但他不听。沃特金斯向雷详细描述了一个"精心策划的会计骗局。"她没有因为举报舞弊而被誉为英雄，而是感到了安然的愤怒。公司没收了她的电脑硬盘，撤了她的高管职位，甚至考虑解雇她。[3]

---

〔1〕 美国国税局：《举报人—线人奖励》，载 www.irs.gov/compliance/article/0id 180171，00. html。

〔2〕 Marycaire Dale：《IRS 向举报者奖励 450 万美元》，美联社，2011 年 4 月 8 日，载 www.usatoday.com/money/perfi/taxes/2011-04-08-irs-whistler-taxes-reward. htm。

〔3〕 《激烈的争吵主导着安然的听证会》，BBC 新闻，2002 年 2 月 26 日，载//news.bbc.co.uk/1/hi/business/1841824. stm。

所有公司，无论是上市公司或是私营公司，都会从热线中获益。秘密热线和商业行为热线，是接收对舞弊和其他不当行为指控的绝佳方式。热线允许员工和公司以外的其他人向公司反映合规问题，以便采取适当的行动。热线揭示了隐藏的问题；公司员工知道他们的财务前途与公司的成功存在息息相关。如果一家公司还没有设立热线，那么它就是在冒险。热线电话就在这里。检举者和热线一起提供了一个可以保护公司的有效组合。

268

除了《萨班斯-奥克斯利法案》要求设立热线之外，一些重要的统计数据也证明了设立热线的益处。ACFE《2010年向各国提交的关于职业舞弊和滥用报告》发现，举报是发现舞弊的最常见方式。这种情况发生的频率远远高于通过管理审查、内部审计，甚至是意外发现的频率。图 12-1 显示了 2010 年研究中举报线索的来源和百分比。查看检举人的构成时，发现最多的举报来自员工，其次是客户、匿名个人，然后是供应商。[1] 图 12-2 显示了通过披露方法监测舞弊的情况，以及 2010 年研究的案例百分比。

2010 年向各国提交的报告中的其他调查结果也支持了对热线电话的需求。热线电话的出现，增加了收到的举报数量，以及由此发现的舞弊案件数量。在设有热线的组织中，47%的舞弊行为是通过举报发现的。在没有热线的组织中，仅 34%的舞弊行为是由举报发现的。[2] 研究还发现，67%的舞弊案件是通过公司热线匿名举报的，这也进一步证明了对热线的需求。[3]

269

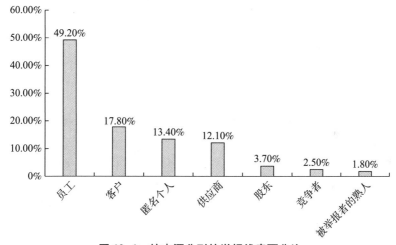

图 12-1　按来源分列的举报线索百分比

资料来源：经《2010 年向各国提交的关于职业舞弊和滥用报告》许可，转载至得克萨斯州奥斯汀市认证舞弊审查员协会（2010 年）。

对热线的需求

《2010 年向各国提交的报告》中的另一项重要统计数据，指出了设立热线的好处。设立了热线和其他保密报告机制的组织可以显著减少舞弊损失。拥有热线的组织的损失中位数是 10 万美元。对于没有此类保密报告机制的组织来说，损失的中位数是该金额的两倍多，即 24.5 万美元。[4] 毫无疑问，热线举报大大增加了对舞弊的监测和报告。

《2010 年向各国提交的报告》中有一个有趣的发现，小企业中只有 15%有热线，而大企业有

---

〔1〕 美国注册舞弊审查师协会：《2010 年向国家报告职业舞弊和滥用情况》，得克萨斯州奥斯汀 2010 年版，第 17 页。

〔2〕 美国注册舞弊审查师协会：《2010 年向国家报告职业舞弊和滥用情况》，得克萨斯州奥斯汀 2010 年版，第 18 页。

〔3〕 美国注册舞弊审查师协会：《2010 年向国家报告职业舞弊和滥用情况》，得克萨斯州奥斯汀 2010 年版，第 17 页。

〔4〕 美国注册舞弊审查师协会：《2010 年向国家报告职业舞弊和滥用情况》，得克萨斯州奥斯汀 2010 年版，第 43 页。

270

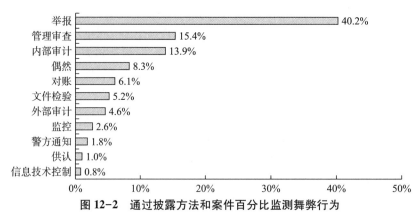

图 12-2　通过披露方法和案件百分比监测舞弊行为

资料来源：经《2010 年向各国提交的关于职业舞弊和滥用报告》许可，转载至得克萨斯州
奥斯汀市注册舞弊审查师协会（2010 年）。

64%有热线。值得注意的是，企业规模越小，开通热线电话的就越少。事实上，许多组织没有充
分意识到热线电话的潜力。控制较少的小型企业往往更容易受到舞弊的影响，特别是在不使用热
线的情况下。热线并不是什么新鲜事，但它们行之有效。任何公司不管规模有多小，都没有理由
不设立某种形式的保密和匿名举报机制，比如热线。

其中一位作者参与了一项调查，这项调查是由热线电话引起的。打电话的人说，如果公司没
有热线，就不会举报违规行为。打电话的人希望匿名，热线是提供这种安慰和信任的唯一机制。
举报者曾利用热线电话举报了一个涉及员工和供应商的舞弊计划，总额达数千美元。

选择正确的名称

"热线"通常被认为是保密和匿名报告工具的默认名称。德州仪器公司的会计和审计热线、
百事公司的畅所欲言热线、花旗集团的道德热线，都在名称里使用了"热线"这个词。尽管热线
271　传达了快速直接的信息，这是热线的理念，但它也可能给出一个含义，即任何接到的电话都可能
带来坏消息。打电话的人不仅会举报舞弊行为，他们还可以询问适当的业务实践、政策和程序说
明，或与热线机制的目的完全无关的事项。公司可以考虑使用热线以外的术语，以便更好地说明
意图。通用汽车（General Motor）的 Awardline、默克（Merck）的 Advice Line、奥驰亚（Altria）
的 Integrity Helpline 和微软（Microsoft）的 Business Conduct Line 都是"热线"，但它们使用的名称
更具包容性，威胁性更小。适当的名称，会向员工和其他人传递有关举报机制重要性的信息。

有些公司的热线不容易在公司网站上找到。如果设立热线的目的是提供一种举报违反商业行
为准则和促进良好公司治理的方法，那么就要问为什么热线不在主页上的显著位置。建好热线，
他们就会打电话的。

保密 vs. 匿名

为了使来电者获得一定程度的放心，大多数热线都是保密和匿名的。保持热线呼叫者的保密
性和匿名性对热线的成功至关重要。违反了呼叫者和组织之间的信任，就几乎没有机会恢复信
任。如果呼叫者的身份没有被保密和匿名，那么很可能很少有人会打电话举报违反商业行为的事
件。然而，保密性和匿名性之间是有差异的。

保密性意味着呼叫者的身份和信息不会被广泛传播，只会传播给那些绝对有必要知道的人。
如果有人打热线电话，提供姓名和指控，这就意味着，该信息将向公司官员（如法律部门、调查
部门、人力资源部和其他适当的人员）告知。保密性要求应确保，仅向尽可能少的获授权人员披

露，以解决问题。如果提供了某人的姓名，组织有责任为其保密。如果不能够这样做，组织可能会遇到比呼叫方报告的更大的问题。有一种观点认为，举报者在举报不法行为时最好不要提供姓名或其他身份识别信息。

匿名性对呼叫者的身份提供保密性和不泄露性，但不为举报的内容进行保密。真正的匿名包括删除对呼叫者性别或其他身份信息的任何引用，即使呼叫者没有提供姓名。如果公司的某些人员出于任何原因试图确定呼叫者的身份，则必须采取安全措施来保护呼叫者的身份。承诺了会匿名则必须保护匿名性。重要的是，应在法律允许的范围内对举报人信息进行保密。

热线基础知识

有一些基本的规则适用于热线。热线电话号码必须易于获取。必须在公司运营的每个国家向呼叫者提供热线电话。随着业务全球化的加剧，能够接到世界各地的来电是很有意义的。该号码必须是美国和其他可以拨打该号码国家的免费电话。在没有免费电话号码的国家，必须有"对方付费"的国际号码。如前所述，热线必须是保密和匿名的。它必须保证每天 24 小时，每周 7 天，可以接听到所有可能的来电。员工可能不想在工作场所打电话，因为在工作场所可能会被发现，所以更可能晚上在家打电话。事实上，40% 的热线电话是在正常工作时间以外拨打的。[1]此外，由于呼叫者所在国家和时区的差异，必须提供 24 小时全天候服务。

热线必须配备"真人"值守。与真人的互动不能以任何其他方式复制取代。在当今世界，使用带有应答机的电话线在下班后接听电话并不是先进的合规做法。热线必须可以应对本机构运营的所有国家的语言。这意味着，必须要有语言能力出色的翻译人员与来电者交谈。应告知呼叫者电话没有被录音或追踪。对于希望保持匿名的呼叫者，提供的任何报告都应该是性别中立的，以保护呼叫者的匿名性。操作人员必须经过全面的筛选和培训。对呼叫者的询问必须是专业的，重点放在提供的信息或指控上。应向呼叫者提供一个回电代码或号码，以备他们想要回拨，和提供更多信息或询问根据其信息开展的任何调查的相关进展情况。一个好的政策应该是永远不要告诉来电者任何正在进行的调查的细节。在任何调查结束时，该组织的法律部门应决定将哪些信息（如果有的话）告知来电者。

举报机制的类型

舞弊和滥用的潜在举报者应该有尽可能多的有效通讯方式。这包括通过电话、电子邮件、信件或传真进行举报。公司拥有的举报方式越多，提供重要信息的机会就越大。当通过互联网使用电子邮件进行举报时，第三方供应商应在将其转发给组织之前，应删除标题和其他联系信息。为此，匿名电子邮件账户很容易开通。当有许多不同的举报系统可用时，有可能遗漏信息或将信息发送给错误的个人。为组织维护管理热线的人，必须有适当的系统和保障措施，以接收和回应每种类型的举报。

热线电话的种类

一个组织的热线应该可以接听任何种类的来电。根据《萨班斯-奥克斯利法案》的规定，如果电话仅限于与财务会计问题相关，则无法尽可能充分地利用热线电话。热线应包括各种违规行为的举报电话，包括舞弊、腐败、盗窃、性骚扰、工作场所暴力或其他违反商业准则的行为。热线也应该接受其他类型的电话，即使与违规行为没有关系。应该鼓励有关于政策、程序、持续交易的问题和请求的来电者。就可能出现的问题，提前向员工提出建议要比事后才提要好得多。所有来电的报告都应传达给本机构适当的官员，以便采取进一步行动。

---

〔1〕　Timothy L. Mohr, Dave Slovin：《轻松打硬仗》，载《安全管理》2005 年 3 月，第 51 页。

向来电者提出的问题

热线的接线员需要提出探究性的问题，但并不能表现得像是进行审讯。专业性和经验在提出关键问题和获得答案时发挥着重要作用，而不能吓唬来电者。接线员的语调和举止，对来电者的尊重，以及提问的方式将产生积极或消极的结果。要完成的过程和要记录的信息如下：

■ 告知呼叫是保密的，除非呼叫者明确要求透露身份，否则不提供任何信息来识别呼叫者身份。

■ 记录通话的时间和日期。

■ 记录接线员的姓名、识别号和位置。

■ 分配一个特定的来电识别代码或号码。

■ 来电者是员工、供应商、承包商还是其他人？

■ 什么是商业行为违规或其他不法行为？

■ 呼叫者如何知道这些信息？

■ 涉及的人员是谁？除姓名外，接线员还应要求来电者提供尽可能详细的信息，如头衔、地址和其他联系信息。

■ 什么时候发生的？

■ 发生在哪里？

■ 持续了多久？

■ 它还在继续吗？

■ 多久发生一次？

■ 来电者是否有任何与指控有关的书面证据？

■ 来电者以前报告过这个情况吗？如果是，请提供详细信息。

■ 让来电者提供尽可能多的信息，因为可能只有一次机会来捕捉信息。

使用第三方热线提供商

尽管一些公司可能认为，维护内部举报系统更具成本效益，但这并不是一种最佳做法，而且可能导致严重的独立性问题。为了确保透明度和发展合规文化，没有什么比让一个独立的第三方供应商管理热线电话更好的了。事实上，强烈建议公司热线由外部第三方供应商管理，以提高信任度和信心，并消除举报者"担心'匿名电话'会被同公司的人接听，而这个人能辨认出来举报者的声音。"[1]外包该功能可以使公司受到保护，免于被指控掩盖舞弊证据。如果一家公司的内部热线接到关于 CEO 或 CFO 财务会计舞弊的指控，那么风险就太大了，而该公司随后可能发现该举报没有什么意义。也许总有这样一种令人不安的感觉，那就是没有进行彻底而公正的调查，这件事就已被掩盖了。尽管在大多数情况下并非如此，但没有必要冒险。

拥有多年经验和众多企业客户的第三方热线供应商最有能力接收和回复各类来电。他们有训练有素的专业人员处理电话，深知保密的重要性，以及如果电话处理不专业，他们将面临的声誉风险。可以依据每个客户的不同需求建立热线。当然，所有热线供应商的经验和技能可能都不相同。在签订合同之前，必须进行仔细的审查。审查时公司要获取某些信息，并提出必须得到适当回答的问题，例如：

■ 这家公司经营多久了？

■ 谁是主要所有者？

---

[1] Timothy L. Mohr, Dave Slovin：《轻松打硬仗》，载《安全管理》2005 年 3 月，第 52 页。

■ 是否有多个实际办公地点？

■ 公司有多少客户？

■ 公司收到过投诉吗？如果是，具体情况是什么？

■ 请他们提供一些参考资料。

■ 向更好的商业监督局核查投诉。

■ 有 24 小时的接线员接电话吗？

■ 接线员的经验水平如何？

■ 做一个接线员需要什么样的教育要求？所有接线员至少应具有大学学位。一些供应商需要社会工作、心理学或相关领域的研究生学位。

■ 是否对所有操作员进行背景调查，包括犯罪调查和信用调查，并定期更新？

■ 所有供应商员工（所有者和操作员）是否都签署了保密协议？

■ 操作员完成了什么样的培训计划？

■ 培训计划是一般性的，还是针对客户运营的特定培训？

■ 接线员要接受多长时间的培训才能接电话？

■ 是否有持续的培训计划，以使接线员及时了解最新变化和流程改进？

■ 接线员的更替率是多少？为什么？

■ 有多少种语言可供选择？每种语言掌握水平如何？

第三方供应商应向多个联络点报告指控和其他问题，以确保透明度和采取行动。应接收信息的人员包括首席合规官或合规总监、道德操守官、审计委员会主席、内部审计负责人和公司安全或财务诚信总监。有许多经验丰富的第三方热线和相关服务供应商。我们鼓励需要热线服务的潜在客户做足功课，找到最有经验的供应商，以满足他们的需求。

宣传热线的存在

只有所有员工都了解举报系统，并有理由相信公司会对基于事实的指控采取行动，举报系统的设立才算成功。对管理者来说，一个测试的好方法是在一对一会议和小组培训会议上询问员工对热线的了解。令人惊讶的是，许多员工甚至不知道组织中存在举报机制。但是，除非组织外部的人员知道热线，否则公司只受到一半的保护。公司外部人员和公司内部人员一样，如果知道有违反商业行为，都有可能拨打热线。因此，无论是公司内部还是外部，都需要不断地告知人们热线的存在。有多种方法可以做到这一点，包括：

■ 在公司网站上突出显示热线信息。

■ 将热线信息置入公司行为准则以及采购、供应商和财务等使用的其他准则中。

■ 将热线信息放在公司内部网、办公室公告板、通讯、海报、休息室、员工出入证夹、自助餐厅桌帐以及员工聚集的其他地方。

■ 致函所有公司员工家，告诉他们热线相关信息。

■ 告诉大家公司有独立的第三方供应商接听电话。

■ 致函公司的所有供应商和合作伙伴，公布热线电话。

■ 将热线号码印在公司支付给所有供应商的支票上。好处是方便供应商打电话举报违规行为。[1]

---

〔1〕 Timothy L. Mohr, Dave Slovin：《轻松打硬仗》，载《安全管理》2005 年 3 月，第 51 页。这项建议是基于一家公司在其支票上打印了热线号码后接到了这样的电话。

■ 务必告知，对那些被发现虚假举报的人将采取一定的措施。

公司对热线电话的响应

响应热线电话必须是公司的重中之重。快速响应将建立大家的信心，并消除对公司道德行为和合规文化承诺的潜在疑虑。热线供应商应将所有指控和其他报告信息传达给公司适当的官员。所有报告应立即登录到案例管理系统中，以便将来向首席执行官、首席财务官、审计委员会，（如果必要）向外部审计师和政府监管机构报告。

审查热线电话

热线电话的第三方接收者通常不会检测所收到信息的有效性，也不会就信息的合法性做任何评论。这是公司的责任。请注意，有些人可能会使用匿名举报机制，用于自己的邪恶目的。使用能够提出探究性问题的访谈者，可能会减少一个人报告虚假信息的可能性。当组织通过热线收到对舞弊或其他商业违法行为的指控时，检验和证实收到的指控非常重要。对指控进行独立确证的详细审查至关重要。财务诚信部门是接收和调查通过热线收到的舞弊指控的合理选择。

必须对收到的电话内容进行进一步检查，以证实指控。需要提出和回答一系列问题，包括：

■ 指控是详细的和具体的，还是笼统的，比如说公司有舞弊行为？

■ 指控是合理的，还是非常离奇以至于可能没有事实依据？

■ 指控中是否提到了人名？

■ 如果匿名举报者提供了被举报者的名字，那么被举报者是否可能真正实施了违法行为？

■ 被指名的人是否具有实施所谓舞弊的职位和机会？

■ 是否提供证据以证实指控，或提供信息以确定证据？

■ 来电者是否有隐藏的动机？

■ 是否可以对这些指控进行初步证实？

■ 来电者是否又拨打了其他热线电话，进一步提供了信息？

这个过程还应该包括另一个要素。当接到电话并交由调查员跟进时，通知第三方供应商负责跟进该事项的调查员的姓名和联系信息。如果举报者回电，可向举报者提供调查者的姓名，举报者可决定直接联系调查者以提供更多信息。当一个有经验的调查者有机会实际访谈热线电话的来电者，以了解更多关于指控的情况和判断其是否有价值时，这样有很大的好处。有时举报者会直接致电调查者，提供更多有用的信息。

当使用第三方供应商时，测试热线的有效性也很重要。一个制衡的方法将确保供应商将热线电话转达给公司的适当人员。一个组织可以考虑让指定的公司人员拨打热线，然后匿名提供一个具体但虚构的指控。测试指控传达给公司的速度和正确性。此外，应就与《萨班斯－奥克斯利法案》有关的问题进行测试，查看热线是否将其正常提交给审计委员会。公司可以从美国和公司设有办公室的其他国家打电话。美国境外的电话可以由调查人员或法律人员在出差到国外时拨打。

虚假索赔法案

对于举报者来说，揭露政府合同中舞弊行为的最佳途径可能是《虚假索赔法案》（False Claims Act，FCA）。这项联邦法律的颁布是为了鼓励公民举报人以美国政府的名义提起诉讼，指控政府承包商、医疗保健提供者，以及其他接受或使用政府资金的企业和个人虚假索赔违法行为。受到《虚假索赔法案》举报人提起诉讼影响最大的，是医疗保健行业。医生、医院、医疗服务和设备供应商以及制药公司通常会获得联邦基金。实施涉及联邦基金的舞弊的组织和个人面临这样一种可能性，即员工或其他了解舞弊行为的人不仅可以利用《虚假索赔法案》揭发组织的犯罪行为，还可以从举报中获得巨大的金钱回报。

1863 年，国会发现了联邦军队的军事承包商存在的大量舞弊行为，导致了内战期间的武器缺陷和价格舞弊，从而通过了《虚假索赔法案》。林肯总统敦促通过该法案，以打击猖獗的舞弊行为，恢复战争所需的资金。事实上，它经常被称为"林肯法"，因为林肯总统大力支持其颁布。《虚假索赔法案》的 Qui tam（拉丁语的缩写，意思是"谁代表国王和他自己起诉"）条款鼓励私人公民揭露和举报舞弊行为，并因此获得经济利益。尽管 FCA 最初是为了打击军事采购舞弊，但当涉及政府资金时，它适用于所有政府承包商和联邦项目。

1863 年最初的联邦法律允许原告提起诉讼，但仍有许多障碍需要克服。所有的诉讼费用由原告承担，政府可以随时参加诉讼，完全接管案件。在后来的几年里，政府使原告更难占据上风。如果政府不与原告一起参与此案，那么原告可以获得的最高金额从 50% 减少到 25%。如果政府介入此案，原告最多只能得到 10%。这些限制导致很少使用 FCA。

1986 年，随着新的政府合同和采购舞弊的出现，情况发生了变化。当国会通过修正案加强这一早已被遗忘的《虚假索赔法案》时，它获得了新的青睐。被告面临着越来越多的损害赔偿和处罚。如果政府参与诉讼的话，原告可获得追回收益的 15% 到 25%。25% 的最高赔付额是基于检举人对案件的重大贡献。如果政府不参与此案，举报人最少可以获得政府追回收益的 25% 到 30%。奖励举报人的金额是基于已收回的金额，而不是实际的舞弊损失。此外，政府先前知晓舞弊并不影响举报人提起 Qui tam 诉讼并胜诉的能力。 281

高管洞察 12.1：举报者发现了金鹅

举报者利用《虚假索赔法案》不仅伸张了正义，而且经常沿途发现"金鹅"：对于举报舞弊之后胜诉的原告来说，意外之财可能是巨大的。吉姆·奥尔德森（Jim Alderson）就是在成功提起举报者索赔后获得了大奖的人。在一个案例中，他得到了 2000 万美元，在另一个案例中，他得到了 1 亿美元。1990 年，奥尔德森被蒙大拿州一家医院聘为首席财务官，他因为拒绝保留两套账簿而被解雇。其中一套账簿包含用于医疗保险报销的伪造账目；另一套账簿仅用于医院内部使用，据称包含真实的会计账目。即使他被解雇了，奥尔德森继续调查并发现了大规模的舞弊。他提起了不当解雇诉讼，最终成为针对美国最大的两家医疗保健管理公司 Quo Health Group，Inc. 和 Columbia/HCA 的 *Qui tam* 诉讼。司法部于 1998 年加入了奥尔德森的民事诉讼，这些案件最终以政府和奥尔德森均胜诉的方式达成和解。艰辛地打了 13 年的官司，奥尔德森最终得到了丰厚的回报。奥尔德森现在过着幸福的生活，他知道自己帮助揭露了舞弊行为，并在这一过程中从犯罪人手中拿回了舞弊的收益。[1]1986 年帮助改进该法案的艾奥瓦州参议员查尔斯·格拉斯利（Charles Grassley）说："举报者揭示了为什么有些事情出了问题，他们的见解有助于让坏人承担责任，有助于解决问题并实现改革。"[2]

举报者可以向地区法院提起民事诉讼，由当地美国检察官办公室审查。如果检察官认为这些 282 案件是有价值的，政府可以请联邦探员进行相关的刑事调查。这些资源的增加将有助于成功提起诉讼，并大大有利于原告提起的民事案件和随后的金钱奖励。

〔1〕 Siobhan MCDOnough：《举报者发财了》，载《西雅图时报》2004 年 11 月 27 日，第 A28 版。

〔2〕 iAssociated Press：《对一些举报者来说，大风险有回报》，纽约时报网站，2004 年 11 月 28 日，第 A1 页。

举报者保护也包括在《虚假索赔法案》中。FCA 禁止雇主对试图向联邦政府报告舞弊的员工采取任何形式的报复。报复保护范围包括，因员工或员工代表他人为促进虚假索赔诉讼而采取合法行为，而导致的解雇、降职、停职、威胁、骚扰或其他歧视。受影响的一方或多方"应有权获得一切必要的救济，以补偿该雇员"和"应包括恢复该员工在未受歧视时本应享有的同等资历地位、两倍的欠薪金额、欠薪利息以及因歧视而遭受的任何特殊损害的赔偿，包括诉讼费用和合理的律师费。"[1]

由于法案在 1986 年的改进，举报人在举报不法行为以后可以获得丰厚的奖赏，因此《虚假索赔法案》在举报人中非常受欢迎。提起诉讼和资金回收的数量稳步增加。1987 年，共查获 33 起案件；1995 年，共查获 274 起案件；2011 年初，政府披露称有 1300 多起 Qui Tam 案件正在接受调查。2010 年 11 月，司法部报告称，其在 2010 财年的《虚假索赔法案》案件中追回了 30 亿美元，自 1986 年以来追回了超过 270 亿美元。[2] 表 12-1 显示了前 10 名 FCA 处理和举报人获得的奖励。

近年来，通过新的立法，包括 2009 年的《反舞弊执法和恢复法案》、2010 年的《平价医疗法案》和《多德-弗兰克法案》，FCA 的范围得到了扩大。这些改进包括：扩大对虚假索赔的定义范围，消除意图要求并将其替换为实质性要求，简化对违规行为的共谋要素，增加对超额支付保留的责任，增加对原告的保护——从之前覆盖员工到现在覆盖承包商和代理人，以及其他在总体上将增加民事和刑事案件的修正案。

283

表 12-1　前 10 名《虚假索赔法案》和解和举报人奖励

日期	公司	指控	结算金额	相关奖励
2009 年 9 月	Pfizer, Inc	非法推广几种未经 FDA 批准的药物，并向医生和其他人收取回扣	$ 1.0 B	$ 102 M
2006 年 6 月	Tenet Healthcare	回扣、多开票据、虚开票据和其他非法开票的做法	$ 900 M	$ 150 M
2000 年 12 月	HCA, Inc. (formerly Columbia/HCA)	多起医疗舞弊违法行为，包括向医生收取回扣、虚报费用、非医学需要或医生开具的化验单收费	$ 731 M	$ 100 M
2008 年 2 月	Merck	违反《虚假索赔法案》，包括虚假定价和向医疗服务提供者提供回扣	$ 650 M	$ 68 M
2003 年 6 月	HCA, Inc. (formerly Columbia/HCA)	多起医疗舞弊指控，包括虚假成本报告和给医生的回扣	$ 631 M	$ 151 M
2010 年 10 月	GlaxoSmithKline	对产品污染和剂量违规行为有系统欺骗行为	$ 600 M	$ 96 M
2005 年 10 月	Serono	给医生和药店的回扣，非法标识外销药品以及其他舞弊行为	$ 567 M	$ 52 M

〔1〕　虚假索赔民事诉讼，美国法典 313730（h）。

〔2〕　美国司法部：《司法部 2010 财年在虚假索赔案件中追回 30 亿美元，创历史新高》，新闻稿（2010 年 11 月 22 日），载 www.justice.gov/opa/pr/2010/11/10-civ-1335.html。

续表

日期	公司	指控	结算金额	相关奖励
2001 年 10 月	Taketa-Abbot Pharmaceutica	虚假的药物定价和营销,给医生回扣	$559 M	$95 M
2009 年 7 月	New York State & New York City	在 7 年期间内,对学校的医疗服务账单进行不当和可疑计费	$540 M	$10 M
2010 年 4 月	AstraZeneca	非法销售未经 FDA 批准为安全有效的抗精神病药物	$520 M	$45 M

　　如 FCA 和 Qui tam 条款这样的反舞弊工具,允许举报人与联邦政府合作,形成有效的伙伴关系来打击舞弊行为。预计随着了解舞弊行为的人意识到 FCA 的存在,Qui tam 案件会稳步继续。没有舞弊监测和预防计划的组织将发现,举报者将为他们做工作,并带来一些负面影响。

284

第十三章 是时候做背景调查了

287

🎯 摘 要

人们常说，衡量未来业绩的最佳指标是过去的业绩。如今，通过背景调查来审查所有员工是绝对必要的。在经济困难时期，工作场所的舞弊行为会增加。美国联邦调查局指出，员工盗窃是美国增长最快的犯罪行为。[1]背景调查的详细程度应与员工的角色和责任相称。背景调查是要花钱的，但这笔钱花得很值。当明星首席执行官被发现有不可告人的丑闻时，企业会感到尴尬，甚至更糟，因为本可以通过简单的公共记录搜索发现这些丑闻。声誉卓著的首席执行官们在加入初创企业时，由于没有做适当的尽职调查，他们自己的声誉也会受到损害。尽职调查和背景调查在并购领域也很重要。即使在雇佣员工时进行了最好的背景调查，如果没有定期的更新来开展随后的逮捕、民事诉讼或有关员工的负面媒体报道，也无济于事。

288
　　如果您决定采纳发起组织委员会（Committee of Sponsoring Organizations，COSO）的建议以及其他合规倡议，开始筛选求职者，那么您已经迈出了伟大的第一步。现在怎么办？为组织建立强有力的道德基调最简单的方法之一就是雇佣合适的员工。雇佣合适的员工不仅可以减少舞弊，还可以减少工作场所的暴力。每年约有 200 万美国工人是工作场所暴力的受害者。[2]根据职业安全与健康管理局"一般责任条款"，雇主要对工作场所的暴力行为承担责任。[3]许多与工作场所暴力有关的因素，如疏忽的雇佣和留用，是雇主承担责任的主要原因。[4]像沃尔玛、福特、通用汽车和 IBM 这样的大公司会对所有求职者进行背景调查。

　　各组织应对所有员工进行彻底的背景调查。县级刑事调查应与全州性调查和全国性犯罪搜查相结合。对于处于财务敏感职位的人，也建议进行信用调查。许多研究表明，财务困难的人更有可能从事工作场所舞弊。尽管许多雇主不愿意为前员工提供就业证明，但应尽一切努力从前雇主那里获得尽可能多的信息。许多就业核查人员发现，越来越多的应聘者会捏造既往工作经验。

---

〔1〕　《行业快报》，2010 年，HireRight，载 www. hireright. com/Background-Check-Fast-Facts. aspx；和 Profiles International，《领导者管理工作场所舞弊、盗窃和暴力指南》，行政简报，2010，8，载 img. en25. com/web/profilesInternational/fraud-theft-violence-socialmedia. pdf。

〔2〕　美国劳工部职业安全与健康管理局：《工作场所暴力》，OSHA 情况介绍，2002 年，载 www. osha. gov/OshDoc/data_ General_ Facts/factsheetworkplace-violence. pdf。

〔3〕　1970 年《职业安全与健康法案》，29 U. S. C. 654，5（a）1，载 www. osha. gov/pls/oshaweb/owadisp. show_ document？p_id 3359 & p_table OSHACT。

〔4〕　当雇主未能认真调查他们雇佣的个人时，就会产生基于疏忽雇佣的责任。213（1958）号机构重申（第二）指出，"如果一个人疏忽大意或鲁莽行事，他将承担因其行为而造成的损害：（b）雇佣不适当的人员，涉及损害他人的风险……"

所有雇主应了解州和联邦数据隐私立法的进展、通知要求和相关法规。自本章撰写之日起，大多数州都颁布了安全违规通知法，适用于以电子方式保留消费者信息的公司，包括保留来自背景调查的信息的雇主。此外，所有从事就业筛选的公司必须彻底熟悉《公平信用报告法》（Fair Credit Reporting Act，FCRA），以及获取员工和候选人个人信息的各种州和地方的限制。例如，俄勒冈州明确禁止雇主获取或使用消费者信用报告做出雇佣决定，除非雇主能够证明信用记录与工作绩效"实质性相关"。[1]

FCRA 要求

《公平信用报告法》（FCRA）是管理就业筛选的联邦法规之一。出于雇佣目的，每个申请人应在对其犯罪或信用记录进行检查之前签署同意书。如果发现贬损信息，申请人有权从作为该信息官方保管人的原始消费信贷公司或法院，获得该信息的副本。如果发现贬损信息，且想检查或质疑来自原始消费信贷公司或法院的任何不正确信息，申请人有权收到该信息的副本。公司或法院是该信息的正式保管人。鼓励各公司制定同意书，授权调查申请人的刑事、民事和信用历史。

什么是背景调查？

人力资源管理协会（Society for Human Resource Management，SHRM）的研究表明，"组织进行信用背景调查的最主要原因是限制工作场所的盗窃和贪污行为，减少失职雇佣责任，评估求职者的整体可信度，并遵守适用对特定职位进行背景调查的州法律。"[2]

那么，雇主应该尝试了解什么样的求职者信息呢？背景调查的典型元素可能包括：

- 工作历史。
- 工作经验的性质和时间长度。
- 同行业相关的工作经验。
- 教育和认证，包括专业证书。
- 个人推荐信。
- 驾驶员安全记录。
- 犯罪记录。
- 信用记录。

根据要聘任的职位的性质，对每个要素或其他类型的背景历史的强调不同。对于一个需要经过艰苦而昂贵的培训，才能提高工作效率的职位，候选人较长的工作经历可能比高学历更为重要。另一方面，项目管理职位可能更重视申请人从多个雇主那里获得的各种各样的工作经验。

不幸的是，在当今的诉讼环境中，雇主可能不愿意对前员工的工作历史提供准确的评估，包括优点、缺点和纪律处分。他们担心这样一个坦率的评估可能会使他们面临诽谤或疏忽的责任。[3]因此从前雇主那里获得有用的信息变得越来越困难。

---

〔1〕 俄勒冈修订法令，659A.885，民事诉讼，载 www.oregonlaws.org/ors/659A.885。

〔2〕 Christine 诉 Walters 的声明，提交给美国平等就业机会委员会，2010 年 10 月 20 日，载 www.eeoc.gov/eeoc/meetings/10-20-10/walter.cfm。

〔3〕 Linnea B. McCord：《诽谤与疏忽的推介》，Graziadio Business Review 2（1999），载 gbr.pepperdine.edu/2010/08/defamation-vs-negligent-referral/。

没有一站式的犯罪记录

"等一下，难道没有全国性的犯罪记录查询吗？"答案是没有，没有为就业筛选而存在的全国性犯罪调查记录。联邦调查局的国家犯罪信息中心（National Crime Information Center，NCIC）仅供执法使用。第一次进行背景调查的公司需要做出很多决定，比如他们想做多少调查，想花多少钱。事实上，越来越多的公司正在对求职者进行犯罪记录调查，2009 年，92% 的雇主进行了调查，而 2004 年是 80%。[1]这表明，中小企业的背景调查正在增加。

许多公司提供背景调查服务，他们对可以进行何种犯罪记录调查做了许多宣传。一些公司声称他们可以在全国范围内对申请人进行犯罪记录调查。唯一能追踪全国各地所有犯罪记录的真正数据库是 NCIC。尽管有些背景调查供应商有时会将这一信息作为"国家需要和保证"进行营销，但这一信息在法律上是不可用的，而且如果供应商销售来自 NCIC 的数据，他们就违反了法律。NCIC 只能由执法部门使用，不能出售用以背景调查。如果背景调查供应商已从多个数据库中编译数据以尝试获得全国覆盖范围，则是合法可用的，但这不是真的全国性搜索。它是你能得到的最接近的结果。存在一个全国性的性犯罪数据库，它被推荐用来筛查所有的求职者。

291

许多级别的犯罪记录可用于背景调查，有些是自动化的，有些则不是。有些州具有全州范围的犯罪记录调查能力，有些州则没有。像特拉华州这样的州只有 3 个县，而其他州则有接近 100 个县。雇主不应试图询问有关逮捕的情况，只允许对定罪情况进行查询，以用于做出雇佣决定。

美国地区法院犯罪调查将提供这样的记录：候选人只有违反了联邦法律，才会成为全国范围内的违法者。这涉及联邦调查局（FBI）、毒品执法局（DEA）、美国海关、美国邮政检查局和其他联邦执法机构调查的犯罪记录。结果不会显示美国所有的犯罪记录，只有联邦法院的记录。违反联邦法律只是所有定罪中的一小部分。当招聘入门级职位时，对于高中和大学年龄的申请人，FBI 和 DEA 不太可能曾逮捕过他们，或者发现他们曾被联邦定罪。联邦犯罪记录查询更适合行政申请人。

州定罪也是所有定罪中的少数。这些包括严重的重罪，如谋杀和强奸。许多州都为在该州被定罪的人建立了数据库。但是，如果定罪发生在县一级，这实际占定罪的绝大多数，却可能没有被载入州犯罪数据库中。因此，即使有人花钱进行联邦犯罪记录和有此类数据库的 50 个州的犯罪记录核查，也无法保证可以发现当事人所有的犯罪记录。唯一确保发现一个州的所有可能定罪的方法是，逐个检查该州的每个县。因此，要在全国范围内对一个人进行真正意义的犯罪核查，将涉及到对所有州的所有县，这将花费数千美元。

为了使这个过程可行，首先在公共记录中使用申请人的社会保障账号（Social Security Account Number，SSAN）作为过滤器进行初步搜索。一旦验证，SSAN 可以链接到当事人的所有过去的地址。这确定了去哪些州哪些县核查可能的犯罪记录。不要使用当事人提供的地址历史记录，因为当事人可能会遗漏他被刑事定罪的任何司法管辖区。如果当事人在过去 10 年中只生活在某个州的某个县，则只需检查一个县的犯罪记录。

292

任何发现当事人有多个 SSAN 的案件，应进行调查。这通常是由于印刷错误或公共记录中的其他错误造成的；但这也可能是由于盗用身份或故意隐瞒真实身份造成的。向当事人告知问题，并共同解决。

---

[1] 《就业筛选基准报告》，Hireright，2010，载 go. hireright. com/forms/201012_blog_12_17_10。

如果某个州有犯罪数据库，那么全州范围内的犯罪记录核查是一个不错的想法。但是，也应在当事人过去 7 年居住的县进行犯罪记录调查。如果当事人居住过多个县，调查的花销可能会很大。一些背景调查公司以固定价格调查申请人过去 7 年居住的所有县的犯罪记录。若一些当事人曾在多个县居住过，这些公司在进行犯罪记录核查时，会因昂贵的费用而遭受损失；但多数当事人仅在一个县居住过，仅需核查一个县的犯罪记录，因此也就弥补了之前提到的损失。

这种方法的缺点是，当事人在没有居住过的地区所犯的罪将不会被发现。然而，大多数定罪都是发生在居住地。例如，假设一个当事人住在密苏里州杰斐逊市（科尔县），但持有密苏里大学老虎队在密苏里州哥伦比亚市（布恩县）的季票。在很大程度上，当事人是一个守法的人。然而，当事人有过度饮用啤酒的倾向，多年来在足球比赛中被逮捕过几次。仅核查申请人所在地的县犯罪记录不会发现此信息。此外，布恩县没有义务将定罪记录发送到任何州的定罪记录存储库。即使密苏里州有一个州的定罪名单，布恩县的定罪记录也可能不在那里。

县一级的犯罪记录核查花费取决于许多因素，例如县城是否交通便利，是否需要记录搜索人员的长途跋涉；该县是否已将信息数字化，以便更容易找到与所考虑的特定候选人相关的信息；县自身是否对获取记录收取"查询费"。例如，截至本文写作之时，纽约收取 65 美元的查询费，佛罗里达收取 24 美元的查询费。这在不同的司法管辖区之间有很大差异。一些州在互联网上有免费的全州犯罪记录数据库；但是，买家要当心。每个通过互联网提供数据的州都会就信息的准确性发布强烈的免责声明。他们是认真的。真正的背景搜索需要有经验的核查者前往法院，使用其技能来查找所需的记录。每个法院都是不同的，所以你应该找到一个经常去的特定法院，并且了解法院书记员所建立系统的检索员。

并非所有定罪都列在全州数据库中。特别值得怀疑的是，这些数据库是由州惩教部门（Department of Corrections，DOC）而不是州警察局管理的。有一个综合了 38 个州的 DOC 数据库，可以以极低的费用运行检索；虽然也有免费的 DOC 数据库可用。这是最接近全国范围搜索的。再一次，一些背景调查供应商提供"全国通缉令"。当心！如果数据来自 NCIC，则购买此信息是非法的。然而，截至 2005 年 9 月，一个全国通缉令数据库可通过追踪者信息专家（Tracers Information Specialist）公司在市场上买到。

要求进行犯罪记录检查是有价值的。但不要被引诱到一种虚假的安全感中，也不要为不必要的检查而超支。建议对所有员工进行犯罪记录检查。建议对所有处理金钱、财务信息、信用卡号码或贵重商品的员工进行信用检查。这包括银行出纳员、收银员、保安等。任何员工前三年发生坏账问题（被债权人注销或被移交给收账机构），且不能合理说明的，不得被聘用担任此类职位。记住唐纳德·克雷西（Donald Cressey）所说的财务压力和机遇。处于财务危机中的员工更可能在有机会时从雇主那里偷东西，而且可以为自己的行为找到合理化的理由。

信用调查的费用通常因提供信息的机构而异，而且您通常可以协商批量搜索的折扣；价格可能会随着公司每年要求的调查数量的增加而降低。有些卖家会将全国的性犯罪者作为一揽子交易免费提供核查。如果该州有这样的数据库，那么全州范围的搜索是一个好主意，但是不要使用全州核查来代替县一级的核查！要记住在雇佣时进行一次背景调查是好的，但后续调查也很重要，特别是对于那些财务敏感职位的员工。驾驶公司车辆的员工的驾驶安全记录也应该定期检查。建议每五年进行一次后续检查。

其他的有关药物筛选、信用检查，以及进行犯罪记录检查是否足够的问题都要考虑。由于无法覆盖所有的层面，公司必须在预算和相关风险方面尽其所能。

高管洞察 13.1：约翰·斯卡利和一群窃贼

没有进行适当的尽职调查和背景调查，可能会导致严重的财务和声誉问题，无论企业是聘用一名员工担任重要职位，还是考虑进行并购。正如约翰·斯卡利（John Sculley）在 1993 年不幸经历的那样，员工在决定加入一家新企业时，考虑尽职调查同样重要。在那之前，斯卡利是一位著名的企业高管，拥有担任苹果电脑（Apple Computer）董事长和百事可乐（Pepsi-Cola）首席执行官的经验。

1993 年 10 月，斯卡利突然宣布，他将加入一家鲜为人知的公司，在当时新兴的无线通信领域毫无利润可言，这一消息震惊了科技界。该公司是频谱信息技术有限公司（Spectrum Information Technologies，Inc.），总部位于纽约曼哈斯特。斯库利刚刚离开了苹果，正在寻找新的挑战。当频谱公司总裁彼得·卡瑟塔（Peter Caserta）演示了该公司通过蜂窝电波发送信息的无线技术时，斯卡利很感兴趣。[1]他决定接受卡瑟塔的提议，担任频谱公司的新任董事长兼首席执行官。当频谱公司在 1993 年 10 月 18 日宣布斯卡利将加入公司时，该公司的股票上涨了 46%。[2]

然而，一切并不像看上去的那样。斯卡利不知道的是，1993 年 5 月，在与美国电话电报公司（AT＆T）签署了一项专利授权协议后，卡瑟塔宣布，这笔交易将为频谱公司带来"数亿美元"的专利收益。尽管这一声明最初导致了频谱公司股价的上升，但第二天，AT＆T 宣布这项交易实际上只值几百万美元，股价就迅速大跌。[3]卡瑟塔做出的这种鲁莽的断言，斯卡利如果知道的话，应该会引起他的一些担忧。

卡瑟塔曾声称自己是"阿波罗太空计划的关键管理工程师"，但他没有大学学位，只有一所已倒闭的培训学校的两年制证书。简历称他是一名电气工程师。[4]对公共信息数据库进行全面的背景调查会发现，卡瑟塔和他控制的咨询公司多年来一直是客户的诉讼对象，这些客户起诉"收取客户公司声称从未提供的服务费"。[5]此外，斯卡利一加入频谱公司，卡瑟塔和另外两名公司高管行使了他们的优先认股权。这三人利用斯卡利的声誉和好名声所带来的股价飞涨，赚了数百万美元。[6]

在加入频谱公司的几个月内，斯卡利开始对公司的做法感到不安。1993 年 12 月，他解雇了公司的外聘审计安达信，雇佣了另一家。新的审计员很快发现，频谱公司的会计操作"过于激进，因为它确认了公司尚未收到的许可费为收入。"[7]此外，证券交易委员会正在对频谱公司进行调查，这项调查源自卡瑟塔 1993 年 5 月对 AT＆T 交易的评论。1994 年 1 月这个调查公诸于世，在这之前卡瑟塔从未告诉斯卡利有关调查的任何情况。这是斯卡利无法接受的，他觉得卡瑟塔欺骗了他。1994 年 2 月 7 日，斯卡利辞去了频谱公司的职务，他说："最近的事件已经清楚地表明，频谱公司的某些业务方面并不是我加入公司时所呈现的那样。"[8]

---

〔1〕 John J. Keller：《斯卡利突然辞去了新工作，并指控一名高管策划了一场阴谋》，载《华尔街日报》1994 年 2 月 8 日，第 A1 版。

〔2〕 James Bernstein：《爆炸性退出》，载《新闻日报》1994 年 2 月 8 日，第 3 版。

〔3〕 John J. Keller：《斯卡利突然辞职》。

〔4〕 John J. Keller：《斯卡利突然辞职》。

〔5〕 James Bernstein：《彼得·卡瑟塔到底是谁？》载《新闻日报》1994 年 3 月 7 日，第 31 版。

〔6〕 John J. Keller：《斯卡利突然辞职》。

〔7〕 John J. Keller：《斯卡利突然辞职》。

〔8〕 James Bernstein：《爆炸性退出》。

斯卡利不久就离开了公司。1994 年 3 月 22 日，50 名邮政检查员突袭检查了卡瑟塔拥有的一家投资公司，并以邮件舞弊逮捕了五名员工。[1] 1995 年 4 月，卡瑟塔和其他九名员工因实施预付费计划而被起诉，据称他们"舞弊了全国数百家公司，骗取 600 万美元。"[2] 卡瑟塔最终承认犯有舞弊罪，并于 1996 年 10 月被判 27 个月监禁。[3] 卡瑟塔还因"人为抬高"频谱公司的股价而受到证券交易委员会的指控。[4]

回过头来看，部分问题是因为斯卡利轻信了卡瑟塔的话，没能进行适当的尽职调查。当斯卡利考虑加入频谱公司时，他问卡瑟塔是否有任何他应该关注的问题，卡瑟塔说没有。[5] 他应该做的是"信任并核实"。

未来行为的最佳指标是过去的行为

背景调查计划的设计取决于进行背景调查的目标。如果目标是总体上减少舞弊和工作场所暴力，则需要考虑以下几个事实：

■ 有偷窃记录的人很可能再次偷窃。
■ 被判犯有盗窃罪的人在被抓获和定罪之前进行过很多次。
■ 吸毒者比非吸毒者更容易偷窃。
■ 有财务困难的人比没有财务困难的人更容易偷窃。
■ 过去曾有暴力行为的人比其他人更有可能再次施暴。

公司最好能筛查员工是否吸毒，是否有涉及盗窃、毒品或暴力的刑事犯罪记录，并检查信用记录。县级犯罪记录检查对于大多数初级职位而言都是足够的，因为联邦定罪占所有定罪的比例不到 5%。

上述措施将降低舞弊风险，但不会阻止舞弊的发生。一些从雇主那里偷东西的人以前从来没有偷过，从来没有吸毒，而且总是按时支付账单。背景调查只是一种工具。一个公司不需要最好和最昂贵的工具，但只有一个工具不足以完成这项工作。

限制使用背景筛选来预测工作绩效的趋势

特里·贝克尔（Terry Becker）是一名汽车技工，一直在努力寻找工作。这一切都源于他 10 岁的儿子在蹒跚学步的时候开始癫痫发作，所产生的医疗费用。仅一年时间，贝克尔就已经欠下了 25 000 美元的医疗债务。在四个半月的时间里，贝克尔应聘超过八个职位都被拒绝了，这是因为允许未来的雇主获得他的信用报告。前威斯康星州众议员金·希克森（Kim Hixson）称这是"基于信用记录的歧视"，并起草了一项法案，禁止这种做法。[6]

2010 年 10 月 20 日，在美国平等就业机会委员会（U. S. Equal Employment Opportunity Commis-

---

〔1〕 Robert E. Kessler：《投资公司突袭》，载《新闻日报》1994 年 3 月 23 日，第 37 版。
〔2〕 Robert E. Kessler：《卡瑟塔，密友被起诉：10 人涉嫌预付贷款诈骗》，载《新闻日报》1995 年 4 月 4 日，第 35 版。
〔3〕 Robert E. Kessler：《高科技骗子被判刑》，载《新闻日报》1996 年 10 月 1 日，第 31 版。
〔4〕 James Bernstein：《联邦调查局指控频谱公司三宗诈骗》，载《新闻日报》1997 年 12 月 5 日，第 A77 版。
〔5〕 John J. Keller：《斯卡利突然辞职》。
〔6〕 威斯康星州立法机构：《泰勒/希克森（Taylor/Hixson）法案协助求职者接受公众听证会》，新闻稿（2009 年 12 月 15 日），载 www. wispolitics. com/1006/091215_ Hixson_ Taylor. pdf。

sion）的会议上，雇主使用信用记录作为筛选工具，是作证的主题。[1]发言人之一是 Christine V. Walters，她在人力资源行政、管理、就业法实践和教学方面有 25 年的经验。她说："很明显，我们认为，雇佣决定应该基于个人的任职资格——诸如教育、培训、专业经验、表现出的能力等——而不是考虑那些与执行工作相关任务的能力无关的因素。"她继续说，人力资源管理协会（SHRM）相信，"让我们国家的雇主能够评估潜在员工的技能、能力和工作习惯，是极为有必要的。"[2]

由于对潜在的雇主来说，从以前的雇主那里获得有意义的参考变得越来越困难，他们已经转向从第三方信息收集机构，合法获得关于应聘者的更多信息。虽然信用记录很少被用作评估应聘者是否适合某一特定职位的唯一因素，但有时当两名应聘者似乎同样适合某一职位时，它就可能起决定作用。由于雇主有保护公司资产和敏感信息的受托责任，信用记录在招聘决策中越来越重要。然而，雇主应注意，有污点的信用记录并不能自动表明有盗窃或其他渎职倾向，特别是在经济困难时期。

2010 年，SHRM 对背景调查过程中的信用记录使用情况进行了调查。调查发现，对所有求职者都进行信用调查只是例外，只有 13%的组织对所有求职者进行信用调查。另外 47%的雇主只考虑特定职位求职者的信用记录。10 家公司中会有 4 家根本不调查信用记录。[3]那些进行信用调查的公司通常只调查具有财务或受托责任的职位、高级管理人员职位以及能够接触到高度保密员工信息的职位。最后，调查发现，绝大多数雇主在招聘过程的最后阶段才使用信用调查，而不是预先对申请人做筛选。医疗债务通常不会在雇佣决策过程中考虑，并且雇主经常允许候选人解释其信用记录。

尽管如此，从 2009 年开始，许多州开始质疑使用信用报告来评估求职者对许多职位的任职资格这一方法。2009 年夏天，国会通过了一项法案，禁止在评估应聘者时使用信用报告。[4]美国有 16 个州提出了禁止信用调查的法案，指出有损信用的报告可能会将人们困在债务中，并会使应聘者因此而无法找到工作来改善因过去的信用记录而造成的信用状况。夏威夷和华盛顿已经禁止对大多数应聘者进行信用调查。雇主应认真关注国会提出的一些法案的情况，这些法案将规范信用记录的使用和就业背景筛选的其他要素。

SHRM 政府事务主管迈克·艾特肯（Mike Aitken）表示，全面禁止在做出招聘决策时使用信用报告，可能会减少一个帮助雇主做出良好招聘决策的工具。在最近几份关于职业舞弊和滥用的报告中，美国注册舞弊审查师协会发现，对从事工作场所舞弊的员工来说，最常见的两个危险信号是：①生活入不敷出；②难以履行财务义务。虽然这在"正常"失业时期是真的，但在高失业时期也是这样吗？SHRM 发现，大多数雇主只有在提供工作后才能获得信用报告，并允许应聘者在最终雇佣决定做出之前解释其信用历史。即便如此，只有特定的信用因素（如未决诉讼和债务

---

[1] 沃尔特斯（Walters）在 EEOC 面前的声明；另见美国商会劳工法政策执行主任迈克尔·伊斯特曼（Michael Eastman）的声明，载 www.eeoc.gov/eeoc/meetings/10-20-10/eastman.cfm。

[2] 沃尔特斯（Walters）在 EEOC 面前的声明；另见美国商会劳工法政策执行主任迈克尔·伊斯特曼（Michael Eastman）的声明，载 www.eeoc.gov/eeoc/meetings/10-20-10/eastman.cfm。

[3] Kathy Gurchiek：《信用检查是合法的筛选工具》，2010 年 11 月 2 日，载 www.shrm.org/about/news/Pages/LegitimateScreeningTool.aspx。

[4] 《平等就业法》（HR 3149）的出台是为了修正《公平信用报告法》（FCRA），禁止雇主为做出就业决定而对未来和现在的员工使用消费者信用调查，国家安全或 FDIC 批准的情况除外。州和地方政府机构要求使用消费者报告，或在金融机构担任监督、管理、专业或行政职务，否则雇主不得出于就业决定的目的对潜在和现有雇员进行消费者信用调查。该法案没有获得委员会通过。

催收账户）才能影响雇佣关系的决定。大多数雇主不考虑房屋止赎或医疗债务。

信用报告的使用并不是背景调查中唯一受到严格审查的因素。2010 年 8 月，国家公共政策研究中心（National Center of Public Policy Research）发布了一份新闻稿，声明平等就业机会委员会（Equal Employment Opportunity Commission，EEOC）正在警告雇主，"将潜在雇员过去的定罪记录，即使是严重的重罪，作为是否应该雇佣他们的'绝对衡量标准'是违法的。因为这'可能会限制一些受保护群体的就业机会'。"〔1〕根据 1964 年《民权法案》第七章（禁止基于种族、肤色、国籍等歧视），EEOC 警告雇主注意黑人和西班牙裔人在重罪犯中的比例过高。然而，国家公共政策研究中心反对对第七章的这种解释，称其不禁止基于性格的歧视，并称 EEOC 正试图"超越国会赋予它的权力，对私人雇用决定进行微观管理"。这场辩论可能会继续下去，雇主在做招聘决定时要牢记这一点。

简历舞弊和充分的背景审查 300

本章的重点是，在评估潜在雇员在工作场所实施舞弊或暴力行为的倾向时，需要犯罪记录和信用调查，这是正确的，因为这些调查与求职者未来可能的表现最为相关。然而，每个雇主都需要评估所招聘的每一职位的要求，然后决定进行背景调查的范围。

简历舞弊是个大问题。每一个求职者都试图用最好的方式来展示自己的工作经历，可能会出现一些委婉的说法，甚至"夸大其词"。这就是保洁员成为"卫生工程师"的原因。但是，太多求职者在简历中给雇主提供了严重夸大或明显遗漏的信息，导致严重的招聘失误。简历中常见的四个偏差包括：

- ■ 伪造所获学位或证书。
- ■ 夸大薪酬历史或以前职位的头衔。
- ■ 隐瞒犯罪记录。
- ■ 夸大过去就业的日期。〔2〕

因此，如果某项工作需要一定的教育水平，背景调查应包括直接向教育机构核实申请人的学位。雇主不应接受申请人的文凭复印件，因为这些复印件很容易伪造。同样，所有专业执照都应直接与发证机构核实。多数有名的职业背景筛选师至少鼓励直接与前雇主进行核实，甚至进行全面推荐面谈。此外，还建议筛选人员索取与前雇主联系的电话号码或联系地址，而不是依赖申请人提供的电话号码或地址，因为申请人可能会提供朋友或亲属的电话号码，而不是前雇主的电话号码或地址。在具体工作中可能还有其他重要方面，决定了应核实申请人背景的哪些要素。

不必是诺克斯堡 301

有些公司要求核实兵役、高中和所有大学学分，核查联邦犯罪记录、州犯罪记录、社会保险号码，以及与所有前雇主进行参考核查等。本标准适用于所有职位，无论什么级别。这里可能需要运用理性和逻辑。如果组织招聘的职位不需要大学学位，而高中文凭是足够的，为什么还要核

---

〔1〕 国家公共政策研究中心：《EEOC 警告雇主：如果你不想雇佣重罪犯，你需要一个好的理由》2010 年 8 月 16 日，载 www. national center. org/PR_ EEOC_ Felon_ 081610. html。

〔2〕 《就业筛选基准报告》。

实大学学位？如果不考虑给退伍军人优待，是否有必要核实申请人的服兵役情况？这些公司的背景调查要求可能并非不合理；只是对初级员工的要求有点过度。当然，在聘用审计师、会计师、调查员和其他财务经理、高级职员和董事时，这种严格的背景调查是必要的。

这如何适用于一个初级职位流动性巨大的行业？以大型呼叫中心为例，如果一家国际呼叫中心公司有 60 000 名员工，那么大多数员工将处于初级职位。呼叫中心行业的人员流动性很高。如果该公司有 40 000 名呼叫中心座席人员，年流动率为 50%，那么每年要招聘 20 000 多名座席人员。如果每人的背景调查费用是 100 美元，那么仅仅进行背景调查每年就要花费 200 万美元。通过进行那些能提供最大保护的检查，就有可能以合理的、符合成本效益的公司预算比例覆盖大部分基础。复刻诺克斯堡［译者注：诺克斯堡（Fort Knox）为美国肯塔基州北部路易斯维尔南西南军用地，自 1936 年以来为联邦政府黄金储备的贮存处］是不必要的，只有合理的尽职调查才是需要的。

背景调查值得花这么多钱吗？

故事 1

一家公司决定开始对其应聘者进行犯罪记录调查，并跟踪结果。在前六个月的调查中，超过 60 名申请人被发现犯有重罪。也就是说，每月有 10 名重犯被背景调查挡在了公司门外。这些申请人在申请表上声称自己没有犯罪记录。

故事 2

其中一位作者在其职业生涯中曾一度调查过银行舞弊。他得到一名银行职员认罪的供词，她承认犯有挪用公款罪，支付赔偿金并获得一年的缓刑期。她还有联邦重罪记录，但没有进监狱。几个月后，作者有理由联系她，让她签署一些关于归还款项的文件。当他打电话给她家时，她妈妈接了电话，说她女儿在上班。母亲提供了电话号码。想象一下当电话打到银行时作者的惊讶。银行雇用了一个被定罪的挪用公款犯，并且还在缓刑期！

故事 3

一家受人尊敬的背景筛查公司正在物色一名行政助理，负责管理公司向一位大型国际客户提供的服务。几位可以接受的求职者都进行了面试，但其中一位因其举止富有魅力在众求职者中脱颖而出，这种能力正是应付一些难缠的客户所需要的。求职者授权进行背景调查，包括信用记录。信用报告显示了一些不良信用记录，雇主要求该求职者给出解释，被告知求职者的第一任丈夫在五年前去世，导致她和她的三个孩子陷入财务困境。求职者的犯罪记录检查结果被推迟，雇主（想从难缠的客户中解脱出来）雇佣了这位没有经过犯罪记录核查的、富有魅力的求职者。

两周后，公司拿到了犯罪历史记录，记录表明她在丈夫去世一年后被判有福利诈骗罪。背景筛查公司本可以接受已服刑期满的舞弊前科；然而，求职者没有在她的申请和面试中透露。在背景调查的所有要素都完成之后，公司随后聘用了一位魅力较弱的求职者。

故事 4

2003 年，宾夕法尼亚州立大学对教员的核查重点是教学和研究资历，但不一定包括犯罪记录背景。宾夕法尼亚州立大学聘请保罗·克鲁格（Paul Krueger）为助理教授，教授劳动力发展课程，他后来成为培训和发展研究所的所长。在大学任职期间，他有着一尘不染的教学记录。校方不知道的是，克鲁格在 20 世纪 60 年代中期因在得克萨斯州科珀斯克里斯蒂谋杀三名渔夫而被定罪。他于 1979 年被假释。

到目前为止，还不知道克鲁格是否自愿提供任何有关他的定罪的信息，也不知道核查委员会是否曾问过他。当一名记者问校方克鲁格在谋杀案最终曝光后，是否会继续留在宾夕法尼亚州立大学时，校方官员说，他们一直无法与克鲁格取得联系，尽管预计他会在秋季学期回到主校区任教。然而，在那周晚些时候，同样是那位官员得知克鲁格已经签约成为了加州拉荷亚国立大学的商学副教授。当被问及此事，拉荷亚国立大学的发言人说，他们不知道克鲁格有犯罪前科。时任美国教育委员会（American Council on Education）总顾问的谢尔顿·斯坦巴赫（Sheldon Steinbach）说："对兼职和全职教师的背景调查漏洞百出……它们不符合 21 世纪良好的人力资源实践。"[1]

故事 5

2010 年 11 月 28 日，《费城问询报》（Philadelphia Inquirer）刊登了一篇关于 40 年前，一名男子因谋杀一名 12 岁女孩被判终身监禁的报道。对他定罪的依据是 Agnes Mallatratt 提供的证据，她是一名法庭科学技术人员，负责分析审判中使用的大部分证据的显微分析。马拉特女士在费城地区检察官办公室备受尊敬，在 20 世纪 60 年代初，费城的多家报纸曾报道并称赞她的成就。

在审判中，她表示自己曾处理过至少 35 起备受瞩目的抢劫、强奸或谋杀案。她因自己的实验工作获得了多项奖项。在证人席上，她说她在天普大学（Temple University）学习过法医学、生物学、植物学、动物学和刑法学课程，并获得了医学技术证书。她说，她在天普大学教过法医学课程，在八年多的时间里处理了四五千个案件，并在五六十个案件中作证。

在随后的一个案件中，几位辩护律师发现她从未在天普大学获得过学位；事实上，她甚至从未上完初中！她声称"美国法医病理学家协会"（American Society of Forensic Pathologists）给予了她高度评价，但这是一个根本不存在的组织。美国法医病理学家学会（American Academy of Forensic Pathologists）则确实存在，但没有任何她成为会员的记录。根据她的证词，这篇新闻报道的当事人被定罪并监禁了 40 多年。另外两名不同案件中的男子被判处了死刑。[2]

人力资源在背景调查中的作用

虽然舞弊预防部门可以强烈建议使用背景调查、确定供应商，甚至推出相关政策，但人力资源部门有责任确保对所有申请人进行适合该职位的背景调查。就业经理应处理背景调查政策的日常实施，并与背景调查供应商直接联系。

———————

〔1〕　Bill Schackner：《宾夕法尼亚州立大学教授 1965 年谋杀 3 人》，载《匹兹堡邮报》，2003 年 7 月 26 日，www. post-gazette. com/ localnews/20030726krueger0726p1. asp。

〔2〕　Faye Flam：《在费城，给一个 82 岁的无期徒刑犯争取再上法庭的机会》，载《费城问询报》2010 年 11 月 28 日，articles. philly. com/2010-11-28/news/24953647 ou-crime-labor-worker-bad-science-crime scene/4。

第十四章 培训、培训，更多的培训

 摘　要

307

在企业中，从 CEO 到基层员工，各个层面的培训都是预防舞弊和创建合规文化的绝对要求。培训加强了企业对道德的恪守，和对公司政策以及政府法律法规的遵守。培训应包括行为守则、舞弊风险、员工在预防舞弊方面的作用，以及公司对成为良好企业公民的坚定承诺。进行优质培训有多种方法；在设计有效的全公司范围的培训计划时，必须考虑所有这些方法。企业的舞弊调查人员应该参与提供反舞弊预防培训。他们经常接触舞弊和舞弊预防，可以为反舞弊问题提供洞察和见解。管理人员是他们直接报告的榜样，是发现和预防舞弊的第一道防线。对管理人员进行适当的培训可以给组织带来很大的好处。

通过培训建立反舞弊的意识

308　　舞弊预防从培训开始。对舞弊风险的教育和认识，组织可能面临的舞弊类型，对企业的影响，员工的生活如何受到不法行为的影响，以及如何阻止舞弊，是任何反舞弊意识和预防计划的关键要素。优秀的公司认识到，针对舞弊的意识和预防进行培训，对于减少舞弊和滥用职权的影响，以及维持有效的公司治理至关重要。然而，即使是优秀的公司也只能提供有限的培训，而且在经济低迷时期，培训预算往往是第一个被削减的。

　　上至管理层下至普通员工，所有人都应接受政策和程序方面的培训及强化。区别在于特定培训的类型和长度。培训有许多不同的形式；如果能够正确设计和实施，所有的形式都是有效的。内部培训、专业组织举办的研讨会、基于网络的交互式培训模块或大学课程都是培训的可能途径。发起组织委员会（COSO）建议"内部审计师和公司会计师应研究导致虚假财务报告的力量和机会、可能表明其发生的风险因素以及相关的道德和技术标准。"[1]注册会计师（CPA）、注册舞弊审查师（CFE）和其他具有专业资格的人员，需要每年完成一定学时的继续专业教育（Continuing Professional Education，CPE）。建议组织中的所有专业人员，无论是否经过认证，每年至少接受 40 个 CPE 学时的培训，其中至少 8 个学时与预防舞弊有关，同等学时用于道德与合规培训。

　　即使是设计良好的投诉报告机制，如果没有对员工进行足够的培训，也可能会失效。各公司必须就报告机制的原因、可举报的投诉类型、如何使用举报程序以及如何保密等方面来培训员

---

〔1〕　Treadway 委员会发起组织委员会，James C. Treadway Jr.：《全国舞弊性财务报告委员会报告》，1987 年 10 月，第 5 章，第 5 节，载 www.coso.org/publications/NCFFR_Part_5.htm.

工。没有这种培训，系统就会崩溃。[1]

有效的反舞弊意识培训包括四个主要部分：

1. 给出舞弊的简单定义：舞弊是谎言、欺骗和偷窃。

2. 讨论舞弊如何对公司的底线和声誉产生负面影响。

3. 举例说明员工可能发现的各种舞弊，例如，提供回扣或其他员工非法使用客户的信用卡号码。

4. 告诉员工，如果他们怀疑有舞弊行为，应该怎么做。[2]

获得员工对反舞弊培训的认可，然后纳入舞弊预防的概念，对培训的成功至关重要。培训的好处需要有效地传达给所有员工，无论他们身处世界何地。"对员工的教育应该是事实性的，而不是指责性的。指出任何形式的舞弊最终都会对组织和员工产生不良影响。舞弊和滥用会影响加薪、就业、福利、士气、利益和一个人的正直秉性。接受过反舞弊教育的员工队伍是迄今为止舞弊审查员的最好武器。"[3]高管领导层对所有员工培训的支持，传递出一个关于高层和整个组织基调的强烈信息。

《萨班斯–奥克斯利法案》和美国证券交易委员会都没有明确提到员工行为、道德和舞弊预防方面的教育或培训。然而，纽约证券交易所（NYSE）和纳斯达克（NASDAQ）的公司治理准则都强调了对董事进行继续教育和培训的必要性。美国量刑委员会颁布了《联邦组织量刑指南》，将持续培训和沟通作为有效合规和道德计划的一部分。《联邦收购条例》（Federal Acquisition Regulation，FAR）是联邦收购监管体系中的主要规则，现在要求大多数与联邦政府开展业务的公司向其员工提供持续有效的培训。

舞弊调查人员在培训中的作用

任何持续的舞弊预防培训，都应包括组织的舞弊调查人员的演讲。他们有调查各种舞弊行为的第一手经验和独特见解，这对教育员工非常有价值。他们可以为调查的具体案例详细说明舞弊三角的要素；他们可以解释如何通过危险信号发现舞弊行为，并且可以概述预防舞弊的最佳做法。由于舞弊调查人员的工作性质，他们的经验会引起员工的极大兴趣。舞弊调查人员应持续面向公司所有级别的员工做介绍。根据组织的规模，舞弊预防部门可能会花费大量的时间来教育员工。

告知员工公司内有一个专业的调查部门负责处理舞弊指控，这传达出强有力的预防信息。传达的一个重要信息是：不当行为会产生后果，舞弊行为是不可容忍的。由于舞弊调查部门开展了培训，预计会有更多的舞弊指控举报。经验表明，当员工受到教育，了解影响公司的各种舞弊类型和相关的危险警告时，他们就更有可能识别并举报可能的不当行为。

培训首席执行官和董事

尽管每个上市和私营公司都有责任在道德、合规和舞弊预防方面教育和培训其所有员工，但

---

[1] Marian Exall, Jack Capers Jr.：《建立新的控告程序》，载《舞弊杂志》2004 年 11 月至 12 月，第 24 页。

[2] Kenneth Dieffenbach：《招募反舞弊步兵部队》，载《白皮书》2004 年 3 月至 4 月，第 34 页。

[3] Joseph T. Wells：《公司舞弊预防与调查指南》，Hoboken，新泽西：John Wiley & Sons 出版公司 2004 年版，第 406 页。

没有谁比首席执行官和董事会董事更需要这种培训。尽管面临道德挑战的首席执行官人数很少，但由于不断变化的公司合规要求，首席执行官和董事们需要学一些新东西。COSO 建议，"财务报告系统的参与者必须首先了解舞弊性财务报告的多面性，以便能够以适当的方式解决问题。"[1] COSO 详细说明了上市公司需要如何就舞弊性财务报告问题对其董事、管理层和员工展开教育；"警惕此类舞弊的风险，教育其成员和董事会其他成员了解可能导致舞弊的推力和机会"，[2] 这对于审计委员会来说尤其重要。高管和董事还需要了解可能攻击公司的其他类型的内部和外部舞弊。美国注册舞弊审查师协会提供了大量优秀的反舞弊意识培养和预防培训课程。他们的培训可以定制以满足任何组织的需求。有关定制反舞弊培训的更多信息，请参见高管洞察 14.1。

311

高管洞察 14.1：定制反舞弊培训

由专业的反舞弊调查人员提供的量身定制的反舞弊培训，可能是企业的理想解决方案。这种培训可以侧重于上市或私人公司的独特需求，以改进舞弊监测和预防能力。开发有效的反洗钱计划的课程，可能适合财务服务机构。开设一门关于开展内部调查的课程，可能是刚刚成立反舞弊调查部门的公司的完美选择。对于在贿赂和政府腐败普遍存在的高风险国家开展业务的公司来说，开设关于《反海外腐败法案》（Foreign Corrupt Practices Act）的影响，和调查与预防策略的课程是有很大益处的。

将这种培训引入公司内部有很多好处：它方便而全面、具有激励作用和高成本效益。反舞弊培训的领导者是美国注册舞弊审查师协会（ACFE）。ACFE 为包括公司和政府机构在内的各种客户提供定制培训。课程由注册舞弊审查师讲授，他们是舞弊监测、调查及预防方面的专家，并在互动学习环境中提供实务培训。

312

ACFE 有许多优秀的培训课程可供世界各地的组织使用，包括舞弊审查原理、舞弊风险管理、内部舞弊审计、专业谈话技巧、内部调查、财务舞弊、合同采购舞弊、国际商业交易中的贿赂、计算机调查、利益冲突调查和舞弊预防。ACFE 提供的这些课程和其他课程可以适应任何规模的受众，任何希望进一步理解舞弊和舞弊预防的组织，都应该考虑这些课程。有关 ACFE 反舞弊培训的更多信息，请访问 www.acfe.com。

新员工入职培训

新员工入职的第一天，正是开始为其培养合规文化的最佳时机。通常，公司会以某种形式向新员工介绍业务。尽管新员工入职培训中涉及的主题可能包括有关公司的一般信息、员工福利、政策和程序以及遵守行为准则等，但还应考虑介绍舞弊风险。新员工可能感到会被大量新信息淹没，大部分信息可能不会记住，但简短而概括地介绍公司内部各级对舞弊和滥用行为的坚定立场，是一个很好的起点。应考虑提供有关舞弊如何影响公司的一些关键要点。一些重要信息可以突出显示，包括舞弊类型；关键的 ACFE 舞弊统计数据，包括组织如何因舞弊和滥用而平均损失其年收入的 5%；大多数舞弊是如何通过线索或意外发现的；以及员工如何举报舞弊和滥用指控。

---

〔1〕《全国舞弊性财务报告委员会报告》，第 5 章，第 1 节。

〔2〕《全国舞弊性财务报告委员会报告》，第 5 章，第 6 节。

管理者是榜样

优秀的管理者是员工的榜样。他们提供指导和职业辅导。他们向员工展示如何取得成功，并通过自己的行为来践行诚实和正直的理念。管理者如果能进行监督并且以身作则，会对预防舞弊起到巨大的作用。"信任但核实"应该是每一位优秀管理者的准则。当员工看到他们的管理者在遵守政策和程序，并密切监控团队的运营时，舞弊就很难得逞。例如，通过加强经理对费用报销和收据的审查，可以大大减少费用报告舞弊。"高层基调"的可信度始于一线管理者。

另一方面，糟糕的管理者可能因为缺乏敬业度和领导力而助长舞弊文化的形成。不熟悉或不遵守公司政策和程序的经理，可能会向他们的直接下属传达错误的信息。一个不参与或不承诺遵守公司行为准则的管理者，如果不是每天都在践行公司行为准则，那么他在促进员工遵守公司行为准则方面的作用微乎其微。多年来，作者们看到过许多舞弊行为的例子，都发生在那些从不进行监管的糟糕的管理者眼皮底下。

管理人员在舞弊监测和预防方面的培训，有助于加强和提高优秀管理人员的技能，同时也提高了那些不称职的或不了解情况的管理人员的技能。获得管理人员认可的一个独特方法是寻求职业晋升。举例说明，管理人员在其监督下，发生了舞弊但未能发现或报告时，他们的职业生涯是如何脱轨的。没有人希望其职业生涯因未能保护公司免受舞弊而停滞不前。优秀的管理人员可以在舞弊发生之前就阻止它。

新任管理者培训

许多组织在新任管理者就任职务时为他们提供培训。开启新任管理者职业生涯的最好的方法，便是教育他们有关舞弊风险及他们在应对风险中扮演的角色。经验表明，新任管理者报告舞弊指控的频率往往高于原有的管理者。这是因为新任管理者正在学习他们的新角色、调查、提问，并且经常发现之前的管理者没有发现的舞弊和违反政策的行为。为新任管理者和所有其他管理者提供舞弊预防的工具和知识，可以帮助他们向下属传达合规的思想。这种培训在保护公司方面产生了意想不到的好处。

财务人员舞弊预防培训

建议所有财务人员（包括内部审计人员）接受舞弊预防培训。最近在公司治理方面的改进，需要财务职能部门更多的参与和审查，以保护公司。有一个优秀的入门培训课程——"舞弊与注册会计师"，由 ACFE 和美国注册会计师协会（American Institute of Certified Public Accountants）共同创设。这门八小时的计算机自学课程，介绍了舞弊问题；注册会计师的舞弊监测和报告责任；财务报表舞弊、资产挪用和腐败计划的基础知识；员工舞弊的原因；监测和预防舞弊计划的方法。该课程包括舞弊者的视频剪辑，详细说明他们是如何实施舞弊和隐瞒舞弊的。虽然本课程对注册会计师特别有用，但它对任何财务、采购或组织内的其他员工来说，也同样有益。因为它是基于计算机的，所以可以以很低的价格为大量员工提供这门课程。

员工还有其他机会通过大专院校提供的学位课程学习舞弊预防知识。高管洞察 14.2 提供了尤蒂卡学院（Utica College）经济犯罪管理专业的优秀研究生课程的信息。

高管洞察 14.2：成为经济犯罪管理硕士

315　　由于技术的发展，有经验的专业人士不仅可以获得舞弊预防的技能和知识，而且坐在舒适的家中或者办公室就可以获得学位。位于纽约尤蒂卡的尤蒂卡学院，是第一所提供经济犯罪管理（Economic Crime Management，ECM）硕士学位的，整合了线上学习的学院。[1]该课程设立于1999 年，以远程学习的形式提供教育，只要求学生这两年每年在校园内住 4 天。其余的课程都是由教师指导的在线学习。

　　ECM 课程侧重于舞弊和风险管理策略、当前的经济犯罪挑战，以及应用创新的技术和分析方案来预防舞弊。该课程旨在满足对执法机构、私营企业、政府和军队中经验丰富人员日益增长的安全要求。该课程以管理、技术、分析方法和经济犯罪四个主题为基础，与私营企业、政府和执法部门的专家合作开展，并不断更新以适应社会变化。

　　ECM 课程的远程学习模式允许全职专业人员完成硕士学位，而无需为上课搬迁/请假。6 个学期各有 2 门课。强化的学习体验使学生能够使用复杂的学习软件在互联网上完成课程。每次实习后 14 周的沟通和讨论对学习过程至关重要。学生可以使用在线图书馆资源，包括 LexisNexis™，以及诸如 IBM 公司的 i2 Analyst's Notebook 等应用，为他们提供促进学习所需的研究工具。

　　两年制的课程是完全综合的，因此学生每学期所学的两门课程都建立在他们已完成的课程基础之上。12 门综合课程（36 学时）涵盖组织理论与管理、研究方法、经济犯罪、法律问题、互联网与计算机安全以及舞弊分析。学生们必须完成一个专业项目，作为他们学术体验的顶点。请316　登录 www.ecii.edu 网站，查阅更多有关经济犯罪管理在线硕士课程的信息。

培训您的应付账款部门：寻找发票上的舞弊行为

　　有几种策略可以主动搜索应付款中的舞弊行为。组织可以确保其审计人员接受过计算机数据挖掘的培训。还可以培训应付账款（Accounts Payable，AP）部门员工从发票本身寻找舞弊线索。使应付账款部门"具备反舞弊意识"，可有助于增加对舞弊问题的监测能力。

　　许多资产挪用计划涉及在系统中放入虚假发票。是应付账款部门的职员，而不是审计员，最有可能抓获实施这种舞弊的人。例如，已知供应商的虚假发票已经放入 AP 系统，使用与该供应商的真实地址不同的地址。如果每次根据批准的供应商档案核对供货商付款的地址，则会发现此类舞弊行为。舞弊者插入这样一张虚假的发票，会忘记将发票折叠起来——因为它实际是通过邮件送达的。AP 职员应该知道如何寻找这条线索（以表 14-1 和表 14-2 为例）。

　　已经收到一份来自已知供应商的 3 月份发票，并附有 2 月份发票的过期通知。当 AP 职员调取 2 月份的发票时，注意到 2 月份发票上的地址与 3 月份发票上的"常规"地址不同。2 月份发票的支付金额比这个供应商通常支付的要贵得多（7580 美元）。与 2 月份发票不同的地址，是舞弊调查的合理起点。有人，可能是一名员工，从国际企业中拿走并丢弃了真的 2 月份发票，取而代之的是一个应付更多钱的、标有另一个地址的发票。

---

[1]　共同作者 Martin T. Biegelman 是经济犯罪研究所的咨询委员会主席。

表 14-1　发票 #1

发票

某国际企业
南 4 街 341 号
美国 A 城

2006 年 3 月 25 日
发票 #063511

2006 年 1 月 19 日提供的服务—逾期 ··· 1032 美元
见发票 #063378
2006 年 2 月 20 日 ··· 1300 美元

收到时的应付总额：2332 美元

表 14-2　发票#2

发票

某国际企业
西林登路 2503 号
美国 A 城

2006 年 2 月 5 日

发票 #064832

2006 年 1 月 19 日提供的服务费 ··· 7580 美元

收到时的应付总额：7580 美元

　　舞弊者希望 AP 职员能够只核对供应商的名字是否有效，但不会注意到不同的地址。查询一张 2 月份向国际企业支付的编号为 063378 的发票的付款记录，发现没有任何记录显示 063378 号发票已付款。这是关键的时刻。如果此发票的审批机关不认识到这是一种舞弊行为，则审批机关有可能认为 2 月份有两张发票，而列为过期的那张发票尚未支付。如果没有正确的反舞弊意识，这种舞弊可能会逃脱监测。如果审批机关刚刚批准 2 月份的第二笔付款，AP 职员应该怎么做？该职员应该通知舞弊审查师？这个例子便很好地说明企业需要培训 AP 职员警惕异常情况（如已知供应商的异常地址）。有可能正是审批机关把这张假发票塞进了系统中。2 月份 7580 美元的发票上的地址，是批准发票的人的地址吗？

　　以下列举了发票上可以体现出来的一些其他舞弊危险信号，这些最好是由 AP 职员来寻找，而不是由审计员使用数据挖掘技术来发现：

■ 没有电话号码的发票。

■ 带有审批人手写注释来说明异常情况的发票。

■ 任何需要回扣、补发或退款的发票。

■ 注明将货物交付至公司以外地点的发票。

- 在审批人最大审批权限下的大额发票。
- 发票细节异常缺失。
- 发票没有折叠，因为它们可能没有邮寄。
- 供应商的发票间隔一个月，但发票编号是连续的或相近的。

319

发票应显示每个供应商的名称、地址和电话号码。带有邮政信箱或广告投放箱地址的卖家，可能需要额外的审查。应该拨打电话核实地址。检查所有供应商的网站也是一个不错的主意。只有在进行了适当的尽职调查之后，才可以将供应商添加到已核准的供应商列表中。在供应商被列入此列表之前，不应发送任何付款。每张发票应与该核准清单上列出的供应商进行对比。

培训审计人员进行数据挖掘

计算机化的数据挖掘策略可用于寻找不符合预期模式的付款数额。本福德定律（Benford's Law）指出，自然形成的数据集的小项目多于大项目。任何偏离此模式的情况都会引发危险信号。

弗兰克·本福德（Frank Benford）是通用电气研究实验室的物理学家，他注意到他对以低数字开头的数字使用对数的次数，比对以高数字开头的数字使用对数的次数多。他的日志表一开始比后面磨损得多。像任何优秀的物理学家一样，他开始寻找导致这种情况的规律。他能够找到特定的公式，来识别第一位数字值的偏斜频率。[1]

在任何一组正常数字中（未分配或有内置的最大或最小值），第一个数字都有更大的概率是1，然后是2和3，一直到9。数字越大，就越不可能成为金额中的第一位数字。这些有偏向的频率被称为本福德定律。

如果任何一组金额的正向峰值超过该模式的5%，则应详细审查这些数字。市场上有一些系统和程序可以使用本福特定律进行检查（见表14-3）。其中一个产品是 ACL™（www.acl.com）提供的审计软件。

在企业内部实施舞弊的员工通常希望使用以9开头的数字。一次偷900美元，要比偷100美元九次更有效率。一个常见的例子是，当一个企业要求75美元以上的花费需要票据时，具有舞弊倾向的员工会申报74.99美元的虚假费用，刚好低于需要收据的门槛。因此，使用本福德定律测试财务记录会暴露出舞弊金额。使用本福德定律这种类型的数据挖掘，也可以通过查看前两位数字的频率来完成。

320

表14-3　本福德定律[a]

第一位数	概率
1	.30103
2	.176091
3	.124939
4	.09691
5	.0791812

〔1〕　Mark Nigrini：《数字分析：内部审计师的计算机辅助数据分析技术》，载《IT 审计》，1998 年 12 月 15 日，www.theiia.org/itaudit/index。

续表

第一位数	概率
6	.0669468
7	.0579919
8	.0511525
9	.0457575

[a]http：//mathworld. wolfram. com/BenfordsLaw. html。

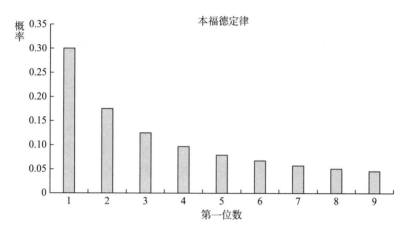

在一家公司的应付账款审计中，使用本福德定律显示了 50 美元的付款记录次数过多。这导致了对 50 美元付款的调查，其中大部分是汽车电池。然而，该公司一年内支付的汽车电池数目是他们拥有的汽车数目的两倍。有人在卖汽车电池。[1]

除了使用 ACL™ 去应用本福德定律之外，审计师还可以使用 Business Objects™、Crystal Reports™、Microsoft Access™、ActiveData for Microsoft Excel™ 和 IDEA™ 等工具来寻找应付账款中的危险信号。舞弊监测软件对于任何舞弊预防计划都至关重要。在寻找组织内部可能的舞弊时，需要记住几个明显的方面。首先要查看的是员工和供应商记录。员工记录提供员工的家庭地址。如果任何一个供应商的地址与员工的地址相同，这显然是一个危险信号。企业可以使用 Microsoft Access 进行数据挖掘，将员工地址表与供应商地址表进行比较。这被称为"关系表查询"。

关系表查询

在没有 Access 的情况下，供应商和员工地址之间的这种比较检查并不容易，因为 Access 不仅可以搜索精确匹配的内容，还可以搜索接近匹配的内容。这一点很重要，因为供应商记录很少采用与员工记录相同的地址格式。地址信息，如 200 1st Street，可能在员工记录的地址行中，但供应商记录中的地址行可能显示 200 1st STR。这不会被精确的匹配检查捕获，但会被 Access 中的"紧密匹配关系表查询"捕获。还必须注意交叉比较地址行 1 和 2，以及电话号码（见表14-4）。

很可能供应商和员工的地址是相同的，都是 400 号大街的相同地址，但是一个表可以在地址行 1 中具有该值，而另一个表可以在地址行 2 中具有该值。引起问题的还有街道的缩写，可以输

〔1〕 Mark Nigrini：《数字分析：内部审计师的计算机辅助数据分析技术》，载《IT 审计》，1998 年 12 月 15 日，www. theiia. org/itaudit/ index。

表 14-4　双线路地址问题

| 员工地址线路1 | → | 供应商地址线路1 |
| 员工地址线路2 | → | 供应商地址线路2 |

| 员工电话 | → | 供应商电话 |

入为 St、ST 或 Str，也可以写为 Street。这些差异可以阻碍计算机的字面匹配。众所周知，舞弊者故意拼错他们街道的名称，只是为了破坏这种精确的搜索和数据比对。

查找重复项查询

创建名为"已付款发票"的 Access 表时（可以将 Microsoft Excel 电子表格导入到 Access 格式中），可以通过运行"查找重复项查询"找到重复付款。Access 有一个查询向导，可以轻松创建查询。选择要搜索重复项的表和该表中的字段，然后就会显示结果。重复支付可能是一个错误，但它们也可能是回扣或其他类型舞弊的危险信号，例如内部人士截获重复支付，然后将其转换为个人使用。

在大多数支付系统中，与批准的采购订单相关联的发票的支付很少出问题。Access 可以查看所有采购订单的发票情况，以确保发票审批人是经授权审批人。因此，应保留有权批准采购订单人员的总清单。该文件可以成为一个名为"PO 审批人"的 Access 表，然后与"采购订单"表进行比较，该表的字段为"应付款审批人"。这是一个"不匹配查询"——在采购订单表中查找未出现在采购订单应付款审批人表中的审批人。"不匹配查询"还可以确定已支付了的，但不在已批准供应商列表中的供应商。

中间范围查询

若要查找刚好低于审批金额限制的发票，请使用"中间"（between）表达式进行查询。如果审批权限是 10 000 美元，查询金额介于 9000 美元和 10 000 美元之间的所有已审批发票，如果存在舞弊行为，很可能在该范围内的发票数量过多。由于以 9 开头的发票频率高于预期标准，因此也可以使用本福德定律来揭示这一危险信号。

简单数据挖掘

数据挖掘，也被称为数据分析或数字分析，是使用过滤功能来评估关键字段的方法。目标是找出异常或极端值。一些常见的策略包括找到各种字段中的最高或最低值。其他好的策略包括寻找略低于各种限制的交易或检查客户的交易，其中大部分是：购买、退款、转让等。Microsoft Excel 是一个完美的排序工具。排序可以将整个电子表格重新排列为升序或降序，以供调查员或审计员选择排序的任何一列。使用之前版本的 Excel 文件可以通过"条件格式"进行格式设置，以便在金额超过或低于某些设置的阈值时，更改单元格的颜色。（如果使用 Excel 2007 和更高版本，请单击"开始"选项卡，选择"条件格式"，然后单击"色阶"。）

数据挖掘是利用数学过程在大量数据中的搜寻模式。在处理简单的计算机程序时，最好记住必须准确地告诉程序它们要做的每一步。这就是舞弊数据挖掘中存在误报问题的原因。程序只能应用您提供的规则，并且只能从您提供的内容中学习。

编写机器人割草的每一条规则都是一个复杂的过程。你必须告诉它想要修剪的草的坐标，以及你不想要修剪的草的坐标（花坛或邻居的草）。舞弊数据挖掘模型与此类似，因为您希望消除误报，只查找所需的舞弊实体或交易。当舞弊行为复杂且未知时，很难排除你不想要的东西。

同类分组

同类分组是将相似的实体放在一起，这样它们就只能相互比较，而不是和全世界的数据相比较。例如，如果你在寻找医生报销单中可能存在的舞弊行为，你可能不想将阿拉巴马州农村的家庭医生和一家大都市医疗中心的外科医生分成一组。这两位医生的收费模式不太可能相似。将所有农村家庭医生进行比较，可以减少误报，并将异常值显示在顶部。

舞弊预测模型

为了创建一个好的预测模型，您需要将过去的舞弊实例输入到模型中。好的结果通常需要大量的分析，并对模型进行多次修改。预测建模或人工智能是一套利用过去的事件和行为，预测未来类似事件和行为的技术。这叫作监督学习。使用监督学习的预测建模方法包括：①决策树；②逻辑回归；③神经网络。

决策树

虽然大多数使用预测建模技术的人都有统计学家团队，他们编写 SQL 代码并拥有非常昂贵的软件，但是简单的决策树相对容易理解，并且可以在没有昂贵软件的帮助下创建。步骤如下：

1. 确定要预测的舞弊范围和类型。例如，预测哪些信用卡交易可能是舞弊性的。

2. 准备数据。确保你得到了正确的数据，因为只有数据正确，预测才能准确。

3. 识别舞弊信用卡交易中通常存在的指标。像 SAS 业务分析软件这样的预测性建模软件，实际上是帮助您选择它认为最好的观察结果。但是，只要使用 Excel 之类的程序，就可以通过对列的排序和分析来完成这项工作。

4. 构建决策树。（表 14-5 显示了一个使用虚构数据的建模示例）

表 14-5　存在舞弊交易指标的决策树

交易	舞弊交易	舞弊百分比
总交易：9620	舞弊交易：96	舞弊百分比：1%
电子交易：630	舞弊交易：31	舞弊百分比：5%
价格>250 美元的交易：310	舞弊交易：22	舞弊百分比：7%
#交易/天>2：120	舞弊交易：12	舞弊百分比：10%
带有三条规则的交易：14	舞弊交易：12	舞弊百分比：85.7%

所有带有三条规则的交易有 85.7% 的舞弊概率。虽然在 9620 个交易中只有 12 个属于这一类别，但当您发现有超过 85% 的某类报销申请是舞弊性的，最好阻止它并进行手动审查。另一个有趣的点是，这三类交易的总额占所有交易的 11%（9620 中的 1060 个），但占舞弊交易的 67% 以上（96 中的 65 个）。决策树可以成为非常复杂的预测模型。当出现这种情况时，会使用 SAS 等程序来确保为最佳监测和舞弊预防做出了正确的选择。所需工具的复杂性通常由数据的复杂性决定。

逻辑回归

这是一种预测模型的统计类型，最适用于有一个或多个因变量的预测事件。线性变量的比例是不变的，而非线性变量的比例并不非恒定。逻辑回归的一个很好的例子是长期的存货或现金盗窃。逻辑回归可以确定谁在每次发生盗窃的当天工作，比如所有盗窃都对应特定的日子或时间，等等。这有助于缩小嫌疑犯的范围，确定谁犯了盗窃罪。

神经网络

神经网络涉及专门的软件，非常复杂。虽然神经网络应该能够识别过去的舞弊模式，并在其余数据中找到类似但不完全相同的模式，但它需要大量的例子才能学习该模式。因此，神经网络最适合于在交易层面预测舞弊行为。由于一个神经网络可以有大量的决策节点，所以几乎不可能解释选择待调查项目背后的推理过程。在某些情况下，这种"黑盒子"可能是不可接受的，因为在某些情况下，需要确定选择某些异常值的原因，例如被提交起诉的案件。

其他资源

有各种资源可用于帮助数据挖掘，包括示例查询的书籍、ACL 和 IDEA 挖掘方法，以及针对各种可能的舞弊场景的预测舞弊模型。在任何一家主要书商的网站上搜索，都会发现有几本书可供选择。在舞弊预防和识别中，使用数据挖掘已不再是一种"最好要有的方法"。它是当今保护公司的反舞弊武器库中的重要组成部分。

第十五章 全球舞弊和腐败风险[1]

摘 要

组织的舞弊和腐败风险并不仅限于美国境内。在许多方面，它在国外甚至会更大。当一家公司的运营和员工都在国外时，情况尤其如此。《反海外腐败法案》（FCPA）、英国《反贿赂法案》（UK Bribery Act）以及其他禁止贿赂外国政府官员的法律，对个人和企业都有严厉的惩罚。了解这些风险并能够适当地应对，对于成功和合规的业务操作是至关重要的。企业的合规和道德计划必须考虑到舞弊和腐败的风险，并制定内部控制、政策、培训和其他关键的计划内容。

全球打击

全球对贿赂和腐败的打击力度空前加大。其他国家也加入了此类打击。近年来，对企业及其员工的调查和起诉比过去 30 年的任何时候都要多。负责监督西门子贿赂案的司法部检察官 Lori Weinstein 说："官员腐败犯罪威胁着全球市场的诚信，破坏了东道国的法治。"[2]

腐败和贿赂是商业黑暗面中的隐伏因素。公营和私营公司向外国政府官员非法行贿以诱导商业交易，长期以来一直是一种肆无忌惮的做法。这些贿赂以现金和大量其他方式进行，包括礼品酬金、旅行娱乐、慈善捐款、免除债务等。这都是非法的，多年来一直被美国宣布为不合法行为。20 世纪 70 年代，大量商业腐败案件频发，引起美国国会的关注，促使 1977 年《反海外腐败法案》的颁布，该法禁止向外国政府官员行贿。自《反海外腐败法案》颁布以来，尼日利亚受到的起诉最多，其次是伊拉克、印度尼西亚、印度、阿塞拜疆、加拿大、哥斯达黎加、卢旺达、埃及、哈萨克斯坦和韩国。世界上各地的国家都看到了《反海外腐败法案》的实施。到目前为止，亚洲的案例比任何其他地区都多，远远超过排在第二位的非洲。

腐败的毁灭性代价

可悲的是，腐败在全球范围内普遍存在并根深蒂固。在世界许多地方，腐败文化仍然被视为

---

〔1〕 本章内容改编自 Martin T. Biegelman，Daniel R. Biegelman：《反海外腐败法案合规指南：保护贵组织免受贿赂和腐败之害》，John Wiley & Sons 出版公司 2010 年版。

〔2〕 Siri Schubert，T. Christian Miller：《在西门子，贿赂只是一个项目》，Frontline，2009 年 2 月 13 日，载 www. pbs. org/frontlineworld/ stories/bribe/2009/02/at-siemensbribery-was-just-a-line-item. html。

经商之道。福陆公司（Fluor Corporation）董事会主席艾伦·博克曼（Alan Boeckmann）说："全球每年有1万亿美元的资金因为贿赂和其他形式的腐败而损失。想想这个：每年因贿赂而损失的1万亿美元，可以养活多达4亿饥民，供其未来27年之需。"[1]这些影响深远的话，进一步说明了腐败和贿赂在全球范围内造成的毁灭性代价。

331

腐败经常发生在最糟糕的地方。它们包括发展中国家、新兴国家和地区，这些国家和地区遭受的腐败恶果最多。腐败助长了贫穷、饥饿、疾病、文盲、蔑视和幻想破灭。腐败耗尽了发展中国家人民最需要的项目所需的资金。拥有丰富自然资源（如石油、木材和矿产）的国家，腐败的政府官员"积累了巨大的个人财富，从那些寻求获得丰厚利润的公司那里收受数百万的贿赂"，而穷人则生活在赤贫之中。[2]由此产生的贿赂和贪污破坏了诚实的政府和企业。腐败使民众变得不信任、矛盾、被迫接受，并最终参与其中。

《反海外腐败法案》条款

《反海外腐败法案》主要包括两部分：反贿赂条款和会计条款。《反海外腐败法案》规定，公司记录应包含有关公司所有付款的真实目的的准确声明。法律规定，美国公司、国内企业或在美国开展业务的外籍人士，以及代表他们行事的个人和组织，向任何外国政府官员行贿，以获得以下方面的扶助，都构成犯罪：

■ 获得或保留业务，或将业务引向任何特定人员。

■ 影响外国政府官员做出忽略或违反其职责的行为。

■ 影响外国政府官员改变外国政府的行为或决定。[3]

《反海外腐败法案》不仅将向外国官员行贿定为犯罪，而且还将美国上市公司支付任何未记入账簿的款项定为犯罪。贿赂在账簿上几乎总是被伪装成其他业务支出，而不是支付的真实性质。这减少了政府的举证责任，因为政府在起诉中需要的证据可以在内部账簿和记录中找到。政

332

府检察官不必证明贿赂，只需证明支付了一笔款项，但未在公司的账簿上正确记录。

美国司法部（DOJ）负责处理违反《反海外腐败法案》的贿赂行为，而美国证券交易委员会（SEC）负责处理违反《反海外腐败法案》的会计行为。有趣的是，根据《反海外腐败法案》，在贿赂为合法的国家，美国公司行贿不构成犯罪。1988年的《反海外腐败法案》修正案中还规定了一些特殊的例外。美国公司可以支付便利费。便利费包括加快许可证、执照、文件、签证、邮件和电话服务的费用，以及加快完成易腐货物运输的费用。此外，在公司推广、展示产品或执行合同的过程中，合理报销公职人员的餐饮、差旅和住宿等费用不被视为贿赂。这些费用不得过多，必须是真实的收费。但是，必须记住，这些行为在发生地的国家仍然可能是非法的。

《反海外腐败法案》禁止个人和公司"以腐败方式利用邮件或任何州际的商业手段，进而向外国官员提供、承诺、授权，支付金钱或任何有价物品，以获取或保留业务，或把业务导向任何个人，获取不正当利益。"[4]此外，FCPA还要求"发行人不仅要避免向外国政府官员支付腐败

---

〔1〕 福陆公司首席执行官Alan Boeckmann：《帮助我们打击腐败！》（世界经济论坛反腐败合作倡议声明），YouTube视频，2008年12月8日，载www. weforum. org/issues/ partnering-againstcorruption-initiative/index. html。

〔2〕 《聚焦：腐败的受害者：在发展中国家贿赂的人力代价》，Frontline，2009年2月24日，载www. pbs. org/frontlineworld/stories/bribe/2009/02/spotlight-the-victims-of-corruption. html。

〔3〕 《反海外腐败法案》，美国法典第15篇，第78dd-2（a）节。

〔4〕 《反海外腐败法案》，美国法典第15篇，第78dd-3节。

款项，而且要实施有关政策和措施，以降低员工和代理人参与贿赂的风险。"[1]FCPA 的账簿和记录条款要求，公司建立和维护公平、准确地反映公司交易的账簿、记录和账户。明知是公司记录的伪造也被禁止。[2]处罚包括对公司和应受惩罚的员工的民事及刑事制裁。

违反《反海外腐败法案》的处罚可能很严重。企业违反一次可被罚款 200 万美元，个人将面临 5 年监禁和 25 万美元罚款。此外，公司可能会被迫放弃通过违反商业禁令的贿赂而赢得的业务，面临返还通过贿赂获得的利润，被拒发出口许可证，或被取消获得任何美国政府合同的资格。

333

全球反腐败的努力

尼日利亚前总统奥卢塞贡·奥巴桑乔（Olusegun Obasanjo）在其执政的多年间曾与贿赂和腐败作斗争，他将腐败称为"当今社会最大的祸根"。他应该知道，因为尼日利亚自建国以来就面临着根深蒂固的腐败影响，并由一系列腐败的独裁者统治。腐败是尼日利亚的一种生活方式，在世界许多地方也是如此。虽然现在说社会已经在这个重大问题上实现扭转还为时过早，但反腐败活动和倡议已经开始，并正在产生影响。许多国家，以及如联合国、世界银行、透明国际和许多其他组织，联合起来打击腐败。这一集中的努力带来了必要的法律变化，以及世界各地的商业运作方式的变化。

世界所见证的全球化已经超越了商业范畴，延伸到了执法领域。反腐败活动正受到全世界的关注，这正是它迫切需要的。警察和检察官正齐心协力起诉腐败，这是前所未有的。虽然警方没有充分共享情报或在调查中进行合作，但在打击腐败和贿赂当中发生了翻天覆地的变化。这一转变大大加强了跨境合作，并取得了调查方面的成功。

这种变化有几个原因。各国政府认识到，腐败是一种破坏稳定的力量，影响到其在国际社会中的地位。发展中国家希望为商业竞争创造一个公平的环境，不管他们在哪里做生意。[3]美国日益加强对《反海外腐败法案》的执行，已经向其他国家发出了强烈的信号。它们正在慢慢地采用类似《反海外腐败法案》的法规和执法。"反舞弊和反腐败法规的国际协调将导致更多的平行调查，可能会导致处罚加重。"[4]美国司法部（DOJ）和美国证券交易委员会（SEC）比法案颁布以来任何时候都更加关注《反海外腐败法案》的执行。对违反《反海外腐败法案》的行为的自我披露非同寻常，这引起了外国监管机构和检察官的注意。越来越多的国家支持经济合作与发展组织（Organization for Economic Cooperation and Development，OECD）《反贿赂公约》的反贿赂原则。经合组织正在加大对公约签署国的压力，以提高反腐败执法的可见度。国际执法机构之间日益加强的互动和合作，给美国检察官带来创纪录的案件数量和和解数量。跨国界合作调查也在增长，并将继续增长。德国、巴西、法国、尼日利亚、韩国和其他国家越来越重视反腐败工作。

334

另一个促成因素是，在过去的二十年里，各国间反贿赂协议的通过和反腐败组织的建立都有了显著增长。许多协定、组织和努力的重点是通过加强立法、互动和合作以及提高认识和预防，来减少贿赂和腐败。

---

〔1〕　U. S. v. SSI International Far East，Ltd.，犯罪信息于 2006 年 10 月 16 日公布，美国俄勒冈地区地方法院，第 24 页。

〔2〕　U. S. v. SSI International Far East，Ltd.，犯罪信息于 2006 年 10 月 16 日公布，美国俄勒冈地区地方法院，第 24 页。

〔3〕　普华永道：《打击腐败：反海外腐败法案是如何改变世界商业运作方式的》，2009 年 7 月 27 日，第 3 页。

〔4〕　普华永道：《打击腐败：反海外腐败法案是如何改变世界商业运作方式的》，2009 年 7 月 27 日，第 3 页。

经合组织《反贿赂公约》

经济合作与发展组织成立于 1961 年，它汇集了成员国政府，共同致力于改善民主和世界经济。经合组织的承诺包括经济发展和增长、增加就业和提高生活水平、保持金融稳定和世界贸易。经合组织有 38 个成员国，包括澳大利亚、日本、韩国、德国、法国、土耳其、英国、墨西哥、加拿大和美国等。[1]

尽管美国在 1977 年颁布了《反海外腐败法案》，以打击贿赂和腐败，但世界上其他国家的行动并不具有同样的紧迫性。通过美国和其他相关国家多年的努力，经合组织决定采取行动。1997 年 11 月，29 个成员国一致同意在国际商业交易中打击贿赂外国政府官员的原则。1997 年 12 月 17 日，经合组织成员国和非成员国签署了《经合组织打击国际商业交易中贿赂外国公职人员公约》（OCED Convention on Combating Bribery of Foreign Public Officials in International Business Transactions）。签署国同意颁布类似于《反海外腐败法案》的法律，将贿赂公职人员定为非法，并为引渡和国际合作奠定法律基础。

《经合组织公约》已由 38 个国家签署，其影响日益扩大。毫无疑问，《经合组织公约》对反腐败活动和立法产生了影响。签署国必须通过立法，将贿赂和腐败定为刑事犯罪。这包括个人或企业实体"有意直接或通过中间人向外国官员（该官员或第三方）提供、承诺或给予任何不正当的金钱或其他好处，以使该官员作为或不作为，这样就可以获得或保留业务，或是谋取在国际业务中的其他不正当利益。"[2] 外国官员被定义为"任何握有外国立法、行政或司法机构职务的人，无论是被任命的还是被选举的；任何为外国公共机构或公共企业行使公共职能的人；以及国际公共组织的任何官员或代理人。"[3]

在签署《公约》之前，11 个经合组织成员国，包括德国、法国和英国等，允许对贿赂外国官员的行为进行税收减免，作为合法的商业支出。来自其他 OCED 成员国的压力有助于加强执法和反贿赂立法。不过，还需要做很多工作。根据 2011 年《透明国际关于经合组织公约执行情况的报告》（Transparency International report on enforcement of the OECD Convention），只有 16 个成员国，包括韩国、德国、英国和美国等，积极或适度地执行了《经合组织公约》的原则。报告发现，包括巴西、加拿大和墨西哥在内的其他签署国几乎少有或根本没有执法。

英国《反贿赂法案》

英国关于贿赂的刑法可以追溯到 20 世纪初，需要加以更新以满足现代社会的要求。不仅有必要制定强有力的法规来追究行贿受贿者的责任，而且还要确保法律的长臂能够伸向那些在英国

---

〔1〕 经合组织成员国的完整名单包括：澳大利亚、奥地利、比利时、加拿大、智利、捷克共和国、丹麦、爱沙尼亚、芬兰、法国、德国、希腊、匈牙利、冰岛、爱尔兰、以色列、意大利、日本、韩国、卢森堡、墨西哥、荷兰、新西兰、挪威、波兰、葡萄牙、斯洛伐克、斯洛文尼亚、西班牙、瑞典、瑞士、土耳其、英国、美国、拉脱维亚、立陶宛、哥伦比亚和哥斯达黎加。

〔2〕 经济合作与发展组织：《经合组织打击国际商业交易中贿赂外国公职人员公约》第 1 条第 1 款，载 www.oecd.org/dataoecd/4/18/38028044.pdf。

〔3〕 经济合作与发展组织：《经合组织打击国际商业交易中贿赂外国公职人员公约》第 1 条第 1 款，载 www.oecd.org/dataoecd/4/18/38028044.pdf。

或国外的公共和私营部门实施贿赂的人，并确保合规文化的形成。因此，英国颁布了一项强有力的反腐败法令，称为"FCPA兴奋剂"。2010年4月，英国议会通过了《反贿赂法案》，旨在改革现行刑法，"为贿赂犯罪提供一个新的、现代的、全面的方案，使法院和检察官对于国内外行贿能够作出更有效的反应。"[1]

《反贿赂法案》涵盖了主动和被动的贿赂形式。主动贿赂是行贿，被动贿赂是受贿。这是英国第一部反腐败法，包括对政府腐败和商业贿赂的处罚。支付便利费是一种犯罪行为。第三方风险也通过纳入"相关人员"（包括代理人和承包商）向外国公职人员提供腐败提议、承诺或礼物的条款来解决。与《反海外腐败法案》不同，《反贿赂法案》不包含账簿和记录条款。

《反贿赂法案》还包括商业组织未能发现和防止贿赂的公司犯罪。这种公司犯罪适用于英国公司和其他在英国开展业务的公司。如果该组织能够证明"适当的程序"之前已经到位，并且腐败活动不是由高级官员或代表他们行事的代理人进行的，则是一种有效的辩护。

2011年3月30日，英国司法部发布了《反贿赂法案》适当程序要求指南。本指南旨在帮助各组织防止贿赂和限制公司对违规行为的责任。虽然最初计划于2010年4月实施，但实际上《反贿赂法案》被推迟执行，因为司法部需要征求受此立法影响的组织的意见和建议。《反贿赂法案》于2011年7月1日生效。该指南加强了各实体在预防贿赂和制定有效的反贿赂和反腐败合规计划时，实施基于风险的方法的必要性。

在指南中有六项原则构成适当的程序。如果成功实施，这些原则可以抵御因未能防止贿赂而受到的指控。与《联邦量刑指南》的有效合规七步骤类似，新指南中规定的六原则是：

原则1—相称性

原则2—顶层承诺

原则3—风险评估

原则4—尽职调查

原则5—沟通

原则6—监控和审查

发布的指南是围绕这些原则制定的。如文件所述，本指南"不是规定性的，也不是一刀切"的方法。[2]在设计反贿赂和反腐败合规计划时，每个组织必须评估许多风险因素和实体特有的其他独特因素。虽然指南中有许多内容需要组织去考虑，但以下各节将讨论的是重要的关键领域。

评估风险和尽职调查

该指南支持这样一个前提，即在全球市场运营意味着腐败风险增加，必须通过适当的风险评估流程加以解决。该指南强调了组织需要根据多种因素评估其贿赂风险的必要性。这些风险因素包括国家、客户、业务部门、交易、业务机会、业务合作伙伴和第三方，以及其他风险因素。该指南建议，风险评估程序应"与组织的体量和结构，以及其活动的性质、规模和地点成比例"。[3]

尽职调查是降低风险的必要组成部分，对于代表组织履行服务的供应商、承包商、第三方和其他相关人员尤其重要。该指南强调了在建立业务关系时，尤其是在通过当地国家代理商工作时，进行彻底审查的重要性。该指南鼓励各实体建立尽职调查程序，防止相关人员代表本组织进行贿赂。尽职调查流程和程序需要与确定的风险成比例，并采用基于风险的方法进行。

---

〔1〕 《反贿赂法案草案》：英国司法部，载 www.justice.gov.uk/ publications/draft-bribery-bill.htm。

〔2〕 2010年英国《反贿赂法案》，第6页。

〔3〕 2010年英国《反贿赂法案》，第25页。

企业招待

有人担心，公司提供招待（如餐饮、旅行和娱乐）将构成违反《反贿赂法案》的行为。该指南明确指出，不禁止"真实"的招待或相关业务费用。该指南指出，需要合法的业务支出来促进公司利益，并对意图对外国政府官员施加腐败影响的情况进行了区分。为了符合合规要求，招待费和促销费必须合理、均衡，旨在改善组织形象，展示产品和服务，并加强公司与客户之间的业务关系。体育赛事的门票、客户晚餐、给客户的旅行津贴、礼品和其他合法的招待方式仍然是适当和允许的，并始终适用合理性测试。该指南确实指出了伪装为招待的贿赂行为，要求实体在设计和实施适当程序时需要意识到这一点。

便利费

该指南强调，便利费是给政府官员支付的小额款项，用以执行常规的政府服务，如获得许可证、启动公用事业服务和安排检查，根据《反贿赂法案》和以往法律的规定，这些都是贿赂。在这一点上，与《反海外腐败法案》允许支付便利费的规定背道而驰。尽管这仍然是一种贿赂，英国政府承认组织在某些国家和地区开展业务时所面临的挑战。指南指出，要消除便利费，需要许多利益相关方相互合作，并需要多年的时间。此外，指南意味着检察官有决定是否就便利费做出起诉的裁量权。大额或重复付款作为长期商业惯例，以及违反现有合规政策的付款，将决定组织是否受到起诉。

起诉指南

除司法部发布的指南外，2011 年 3 月 30 日，英国两大检察机关发布了联合起诉指南。[1] 严重舞弊办公室主任和公共检察署署长详细介绍了他们对贿赂起诉的一般方法，采用两阶段的考查：①是否有足够的贿赂证据以获得定罪；②起诉是否符合公共利益。影响起诉的因素包括：定罪是否会导致重大的刑罚；犯罪是否是有预谋的；是否还涉及其他严重的刑事犯罪；涉及贿赂的人是否处于可信或权威的地位。影响起诉的一个重要因素是，本组织是否采取了"包括自我举报和补救行动的真正积极主动的方法"。[2] 反贿赂和反腐败合规计划的适当性，将是任何起诉的进一步决定因素。

透明国际

透明国际（Transparency International，TI）是一个领先的国际非政府组织，通过认识和实践解决方案打击腐败问题。其成员包括来自政府、民间、商界和媒体的思想领袖，以促进企业管理、采购、公共管理和选举的透明度。透明国际成立于 1993 年，是政治上的无党派组织，让志同道合的人们聚集在一起，其共同使命是：建立一个没有腐败的世界。透明国际已经成长为超过 90 个分会的全球网络。透明国际通过各种参考资料、材料和工具，在广泛宣传腐败的破坏性影响方面发挥了重要作用，腐败被定义为滥用委托权力谋取私利。

清廉指数

透明国际最著名的，可能就是其自 1995 年以来发布的年度清廉指数或译为腐败印象指数

---

〔1〕 严重舞弊办公室：《2010 年英国〈反贿赂法案〉：严重舞弊办公室主任和公诉办公室主任的联合起诉指南》，2011 年 3 月 30 日，载 www.sfo.gov.uk/media/167348/bibberyactjointposecuringguidance.pdf。

〔2〕 严重舞弊办公室：《2010 年英国〈反贿赂法案〉：严重舞弊办公室主任和公诉办公室主任的联合起诉指南》，2011 年 3 月 30 日，载 www.sfo.gov.uk/media/167348/bibberyactjointposecuringguidance.pdf，第 7 页。

（Corruption Perceptions Index，CPI）。CPI 根据存在于官员和政客中的腐败程度，对 180 个国家和地区进行排名。评分通过专家评估和民意调查确定。对于该指数，透明国际将腐败定义为滥用公职谋取私利。CPI 分数范围从 10 分（最不腐败）到 1 分（最腐败）不等。在那些拥有高 CPI 分数的国家和地区，存在几个因素：问责制、政治稳定、有效的政府管理和法治。这些因素越少，CPI 得分越低，腐败程度越差。表 15-1 列出了 2010 年腐败程度最低的前 20 个国家和地区。表 15-2 列出了 2010 年腐败程度最高的前 20 个国家和地区。

作为世界各国腐败程度的指标，这种普遍使用的工具每年都在更加流行。在接受调查的国家和地区中，越来越多的组织将 CPI 用于其运营企业的风险管理。被视为最腐败的国家和地区有充分的理由获得这一称号，在那里做生意的公司需要特别提高警惕。

表 15-1 2010 年腐败印象指数：前 20 名国家（地区）

| 丹麦 |
| 新西兰 |
| 新加坡 |
| 芬兰 |
| 瑞典 |
| 加拿大 |
| 荷兰 |
| 澳大利亚 |
| 挪威 |
| 冰岛 |
| 卢森堡 |
| 中国香港 |
| 爱尔兰 |
| 德国 |
| 奥地利 |
| 巴巴多斯 |
| 日本 |
| 卡塔尔 |
| 英国 |
| 智利 |

资料来源：透明国际，2010 年腐败印象指数。

表 15-2 2010 年腐败印象指数：后 20 名国家（地区）   341

| 巴布亚新几内亚 |
| 柬埔寨 |
| 俄罗斯 |
| 塔吉克斯坦 |
| 几内亚比绍 |
| 几内亚 |
| 委内瑞拉 |
| 吉尔吉斯斯坦 |
| 刚果民主共和国 |
| 安哥拉 |

赤道几内亚
布隆迪
乍得
苏丹
乌兹别克斯坦
土库曼斯坦
伊拉克
阿富汗
缅甸
索马里

资料来源：透明国际，2010 年腐败印象指数。

合规计划设计

在为组织设计反腐败合规计划时，合规计划的个性是一个关键考虑因素。理想情况下，合规计划应该是行业特定的，并且是组织独有的；它应该是为满足个别组织的要求、特定的地理运营地点、相关风险以及特定行业的总体合规要求而量身定制的，但也应该反映对所有公司的合规要求及其必须遵守的法律。反腐败计划必须纳入整体的合规计划。每个组织必须确保其合规计划得到持续的、个性化的评估和修改。

反腐败合规计划必须应对在国外开展业务时的固有风险。这些风险来自全球商业环境中出现的各方面因素和力量。这些风险对《反海外腐败法案》和各国的反腐败法尤其棘手。多年来，许多因违反《反海外腐败法案》而被起诉的公司，要么完全置之不理，要么故意无视这些风险。他们的合规计划设计不充分，无法识别和减轻风险。以下是与腐败风险密切相关的关键业务问题：

■ 业务合同、交易、销售和营销。

■ 业务合作伙伴和第三方。

■ 处理政府事务。

■ 国有企业。

■ 销售顾问。

■ 合资企业。

■ 并购。

■ 利益冲突。

■ 便利费。

■ 外国政府官员的旅行和娱乐。

■ 向外国政府官员送礼。

■ 推销费。

■ 公关。

■ 慈善捐款。

■ 由清廉指数和其他信息来源确定的国家风险。

有效的反腐败合规计划，需要将以下计划要素纳入整体合规计划：

- 顶层基调。
- 反腐败标准和程序。
- 排除被禁止人员的合理努力。
- 培训和交流。
- 报告违规行为和寻求指导的机制。
- 第三方尽职调查。
- 反腐败合同条款。
- 内部会计控制。
- 监督、审计和评估计划的有效性。
- 绩效激励和纪律处分。
- 应对犯罪行为和补救行动。

这些计划要素不是特定于反腐败计划的，而是与整个组织的职能和实践相联系的。

公司可以通过一项合规计划来保护自己，该计划确保所有员工都明确知道哪些行为被《反海外腐败法案》禁止。公司也可以通过在合同中加入特殊条款来保护自己，通过这些条款，让当地代理商和合作伙伴确认他们不会违反《反海外腐败法案》以及其他反腐败法律。许多公司试图通过让当地的合资伙伴进行贿赂，来规避《反海外腐败法案》，而美国公司则故意视而不见。使用第三方的做法不会阻止 FCPA 起诉。

司法部的 FCPA 危险信号

几年前，美国司法部公布了一份可能违反《反海外腐败法案》的危险信号清单。虽然这份清单并不全面，但它提供了许多不端行为和违规行为的预测因素。值得注意的是，美国司法部后来从其网站上删除了这一危险信号清单。外界猜测是，美国司法部不想发布一份让一些人可能认为是全面的清单，从而淡化了其他可能出现的危险信号。危险信号各种各样，一旦被发现就必须采取行动。每个组织都需要确定其可能面临的危险信号的特定环境。现在已删除的司法部清单包括：

- 不常见的支付模式或财务安排。
- 该国的腐败史。
- 外国合资伙伴或代表拒绝提供证明其不会采取任何行动，以促进违反《反海外腐败法案》的非法提议、承诺或付款给官员。
- 异常高的佣金。
- 支出和会计记录缺乏透明度。
- 合资伙伴或代表明显缺乏履行其所提供服务的资格或资源。

控制组件公司

如果说最近有一个案例，表明了政府当局在追查违反 FCPA 违规行为时所采取的强硬立场，那么对控制组件公司（Control Components, Inc，CCI）的起诉就是这样一个例子。CCI 是一家加利福尼亚的公司，为全世界的核、油气和发电行业设计和制造控制阀。1998 年至 2007 年，CCI 通过其官员、员工和代理人，向 36 个国家的国有企业和私营公司的员工支付了 200 多笔腐败款项。这些国家包括韩国、马来西亚和阿拉伯联合酋长国等。贿赂总额为 685 万美元，挣得的净利润为 4650 万美元。

CCI 的商业策略是利用腐败和贿赂来增加收入，其高级管理层与员工和代理人一起参与了长达十年的阴谋。首席执行官和其他人设计了一种销售模式，委婉地称之为朋友营（friend-in-camp，FIC）计划。FIC 计划培养了与国有企业和私营公司员工的关系，通过支付贿赂以获得或保留业务。FIC 的营员主要是有权向 CCI 授予合同或至少是将合同转给 CCI 的人。诸如"鲜花"等暗语被用来指代贿赂。聘请顾问的唯一目的是向受贿者行贿。除了行贿之外，该公司还以前往迪斯尼乐园、拉斯维加斯和夏威夷的奢华旅游的形式提供贿赂。或者为国有企业高管的子女支付大学学费。[1]

345   2004 年，当 CCI 的母公司对可疑佣金支付进行内部审计时，CCI 的高管试图阻止审计。故意向审计人员隐瞒了信息。向审计人员提供虚假信息，以假发票隐瞒贿赂。当聘请外部顾问进行内部调查时，CCI 人员做出虚假陈述来阻止调查。有罪文件也被销毁。[2]

检察官们运用各种策略来揭露这一无所不在的密谋，这一举动表明了打击 FCPA 违法行为的新方法。公司和个人都被起诉。事实上，在 FCPA 案件中，8 名 CCI 被告是单次被告人数量最多的。通过跨境执法合作，起诉了一名卷入贿赂调查的英国官员。在本案中，政府腐败和私人公司贿赂都受到指控。《旅游法案》被用来指控商业贿赂。《旅游法案》禁止在州际或外国商业活动中，违反州法律从事贿赂和腐败等非法活动。

2009 年 4 月，几位 CCI 前高管被起诉，包括首席执行官，全球销售总监，全球客户服务副总裁，欧洲、非洲和中东地区销售总监，以及韩国办事处总裁。包括前首席财务官的另外两名高管已认罪。2009 年 7 月，CCI 承认违反了《反海外腐败法案》和《旅游法案》，并被判处三年缓刑和 1820 万美元的罚款。公司必须保留一名独立的监察员三年，并实施有效的合规计划。

在本案中，CCI 和其他组织从政府那里吸取的教训是明确而简单的：遵守《反海外腐败法案》不是一个可选项，违法行为将被严肃起诉。司法部前官员马克·门德尔松（Mark Mendelsohn）表示："对个人起诉的数量有所增加，这不是意外。""这是司法部有意为之。我们认为，要有可靠的威慑作用，就必须要有人去坐牢。必须在适当的情况下，去起诉这些人。这是联邦犯罪，并不好玩更不是游戏。[3]根据司法部的说法，对违反《反海外腐败法案》的行为的自我检举是一种预期的规范。"

---

〔1〕   U. S. v. Control Components, Inc., 犯罪信息，CR 号 09-00162，美国加州中区地方法院，2009 年 7 月 22 日。

〔2〕   U. S. v. Control Components, Inc., 犯罪信息，CR 号 09-00162，美国加州中区地方法院，2009 年 7 月 22 日。

〔3〕   《Mendelsohn 说 2007 年的刑事贿赂起诉增加了一倍》，载《公司犯罪记者》，2008 年 9 月 16 日，www. corporate-crimereporter. com/mendelsohn091608. htm。

第十六章　联邦调查局正在监视

——应知应做

 摘　要

联邦政府对过去 10 年发生的许多公司舞弊事件作出了强烈反应。联邦探员和执法人员运用各种执法行动和新法律，对公司舞弊者采取了"震慑"策略。"策反"下级员工出庭指证上级、合作协议、大陪审团传票和搜查令，这些只是政府武器库中的一部分。希望所有企业都能树立合规文化；如果没有，联邦调查局将密切关注，并随时准备出击。组织还必须做好准备，以防政府把他们当作舞弊调查的焦点。调查开始时的正确或错误反应可能为随后的调查定下基调。那些及早承认存在不当行为，并"供出"腐败高管的公司，将会更好地生存和摆脱重大舞弊调查。当公司发现自己是舞弊行为的受害者时，还必须制定法律追索权政策。

今天美国正在进行一场新的打击犯罪的战争，政府正在发动这场战争来制止公司舞弊和腐 败。在过去 10 年里，工业巨头们屈服于舞弊，随之而来的是许多受害者。这场战争不是由政府单独发起的。企业现在必须采取适当的措施，来监测和预防各种舞弊行为。《萨班斯-奥克斯利法案》的颁布，是因为一些公司高管未能确保合乎道德的运营并保护股东和员工。预防舞弊和加强内部控制是有帮助的，但各组织还必须了解执法策略，并准备在发现舞弊指控时采取行动。

政府的"震慑"策略

在过去的几年里，彻底调查白领犯罪案件往往需要很长的时间。考虑到公司舞弊的复杂性、需要获取和分析的大量文件、要进行大量谈话、资源限制、法庭程序和法律操作等因素，调查持续数年也并不罕见。这种情况由于公司丑闻而发生变化。政府和公众对公司舞弊者几乎没有同情心和耐心，司法要求迅速解决指控。

因此，联邦执法部门也改变了调查白领罪犯的方式。在过去，联邦调查局和其他联邦调查机构经常花费数年的时间，研究每一个或多个调查对象可能发生的刑事违法行为。其目的是进行一个无懈可击的调查，但在类似的调查中往往无法获得有价值的资源。这种做法是"震慑"，而不是提出所有可能的刑事指控。在对 HealthSouth 公司的大规模会计舞弊的调查中，政府采取了"震慑"的策略来对付公司舞弊。联邦检察官和位于阿拉巴马州伯明翰市的联邦调查机构，刷新了不同联邦机构之间新的合作水平，使用了搜查令、《萨班斯-奥克斯利法案》的新法律、争取辩诉交易以及共同被告等合作等方式。2003 年 3 月，首次宣布针对 HealthSouth 进行调查的几周之内，政府就已经从公司高管处获得了 12 项认罪，而这仅仅是开始。[1]

合作被告为指控其他公司高管提供了证据，他们也认罪，并同意与政府合作。他们提供了更为重要的舞弊证据，这使得案件进展迅速，最重要的是，证据直接指向首席执行官理查德·斯库什（Richard Scrushy）。负责起诉 HealthSouth 案的爱丽丝·H. 马丁（Alice H. Martin）是伯明翰的联邦检察官，她说："你的案子不一定要完美。你不必证明所有的罪行。如果你有足够的证据支持一些好的指控，那就不要再工作一年，为可能存在的每一项指控都敲定每一处证据。"[2]她补充说，司法部向检察官和联邦探员发出了强烈的信号，说"希望对公司犯罪进行实时起诉。"[3]

不幸的是，这种方法在政府对斯库什的审判中不起作用。事实上，马丁女士关于不需要一个完美的案子的话，又反过来困扰着检察官。斯库什成为第一位根据《萨班斯-奥克斯利法案》被指控但被判无罪释放的首席执行官。斯库什的陪审团接受了其"马古先生辩护（Mr. Magoo De-fense）"，即首席执行官不知道公司内部正在发生大规模舞弊。显然，政府处于劣势。审判在斯库什的家乡伯明翰举行，在那里他得到了宗教团体和社区其他人的大力支持。

辩护团队出色地将被告描绘成贼窝中唯一无辜的人，并制造了合理的怀疑。斯库什没有出庭作证和接受交叉询问，这也有助于他被宣判无罪。即使首席执行官没有被定罪，也不能否认 HealthSouth 会计舞弊的深远影响。表 16-1 列出了许多因该舞弊被政府指控的 HealthSouth 员工，以及起诉结果。表 16-1 提供了对前首席财务官亚伦·比姆（Aaron Beam）在与他人合作实施舞弊，以及与政府合作对抗斯库什时的心态。

政府打击企业舞弊的有力方法之一，就是对企业舞弊者与对有组织犯罪者一视同仁。游街示众（Perp walk）通常用于白领被告。联邦探员打算去舞弊者家里并逮捕他们，而不是允许他们自首。手铐不是可有可无的。被告被指控的罪名不仅仅是典型的舞弊和证券违法行为。尽管一些检察官使用的是"快速打击"方法，但其他检察官在必要时可以使用他们武器库中的所有武器。洗钱、共谋、敲诈勒索，以及源自《萨班斯-奥克斯利法案》产生的刑事指控也在使用中。联邦检察官正在利用《资产没收法》收回公司罪犯的非法所得。一位既代理过有组织犯罪分子、又代理过公司高管的辩护律师解释说，政府的强硬做法是"公众要求将白领罪犯送进监狱，而检察官们在扮演强硬角色……不再有白手套待遇了。"[4]

352

表 16-1 HealthSouth 起诉结果

起诉日期	被告	职位	状态
2003 年 3 月 19 日	韦斯顿·史密斯	首席财务官	定罪
2003 年 3 月 26 日	威廉·T. 欧文斯	首席财务官	定罪
2003 年 3 月 31 日	埃默里·哈里斯	财务副总裁兼助理主管	定罪
2003 年 4 月 3 日	丽贝卡·凯·摩根	助理主管	定罪
2003 年 4 月 3 日	凯西·C. 爱德华兹	副总裁	定罪

---

〔1〕 Ann Carrns, Carrick Mollenkamp, Deborah Solomon, John R. Wilke：《HealthSouth 案例揭示了一个令人震惊的策略》，载《华尔街日报》2003 年 4 月 4 日，第 C1 版。

〔2〕 Ann Carrns, Carrick Mollenkamp, Deborah Solomon, John R. Wilke：《HealthSouth 案例揭示了一个令人震惊的策略》，载《华尔街日报》2003 年 4 月 4 日，第 C1 版。

〔3〕 Ann Carrns, Carrick Mollenkamp, Deborah Solomon, John R. Wilke：《HealthSouth 案例揭示了一个令人震惊的策略》，载《华尔街日报》2003 年 4 月 4 日，第 C1 版。

〔4〕 Edward Iwata：《检察官给予 CEO 暴徒的待遇》，载《今日美国》2002 年 10 月 4 日，第 1B 版。

续表

起诉日期	被告	职位	状态
2003 年 4 月 3 日	肯利夫塞	首席信息官兼助理主管	定罪
2003 年 4 月 23 日	迈克尔·马丁	首席财务官	定罪
2003 年 4 月 23 日	弗吉尼亚·B. 瓦伦丁	副总裁助理	定罪
2003 年 4 月 23 日	安吉拉·C. 埃尔斯	副总裁	定罪
2003 年 4 月 23 日	马尔科姆·麦克威	首席财务官	定罪
2003 年 4 月 24 日	亚伦·比姆	首席财务官	定罪
2003 年 7 月 9 日	杰森·布朗	财务副总裁	定罪
2003 年 7 月 31 日	理查德·波茨	税务高级副总裁	定罪
2003 年 7 月 31 日	威尔·希克斯	投资副总裁	定罪
2003 年 9 月 26 日	凯瑟琳·福勒	财务副总裁兼现金经理	定罪
2003 年 11 月 4 日	理查德·斯库什	首席执行官	无罪

资料来源：美国检察官，阿拉巴马州北部，HealthSouth 刑事调查起诉。

高管洞察 16.1：亚伦·比姆：对失去阻止舞弊机会的反思

353

"在失去财产、入狱服刑、完全接受所发生的事情之后，我明白我犯了一个严重的白领犯罪，伤害了很多人。由于缺乏信念，我将永远被人们记住的是那个犯下舞弊罪的人，而不是美国最成功的医疗保健公司之一的联合创始人。"[1]用那些痛苦的话，前 HealthSouth 首席财务官亚伦·比姆（Aaron Beam）回忆起他是如何从公司远见者变成公司舞弊者的。比姆是该公司的第一位首席财务官，与前董事长兼首席执行官理查德·斯库什（Richard Scrushy）一起，将 HealthSouth 发展成为一家非常成功的公司和华尔街的宠儿。

HealthSouth 最可悲的是，与安然和其他公司破产不同，它的商业模式是健全的。然而，舞弊的种子从第一天就出现了。比姆第一次遇到斯库什，他的道德观就出了问题。那是在他们几年前开始创办 HealthSouth 的一次工作面试中。"关于他的一些事情告诉我，他承诺的事情好得不像是真的，"比姆哀叹道。然而，比姆接受了这项工作。在比姆上班的第一天，由于斯库什在一个相对较小的问题上对另一位高管撒谎，比姆感到十分震惊。比姆和斯库什都知道这是个谎言。"我一直在想，他是不是在我上班的第一天早上测试我，看我是否会和他一起做，"比姆评论说。[2]比姆袖手旁观，一言不发。"在生意往来中，他和理查德一样聪明，在为取得成功所做得辩护同样邪恶、冷酷和残忍。"[3]但比姆却被金钱所诱惑，因为金钱给了他许多房子、汽车，以及新富阶层的生活方式。

许多年后，比姆所担心的警告信号被证明是正确的，即斯库什会采取舞弊手段。那是 1996 年 6 月 30 日。在公司历史上，HealthSouth 第一次没有达到华尔街的预期，报告了一个糟糕的季

---

〔1〕　Aaron Beam，Chris Warner：《HealthSouth：通往灾难的马车》，Fairhope, AL：Wagon Publishing 2009 年版。

〔2〕　Aaron Beam，Chris Warner：《HealthSouth：通往灾难的马车》，Fairhope, AL：Wagon Publishing 2009 年版，第 19 页。

〔3〕　Aaron Beam，Chris Warner：《HealthSouth：通往灾难的马车》，Fairhope, AL：Wagon Publishing 2009 年版，第 12 页。

354　度。比姆和公司财务总监害怕不得不告诉斯库什这个坏消息。斯库什的回应不出预料，告诉他们不能让华尔街失望。"把数字改好，"他命令他们，而他们无法拒绝。[1]一旦他们开始做假账，就停不下来了。随后的每个季度都未能达到预期，而且每个季度都伪造财务报表。对被发现和入狱的恐惧吞噬了比姆，到了第二年，他知道自己必须做点什么了。

　　他很快打消了成为举报者、寻求法律建议或试图说服斯库什改过自新的念头。相反，比姆决定退休。即使退休以后，他也一直担心有一天他要承担责任。那一天在 2003 年，就在《萨班斯-奥克斯利法案》颁布，对上市公司进行更严格的审查之后的几个月后。政府对 HealthSouth 的调查正式开始，巨额会计舞弊事件被曝光。值得赞扬的是，比姆主动联系联邦当局，同意合作并认罪。承认自己的不法行为从来都不是件容易的事，尤其是涉及数十亿美元的舞弊。然而比姆接受了责任，并坦白了他和其他人所做的事情。他在斯库什的审判中作证，对斯库什的无罪释放感到震惊和愤怒。比姆随后说，"这不公平。在我和许多人看来，正义根本没有得到伸张。"[2]他服满了刑期，如今经营着一家草坪护理公司，并就商业道德和防止公司舞弊发表演讲。比姆总是被一个问题所困扰：如果他站出来反抗斯库什，拒绝做假账，将会发生什么？

　　在斯库什被判无罪后的短短几个月，他于 2005 年 10 月因在阿拉巴马州进行的一起联邦腐败调查案而被起诉，罪名是贿赂、洗钱、妨碍司法公正和敲诈勒索。这一次，他是在陪审团审判之后被定罪的，并在 2007 年 6 月被判处 6 年 10 个月的监禁。2011 年 1 月，斯库什因其在 Health-
355　South 会计舞弊案中的角色，而在对 28.8 亿美元的民事上诉案件中败诉。

　　检察官要求数百万美元的保释金，以确保被告出席法庭诉讼。在泰科（Tyco）公司前首席执行官丹尼斯·科兹洛夫斯基（Dennis Kozlowski）的案件中，纽约地方检察官办公室在被起诉的执行官身上获得了 1000 万美元的保释金，这使得他的辩护律师难以置信地说："这不是一个毒品案件。"[3]检察官正利用一切可能的优势让被告认罪，并与其他被告合作，甚至利用亲人作为筹码。安然专案组指控前安然首席财务官安德鲁·法斯托（Andrew Fastow）舞弊、洗钱和共谋。这并不足以让他合作。安德鲁随后被指控新的罪名，但这次他的妻子莉亚·法斯托（Lea Fastow）也被指控。莉亚曾是安然公司的助理财务主管，被指控帮助其丈夫和其他高管在公司实施大规模舞弊。她被捕了，戴上手铐，并游街示众。很明显，这样做的目的是给丈夫施加压力迫使他合作，因为他的妻子也就是孩子的母亲如果被判有罪，将面临多年监禁。经过长时间的谈判，安德鲁和莉亚同意认罪。安德鲁同意接受 10 年监禁，没收 2400 万美元现金和财产，以及与政府在接下来的案件中合作。莉亚因伪造纳税申报表而被指控轻罪，并被判处 1 年监禁。

　　曾经有一段时间，公司认罪比让公司高管因舞弊而落马更容易被接受。在 20 世纪 80 年代末，一位作者调查了一家保安服务公司，该公司企图通过对保安服务过度收费以及其他犯罪手段，欺骗在纽约肯尼迪机场外运营的商业航空公司。20 多名下级员工被判有罪。当调查开始把重点放在高层管理人员身上时，该公司希望采取企业认罪的方式，而不是让他们的任何高层管理人员受到起诉。政府同意这种做法。该公司承认犯有电信舞弊罪，并支付了 100 万美元罚款。这种情况在今天可能不会发生了；企业高管现在被追究更多的责任，企业也了解刑事定罪的影响。

---

〔1〕　Aaron Beam, Chris Warner：《HealthSouth：通往灾难的马车》，Fairhope, AL：Wagon Publishing 2009 年版，第 78 页。

〔2〕　Aaron Beam, Chris Warner：《HealthSouth：通往灾难的马车》，Fairhope, AL：Wagon Publishing 2009 年版，第 159 页。

〔3〕　Edward Iwata：《检察官给予 CEO 暴徒的待遇》，载《今日美国》2002 年 10 月 4 日，第 1B 版。

高管洞察 16.2：计算机伙伴和"35 天一个月"

在当今世界，保护企业的生存能力至关重要。计算机伙伴（Computer Associates）公司，现在更名为 CA Technologies[1]，是一家从过去吸取教训、并采取有力措施促进良好公司治理，同时保护投资者和员工的典范企业。计算机伙伴公司是世界上最大的管理软件公司之一。该公司成立于 1976 年，是全球商业领导者，业务遍及 100 多个国家。该公司在纽约证券交易所上市，市值 131.4 亿美元。

计算机伙伴公司所作所为的非凡之处并不在于高级管理人员所犯的舞弊行为，尽管对证券舞弊和妨碍司法的指控不能轻视，但事实上，公司董事会负责并将股东的利益置于公司高管的利益之上。

2002 年，美国证券交易委员会和美国纽约东区检察官开始调查计算机伙伴公司的会计实务。政府认为，该公司在提供书面证据方面并不完全合作，并要求董事会开始自己调查，它也照做了。计算机伙伴公司的审计委员会主席推动了内部调查。

2003 年 10 月，该公司宣布"找到了不当的销售预定"，[2]为董事会工作的调查人员提交了证据——包括电子邮件、文件和内部谈话结果——而在这些证据中，高管们都说了谎。董事会解雇或强迫解雇了许多员工，包括高级财务人员和法律总顾问。计算机伙伴公司知道，合作的程度、"负责任的管理层"的更换以及"犯罪行为的普遍性"，都是政府决定是否对公司进行刑事指控的因素。[3]

美国证券交易委员会调查发现，该公司员工实施了一种内部称为"35 天一个月"的舞弊性会计做法，因为公司会计人员会将财务季度最后一个月的收入记账时间延长到实际月底的数天后。[4]仅在 2000 财年，计算机伙伴公司就提前确认了超过 14 亿美元的收入。[5]计算机伙伴公司进行的内部调查发现，公司高管"剪去传真文件上的日期戳，在合同上加上虚假日期"，以向外部审计人员隐瞒舞弊行为。[6]

2004 年 1 月和 4 月，包括首席财务官在内的 4 名前高级管理人员承认犯有证券舞弊和妨碍司法的罪名。证券舞弊指控涉及"一项长期的、全公司范围的计划，以回溯和伪造许可协议，以允许公司在多个季度内满足或超过其季度收益预测。"[7]妨碍司法指控与"被告向政府调查人员撒谎并隐瞒证券舞弊的证据"有关。[8]起诉该案的美国纽约东区检察官说，高管的认罪及其对其罪行的指控"表明了计算机伙伴公司管理中的腐败文化。"[9]

---

〔1〕 2005 年，计算机伙伴（Computer Associates）公司更名为 CA，Inc.。2010 年，它再次更名为当前的 CA 技术（CA Technologies）。最初的名字，计算机伙伴，与这里讨论的事件和文档相一致。

〔2〕 Steve Hamm：《一场调查和一场尖锐的争执》，载《商业周刊》2004 年 4 月 12 日，第 78 页。

〔3〕 Charles Forelle，Joann S. Lublin：《库马尔在压力下放弃领导职位》，载《华尔街日报》2004 年 4 月 22 日，第 A1 版。

〔4〕 Charles Forelle：《计算机伙伴前首席财务官将在会计调查中认罪》，载《华尔街日报》2004 年 4 月 8 日，第 A1 版。

〔5〕 Charles Forelle：《CA 前高管认罪，称舞弊无处不在》，载《华尔街日报》2004 年 4 月 9 日，第 A3 版。

〔6〕 Charles Forelle：《CA 前高管认罪，称舞弊无处不在》，载《华尔街日报》2004 年 4 月 9 日，第 A3 版。

〔7〕 公司舞弊特别工作组：《向总裁提交的第二年报告》，2004 年 7 月 20 日，载 www.usdoj.gov/dag/cftf/2nd_yr_fraud_report.pdf。

〔8〕 公司舞弊特别工作组：《向总裁提交的第二年报告》，2004 年 7 月 20 日，载 www.usdoj.gov/dag/cftf/2nd_yr_fraud_report.pdf。

〔9〕 Charles Forelle：《CA 前高管认罪，称舞弊无处不在》，载《华尔街日报》2004 年 4 月 9 日，第 A3 版。

2004 年 9 月 22 日，前首席执行官桑杰·库马尔（Sanjay Kumar）因"涉嫌参与公司范围内的长期会计舞弊计划，并随后竭力阻止政府的调查"而被起诉。[1]同一天，计算机伙伴公司同意向政府支付 2.25 亿美元，以解决 SEC 诉讼并避免刑事诉讼。该公司与政府的协议包括对其犯罪行为承担责任，并继续与政府合作。计算机伙伴公司还同意任命新的管理层，向董事会增加独立成员，并任命一名独立审查员，审查是否符合与政府签订协议的条款和条件。简而言之，它将继续在整个组织内实施补救措施，以确保舞弊不会再次发生。作为回报，计算机伙伴公司的前高管和员工的犯罪行为被暂缓起诉。如果违反协议条款或犯任何其他罪行，将可能面临起诉。[2]

计算机伙伴公司在其网站的"投资者关系"部分公布了暂缓起诉协议的细节和相关信息。该公告称，政府调查的结果"标志着公司陷入困境的时期的结束"，并且"已同意实施控制和治理措施，以确保不再重蹈覆辙。"[3]

破坏忠诚的纽带：加入美国队

一位在纽约从事白领辩护业务的律师，喜欢给联邦检察官和探员戴上印有"美国队 5K1.1"字样的棒球帽。"5K1.1"是指《联邦量刑指南》第 5K1.1 节，该节规定，如果被告在调查或起诉另一名犯罪者时提供了实质性帮助，则可能会获得刑事减刑。这通常意味着成为联邦的线人和证人。这位律师曾经代理过许多舞弊者，由于有大量证据对他们不利，他们决定与政府合作，希望得到减刑。辩护律师开玩笑说，因为他和他的当事人加入了"团队"，现在代表"红、白、蓝"[4]军工作，所以每个人都有某种统一的装备才是合适的。尽管许多人认为这很幽默，但事实上，被告人"加入美国队"以帮助起诉其他舞弊者的做法很普遍，并且在政府打击企业舞弊和腐败的战争中是非常有用的武器。

政府利用起诉权和长期监禁作为强烈的诱因，促使被告人认罪并与之合作对抗其他被告人。正如美国第二巡回上诉法院 1973 年对"美国诉罗斯纳案"（U. S. v. Rosner）中所说的那样，"根据人类的经验，迫在眉睫的监禁压力往往会破坏忠诚的纽带。"[5]众所周知，长期监禁的可能性甚至能说服最强硬的人去和政府合作，以求得减刑。白领罪犯通常与有组织犯罪分子不同，他们遵守"Omerta"法则或沉默誓言。对于舞弊犯来说，进监狱是一件令人恐惧的事情。舞弊者不习惯监狱生活，也不习惯与之相关的所有严厉和暴力。再考虑到刑罚的加重会导致更长的监禁时间，于是人们开始看到与政府的合作变得有吸引力。

一位前联邦检察官，现在是白领犯罪的辩护律师，代理许多正被调查的公司，他对新的合规环境有一些有趣的说法。他的许多客户都是知名的上市公司，公司高管因涉及收入确认和其他问题的舞弊行为而接受调查。他的观点是，如果被判犯有公司舞弊罪，高管们现在正面临相当于终身监禁的刑罚，他们对此感到恐惧。在新形势下，高管们需要明白，故意的无视加上有意的回避就等同于知法犯法。检察官正利用这一威胁来获得合作。现在的关键是，一个人能以多快的速度

---

〔1〕 纽约东区美国检察官办公室发布的新闻稿，2004 年 9 月 22 日。

〔2〕 纽约东区美国检察官办公室发布的新闻稿，2004 年 9 月 22 日。

〔3〕 美国诉计算机伙伴，第 04-837 号（ILG），暂缓起诉协议，2004 年 9 月 22 日，载 http：//news. findlaw. com/wp/docs/ca/usca904defpagr. pdf. 政府与计算机伙伴之间的延期起诉协议，载 Computer Associates Investor Relations 网站，2004 年 9 月 22 日，http：//investor. ca. com/phoenix. zhtml? c 83100 & p irol-govdeferred（已不再提供；协议副本由作者存档）。

〔4〕 译者注，红、白、蓝是美国国旗的三种颜色。

〔5〕 U. S. v. Rosner：《联邦判例汇编》，第 485 卷第 1213 页（第二巡回法庭，1973 年）。

到达检察官办公室进行合作并说出一切。正如这位辩护律师所说的，援引第五修正案规定的免于自证其罪的权利，已不再是一种选择。公司董事会已经不再保护首席执行官，而是一旦发现错误行为，就会将其告发给政府。律师对客户的建议是，质疑他们参与的每一笔交易和每一个会计程序，以确保一切都是合法和公开的，并在发现舞弊行为时尽早和经常地告发。

在经营企业的同时试图起诉一起复杂的民事舞弊案件的挑战

对于一家企业来说，最具破坏性和挑战性的事件莫过于对舞弊公司的前高管和董事提起民事舞弊诉讼。面对的挑战是众多和重大的。首先，公司必须进行内部调查，以确定发生了什么情况，如果有的话，必须决定就相关事件与政府机构、包括执法机构进行沟通。然后，公司领导层必须决定采取什么措施，来向那些犯了舞弊罪的前内部人士追偿。尽管主要的决策者几乎肯定会想要追回违法者窃取的任何资金，但执行该决定可能会对正在进行的业务造成困难和破坏。

本节提供了一些实用的指导，以了解律师为企业追查民事内部舞弊时，在成功起诉案件时都考虑哪些因素。本节还就原告成功起诉需要多长时间提供了一些见解。本节的主题可以概括为四个词：获取、合作、费用和耐心。　　　　　　　　　　　　　　　　　　361

获取

任何案件的起诉都需要证据，这是不言而喻的。白领案件可能需要出示数千份文件。文件控制既昂贵又耗时。此外，所有这些文件的制作都必须在管理层重建其声誉并保持盈利的同时进行。

"获取"是指保存能证明前员工舞弊行为的记录。文件线索越不完整，起诉就越困难。如果文件丢失或被销毁，那么针对不法行为人的起诉将借由"故意销毁文件以破坏其证据价值"的法律原则而受到损害。"故意销毁文件以破坏其证据价值"索赔的要素是：①潜在民事诉讼的存在；②保存与潜在民事诉讼有关的证据的法律或合同义务；③销毁该证据；④证明诉讼的能力明显受到损害；⑤证据销毁与无法证明诉讼之间的因果关系；⑥损害赔偿。[1]此外，因疏忽而销毁相关证据的行为也足以有效地引起对举证责任的推论，从而使陪审团能够得出结论，被销毁的证据对违规方不利。[2]

因此，企业必须尽可能迅速、彻底地获取记录。事实上，在几乎所有的企业中，关键数据库每天每秒钟都在发生变化，这一过程变得复杂起来。因此，企业必须制定一个程序，一旦发现舞弊行为，就可以立即捕获数据。这是很重要的，获取这些数据"快照"将极大地有助于诉讼得以起诉，如果不获取这些"快照"将会危及案件。

文件获取是一个涉及面很广的过程，公司技术、会计和法律部门的员工都应参与其中。该过程需要严密管理，可能需要特定的人员专门负责这项任务。还可能要求聘请外部顾问和律师。例如，司法会计师可以协助重建非法内幕交易，而调查员可以访谈可能了解事件的员工证人。　　362

无论舞弊行为多么狡黠和离奇，没有获取记录就无法证明任何事情。因此获取至关重要。

合作

成为内部舞弊受害者的企业人员可能会感到不舒服，不愿意与任何外部实体合作，包括与聘请协助内部调查的外部律师或调查人员。因此，与这些实体的合作必须是最高管理者的优先事项，最高管理者必须向所有员工强调这一点。合作应扩大到政府机构，包括执法部门。通过迅速

---

〔1〕　Florida Evergreen Foliage 诉 E. I. DuPont De Nemours and Co.，336 F. Supp. 2d 1239（S. D. Fla. 2004）。

〔2〕　Mosaid Tech. Inc. 诉 Samsung Electronics Co.，Ltd.，348 F. Supp. 2d 332（D. N. J. 2004）。

向执法部门披露任何可能构成犯罪的舞弊行为，企业得到的利益将要好得多。根据《萨班斯-奥克斯利法案》，上市公司的最高管理层还面临着额外的披露义务。

向公司总法律顾问报告公司面临的问题，可能是成功起诉任何不法行为人的最有效策略。首先，熟练的法律顾问将能够专注于最突出的问题。法律顾问还可以缓和不切实际的情绪——高管们可能会对那些涉嫌舞弊公司的嫌疑人感到义愤填膺。最后，完全知情的法律顾问应该能够成为负责执行任何内部调查的团队的领导者，从而使调查朝着起诉那些违反其受托人职责的人的目标进行。

未能在公司内外进行实质性披露，会危及管理层对曾舞弊的公司前员工、高管和董事提起民事诉讼。此外，尝试不合作以保护公司的"丑闻"也不可能成功。在大多数情况下，有太多的人知道发生了什么事情，而显著的事实根本无法保密。任何一方试图保守秘密，都可能在保护最终毫无结果的任务中花费了太多的时间。

费用

363 追查舞弊案件的代价高昂。了解与起诉民事舞弊索赔相关的经济因素，对成功解决该索赔至关重要。不幸的是，一家公司因舞弊行为而追查不法分子的动机往往超出了其诉讼预算。有时候，公司在不法分子身上损失了太多的钱，必须将稀缺的资源投入用以使公司回到正轨上，而不是花费巨资去追求一个代价惨重的胜利。花费 100 万美元来收回 10 万美元，在财务上并不是一件很明智的选择。此外，调查的目标可能已经"无力履行判决"，也就是说，如果不法分子的资产很少，任何对其财产上的判决都可能无法收回。

对一家公司来说，对不法分子采取行动的最大开支是聘请专家帮助调查和起诉工作。从一开始，公司就可能需要聘请司法会计专家来重建可疑交易。公司还需要雇佣在白领犯罪问题上有经验的律师来起诉任何行为，并与政府当局（包括执法人员）进行互动。调查人员可能需要与证人谈话，对嫌疑人进行背景调查。此外，该公司可能需要聘请技术顾问来梳理其计算机网络中的数据。律师将坚持把公司在其"快照"中获取的任何所有文件，置于其控制下的独立数据库中，以便自己进行审查，并在任何诉讼开始时协助制作文件。

一个不变的事实是，起诉此案的成本将超过所有人最初的预期。负责诉讼管理的行政人员，有责任了解其专家认为完成各自工作所必需的所有服务的理由。这并不意味着被聘用的专业人员正试图利用公司的困境。相反，这意味着，几乎每个专业服务公司都可以指定一个产品、软件或员工，以协助起诉案件；然而，仅仅因为该项目可能对手头的任务略有帮助，并不意味着拥有该工具符合公司的经济利益。

364 控制成本的一种方法是，任命一名对诉讼结果没有既得利益的公司经理。换言之，对舞弊行为感到最"冤枉"的人不应成为诉讼管理的关键人物。因为对那个人来说，利益冲突的可能性简直太大了。被"冤枉"的一方可能太愿意在起诉上随意花钱，觉得有必要挽回公司的损失。这些人也可能不愿意将他们所知道的一切透露给他们聘请的人，以试图保护他们的声誉。因此，诉讼管理的任务最好留给独立的管理者来完成，如果可能的话，他最好与最初的问题几乎没有关系。

耐心

除了费用高昂外，追查舞弊案件非常耗时。重建导致舞弊行为的交易是很耗时的。证人访谈也很耗费时间。此外，管理者和员工将被迫花费时间在非生产性活动上，如文件审查。这种时间消耗对公司来说是一个巨大的机会成本。

此外，整个司法系统的设计都是很耗时的。在联邦法院，民事案件从第一次起诉开始，持续三到五年并不罕见。因此，对于一家公司来说，从最初发现舞弊行为到审判成功结束，可能是一个耗时多年的项目，而公司则缺乏对这个项目时间线上大部分时段的控制。收集任何判决都需要额外的时间。上诉也是可能的。因此，任何打算起诉舞弊索赔的公司都必须防止"索赔耗尽"。在两年的调查和民事证据披露后，很难有人像在最初发现舞弊行为时那样义愤填膺。人员经常离开公司，记忆就会消失。因此，与成本因素一样，有人能够成功做到客观地平衡索赔利益与成功起诉案件所需时间的关系，是很有价值的。

中止民事诉讼

在当今合规驱动的大环境下，企业很可能会在合理确定犯罪行为后，立即向政府自报重大舞弊行为。在这一点上，政府可能会要求企业中止任何进一步的调查，同时政府也会启动自己的调查。如果有可能与政府的刑事程序相冲突，法院也有可能在民事诉讼期间进行干预。

当有刑事诉讼程序时，有一个关于法院是否会中止民事诉讼的法律检验标准。"法院有权中止民事诉讼程序，推迟民事证据披露，或在司法利益要求时执行保护令。法院在根据是否存在或可能存在刑事诉讼程序来决定是否应中止民事诉讼时，会考虑六个因素：①两个诉讼是否涉及同一标的物；②两个诉讼是否由政府提起；③刑事诉讼程序的态势；④所涉及的公共利益；⑤原告的利益和对原告可能产生的损害；⑥诉讼的任一特定方面可能对被告造成的负担。[1]

"准予或拒绝中止诉讼的决定，属于法院广泛的自由裁量权范围。"[2]"在决定是否准予中止时，民事和刑事诉讼所涉问题的相似性被认为是最重要的门槛问题。将民事诉讼推迟到刑事诉讼结束后的最有力的理由是，被起诉犯有严重罪行的一方当事人必须为涉及同一事项的民事诉讼进行辩护。"[3]

做出商业决策

虽然公司舞弊通常被认为是一种无受害人的犯罪，但很明显，它不是。公司本身损失惨重，会有财务损失，可能会有生产力损失，并可能使其公众声誉蒙受损失。最终，投资者和股东都会受损。一旦发现舞弊行为，管理层的直接反应可能是提起诉讼，以抓住"坏人"将之绳之以法。这通常是正确的做法，虽然并不总是有效，但有时并非如此。如果舞弊很重大，政府可能会自行提起刑事诉讼。事实上，政府可以要求公司推迟任何民事起诉，直到刑事案件完成。像每一个商业决策一样，只有在对"获取、合作、费用和耐心"等因素进行理性分析之后，才能决定是否通过提起民事诉讼来寻求正义。

化险为夷：如果联邦调查局出现在你的门口该怎么办？

虽然希望这一天永远不会到来，但公司必须做好准备，以应对联邦特工可能出现，提问题、发传票，或者更糟的是，出示搜查和逮捕令。在过去的几年里，企业的反应通常是与政府全面合作。一旦有迹象表明联邦探员试图与公司员工谈话的时候，公司就要雇佣能雇佣到的最好的律师，在谈话开始之前来代表该员工。公司的其他员工通常都会"律师出身"，或者拒绝回答问题，或者至少使获取信息变得尽可能困难。过去，公司很少向政府提供内部调查的结果，披露员工的不当行为，或放弃"律师-当事人"特权。

联邦探员和检察官在进行舞弊调查时拥有一套强大的工具。他们使用大陪审团、传票、秘密

---

[1]　DOE 诉芝加哥市，360 F. Supp. 2d 880（N. D. Ill. 2005）。
[2]　马洛尼诉戈登案，328 F. Supp. 2d 508（D. Del. 2004）。
[3]　马洛尼诉戈登案，328 F. Supp. 2d 508（D. Del. 2004）。

线人和卧底行动。他们还使用了"提议协议"，美其名曰"女王一日信"，以了解合作被告在刑事调查中能提供什么，把被告策反为合作者，并让他们"戴上窃听器"，以获取深入公司内部的证据。联邦当局用小鱼来钓更大的鱼，甚至用诸如前世通公司首席财务官斯科特·苏利凡（Scott Sullivan）这样的大鱼来翻供、认罪，并作证来指控更大的鱼——前世通公司首席执行官伯纳德·埃伯斯（Bernard Ebbers）。政府知道如何利用多米诺效应来调查和起诉公司犯罪。

367　　作为联邦探员，作者调查了曾舞弊员工的行为，并试图从公司获得帮助，以证实舞弊行为。被调查的员工会拒绝接受谈话，公司也没有采取任何措施使他们遵从。公司聘请的一名律师通常代表所有其他潜在证人。那个律师会出席所有的谈话，并会向公司汇报每次会面的情况。毫无疑问，政府不会从公司那里得到什么帮助，也没有动机或要求去做任何不同的事情。

　　在"后《萨班斯-奥克斯利法案》"（post-Sarbanes-Oxley）和加强的《联邦量刑指南》（enhanced Federal Sentencing Guidelines）的世界里，一切都发生了变化。现在需要与政府调查部门合作。首席执行官、首席财务官和董事会成员因不合规和不诚信，而面临民事和刑事风险。因此，每当联邦、州或地方当局接触某组织并要求提供信息时，都有必要制定一个计划。企业有应对业务中断、自然灾害、罢工和其他可能的风险的应急计划。对于政府调查，制定一个应急计划也是同样适合的。

　　在制定应对计划时，组织的法律部门应起主导作用。设计计划时，应考虑得到有经验的外部顾问的协助。具有开展公司调查丰富经验的前联邦检察官和探员可以与公司合作，设计并实施强有力的应对措施。他们还可以向适合的公司人员简要介绍他们的经验，在政府调查期间都注意些什么。应特别考虑以下因素：

■ 一份要求与任何政府调查合作的书面公司政策，以及不完全和政府合作可能产生的后果。

■ 公司高管、董事会和所有员工对该政策的认识。

■ 指派专门的法律部门人员负责该计划，并作为执法部门的初始联络点，开展与公司相关的调查。

■ 公司安全人员在任何执法行动中的作用。

368　　■ 当政府调查人员要求访谈一名或多名特定员工时作出回应，包括决定是否聘请外部律师代表他们。

■ 当政府探员向公司发出传票时的应对措施，并将其转介给合适的法律顾问。

■ 政府探员进行搜查时的应对措施，包括不干涉搜查的策略。

■ 关于是否应有指定的公司人员监控正在进行的任何搜索的决定，包括对执法部门实际搜查时的录像。

■ 探员获取保密材料和专有信息时的应对措施。

■ 跟进政府，以取得搜查令所载重要文件的副本。

■ 当探员宣布他们某员工的逮捕令时的应对措施，包括员工是否应该在这个工作地点被逮捕，或者应该被要求向一个私人区域报到，然后被逮捕。

　　公司在政府调查开始时的表现，可以为所有后续的互动和结果定下基调。合作是整个过程的关键。对传票、搜查令和员工访谈要求，必须有正确的回应并遵守。一开始，组织应该对舞弊或不法行为进行公正和无偏见的内部调查，以确定事实。这种调查的结果在某些时候很可能会提供给政府。事实上，发布内部调查报告、调查结果和证据在证明与政府调查合作方面有很大的帮助。律师-当事人保密特权必须在其完成之前考虑，并且需要法律顾问的指导。

第十七章　行之有效的舞弊预防文化

 摘　要

建立行之有效的舞弊预防文化，已不再是当今商业世界的一种选择，而是生存的必要条件。《萨班斯-奥克斯利法案》《联邦量刑指南》《多德-弗兰克检举人法案》等公司治理的加强措施都需要问责和监督。在《萨班斯-奥克斯利法案》之前，舞弊预防就是一项要求，现在将该概念嵌入到组织框架中，使其更有商业意义。这意味着任何组织，无论是公共的还是私人的，都必须对任何形式的舞弊行为零容忍。基于"清单"心态的舞弊风险管理不利于成功地打击舞弊行为。优秀的公司把强化合规视为建立一个更强大的舞弊预防计划和内部控制系统，从而最终为公司带来竞争优势。

合规的关键作用

在金融危机最严重的时候，SEC 非常担心组织会考虑削减合规支出和员工，因此采取了非常不寻常的措施来加强合规计划的关键重要性。它给所有在 SEC 注册的公司的首席执行官的致信中警告说，公司在应对经济大衰退时最不应该做的就是减少对合规的承诺。信中讨论了"合规是一项至关重要的控制职能，有助于保护公司免受可能对公司业务及声誉产生负面影响的行为的影响。"[1] SEC 补充说，"为合规计划提供足够的资源，并确保首席合规官和合规人员融入公司活动中，对该过程至关重要。"[2]

提高对舞弊和舞弊预防的认识，对于一个组织的成功至关重要，这一点对企业高管或管理人员来说应该不足为奇。要求实施强化的公司治理只是合规文化的开始。真正的承诺，需要从最高层的适当和持续的基调开始，结合有效的合规和道德计划的所有要素，可以大大减少甚至防止舞弊。

舞弊从不放假

如果有一件事我们知道的话，就是舞弊是不间断的。舞弊在今天对组织和个人造成的经济和

---

〔1〕　Lori A. Richards：《致 SEC 注册公司 CEO 的公开信》，美国证券交易委员会，2008 年 12 月 2 日，载 www.sec.gov/about/offices/ocie/ceoletter. htm。

〔2〕　Lori A. Richards：《致 SEC 注册公司 CEO 的公开信》，美国证券交易委员会，2008 年 12 月 2 日，载 www.sec.gov/about/offices/ocie/ceoletter. htm。

声誉损失，与过去没有什么不同。舞弊和腐败持续发生。如果我们认为能完全预防最近的公司丑闻或许多经济犯罪，那就太天真了。一个接一个的案例表明，舞弊和其他不当行为一直存在，公司需要在监测和预防方面保持警惕。以下案例研究强调了持续的风险，在公司办公室和整个团队中都可能发现不法分子。

回扣计划：非同小可

2008 年底，弗莱电子公司（Fry's Electronics）的一位高管被指控涉嫌 6500 万美元的贪污和回扣款项。舞弊行为开始于 2005 年，2008 年被发现。私营电子零售商阿苏夫·乌马尔·西迪基（Asuf Umar Siddiqui）是这家私营电子产品零售商负责商品销售和运营的副总裁，他说服公司允许他直接与供应商合作，据说这是一种节约成本的方法。这就取消了通常使用的独立销售代表，允许 Siddiqui 直接与供应商谈判。"据称，为了同意以高价购买商品，Siddiqui 向零售商收取高达 31% 的佣金。"[1]高额佣金以回扣的形式返还给了他。

Siddiqui 用这些侵吞的钱享受奢华的生活，买了昂贵的汽车和衣服。他是拉斯维加斯赌场的常客，在那里他是个大赌徒。他赌博输掉了数百万，甚至在几个小时内输掉了 800 万美元。[2]这个巨额骗局的发现源于一个 Fry's 员工的举报。该员工进入高管办公室，"发现了一些电子表格，详细记录了 Siddiqui 据称从向弗莱销售产品的公司秘密收取的数百万美元。"[3]值得注意的是，该员工向国税局而非 Fry's 公司报告了该舞弊行为。

Fry's 电子公司在得知回扣舞弊后，解雇了 Siddiqui。2009 年，他被加利福尼亚州联邦当局起诉，罪名包括多次电信舞弊和洗钱。起诉书只指控了 570 万美元的侵吞资金，涉及的供应商只有两个。参与回扣计划的供应商主要位于亚太地区。他们还没有被起诉。2011 年，Siddiqui 认罪。

内幕交易：这就是你所知道的

2007 年 4 月 19 日，Qwest 国际通讯责任有限公司（Qwest Communications International，Inc.）前首席执行官 Joseph Nacchio 被判犯有 19 项内幕交易罪，罪名是他在持有有关公司财务状况的重要非公开信息的情况下，出售了价值 1 亿多美元的 Qwest 股票。2007 年 7 月 29 日，Nacchio 被判处 6 年徒刑，最高额为 1900 万美元的罚款。上诉的结果是减刑两个月，并将 5200 万美元的罚金减至 4460 万美元。一名前首席财务官对内幕交易认罪。[4]

《反海外腐败法案》：政府呼吁

在一份 SEC 的文件中，雅芳产品有限公司（Avon Products，Inc.）披露了一项内部调查，内容是可能从 2008 年开始的对外国政府官员的贿赂。调查首先是集中在某国涉嫌的一些行贿款项，但随后也包括向巴西、墨西哥、阿根廷、印度和日本官员支付的类似付款。[5]该公司的调查缘起于一封员工写给首席执行官的信，信中"指控雅芳与某国政府官员旅行相关的不当开支"[6]。由于此次内部调查，雅芳解雇了其前全球内部审计和安全负责人和 3 名某国区高管，并可能解雇更多高管。该公司报告称，2009 年在调查上花费了 3500 万美元，2010 年花费了 9600 万美元。美国司法部和美国证券交易委员会随后开始调查，随着调查扩大，雅芳公司正在予以配合。

---

〔1〕 Miguel Bustillo：《Fry's 的官员面临舞弊指控》，载《华尔街日报》2008 年 12 月 24 日，第 B3 版。

〔2〕 Richard C. Paddock：《挥霍者的天堂因舞弊案而失去》，载《西雅图时报》2009 年 2 月 15 日，第 A1 版。

〔3〕 Richard C. Paddock：《挥霍者的天堂因舞弊案而失去》，载《西雅图时报》2009 年 2 月 15 日，第 A1 版。

〔4〕 公司舞弊特别工作组：《2008 年向总统的报告》，2008 年 4 月 2 日，载 www. justice. gov/archive/dag/cftf/corporate-fraud2008. pdf。

〔5〕 Ellen Brown：《雅芳贿赂调查扩大》，载《华尔街日报》2011 年 5 月 5 日，第 B1 版。

〔6〕 Ellen Brown：《雅芳贿赂调查扩大》，载《华尔街日报》2011 年 5 月 5 日，第 B1 版。

使联邦案件更糟

2005 年 9 月，SEC 对一家马萨诸塞州的生物技术公司——Biopure 公司，及其三名高管提起民事舞弊指控，此案因进一步的不当行为而更加复杂。美国证券交易委员会声称，该公司"作出误导性的公开声明，以试图获得 FDA 对其主要产品（一种合成血液产品）的批准，同时正从投资者那里筹集数百万美元。"[1]随后，该公司连同首席执行官和总法律顾问，与政府一起就舞弊指控达成和解。Biopure 公司的高级监管事务和运营副总裁霍华德·里奇曼（Howard Richman）决定对 SEC 的指控提出抗辩。

Richman 谎称自己患有晚期结肠癌，无法参与法律程序，从而妨碍了 SEC 的案件办理和司法公正。他冒充了医生，提交了一份假医生证明，并说他正在接受化疗。结果，听证法官驳回了此案。随后，Richman 的律师将其不当行为告知了 SEC 和法官。随后，Richman 被指控妨碍司法公正。他在 2009 年 3 月认罪，2009 年 11 月被判处三年徒刑。Richman 还与 SEC 在最初的民事诉讼中达成了和解，支付 15 万美元，被禁止担任上市公司的高管或董事。[2] 375

对舞弊零容忍度并且是动真格的

2005 年 4 月 25 日，传奇的通用电气前首席执行官杰克·韦尔奇（Jack Welch）出现在《今夜秀》（Tonight Show）节目上，主持人杰伊·雷诺（Jay Leno）问他，为什么公众对首席执行官的评价如此之差。韦尔奇以其独特的方式说，"因为他们中的很多人都是臭鼬。"事实上，一些公司高管"臭鼬"屈服于贪婪和舞弊，把个人利益置于投资者和员工的利益之上。许多高管们现在正在被追究责任。所有公司和员工必须对法律的精神和文本、以及政策和程序负责。今天没有一位高管会说舞弊是件好事。但是，如果对高管和员工的纪律处分标准不同，则传达的信息是，对某些人的舞弊是可以容忍的，对其他人则不是。

公司行为准则应通过明确声明，对任何形式的舞弊都要零容忍。无论是一份价值 50 美元的虚开支出报告，还是一份价值 5000 万美元的收入确认问题，组织都要采取适当措施防范所有舞弊行为。要遵循的一个良好规则是，舞弊金额并不重要，任何通过专业调查披露和证明的舞弊活动都应导致员工被解雇。此外，组织应考虑将员工、供应商和其他人的舞弊行为提交给适当的执法机构进行刑事起诉。总法律顾问应是最终决定将之移交刑事部门的关键角色。公司还应考虑公布对员工舞弊者的起诉，以强化合规文化和对舞弊的零容忍。

约翰·麦克德莫特（John McDermott）是公司舞弊调查方面的专家。他从事美国邮政检查员的工作超过 23 年，在纽约管理着一个舞弊调查小组。他目前是 CA Technologies 公司的合规调查员。多年来，他主持和监督了包括 Symbol Technologies、Spectrum Technologies 和 Hanover Sterling 在内的多个备受关注的舞弊案件，以及一起导致超过 60 名经纪人、股票承办人和公司高管被定 376 罪的大型股票舞弊案。麦克德莫特坚信，刑事起诉和惩罚是舞弊预防和合规的一个驱动力。他曾说过，"如果坐二十年牢或终身监禁的威胁没有直接吓倒任何人，我不知道还有什么会吓倒他们了。当我知道有坐牢的风险，我肯定不会冒着任何风险签署某个数额的涉嫌舞弊的合同。"[3]

---

〔1〕　证券交易委员会诉 Biopure 公司案，Thomas Moore，Howard Richman，Jane Kober，第 19376 号诉讼公告，2005 年 9 月 14 日，美国证券交易委员会，载 www. sec. gov/ litigation/litreleases/lr19376. htm。

〔2〕　Trista Morrison：《Biopure 高管因伪造癌症以避免 SEC 调查而被判三年徒刑》，CBS Interactive Business Network，2009 年 11 月 16 日，载 www. bnet. com/blog/pharma/biopure-exec-sentenced-to-three-years-for-fakingcancer-to-avoid-sec-probe/5338。

〔3〕　2005 年 4 月 22 日致作者的声明。

麦克德莫特还希望"阅读这本书的企业高管能够从那些愚蠢到犯下罪行的人身上吸取教训"，并"更好地做到自我监管"。[1]他在调查企业舞弊方面的经验使他相信，企业必须在"向公司高管的伦理道德教育"方面有所改进。并且在合规问题上"更好地听取内部和外部审计师的意见"。[2]

企业还可以向员工、股东和政府发出一个很好的信号，即他们非常重视舞弊的监测和预防，为此聘用在调查和起诉舞弊及白领犯罪方面经验丰富的前联邦探员和检察官担任内部调查和法律部门的职务。聪明的公司知道，通过引进舞弊监测人才，他们正在改进合规计划并减少舞弊风险。

对公司来说，最大的变化可能是他们如何在舞弊和腐败案件中与政府打交道。"我们与他们对抗"——也就是企业会雇佣能雇到的最好的辩护律师，动辄与政府对抗的日子，一去不复返了。今天，如果有关舞弊的指控属实，那么对抗政府不仅仅意味着输掉官司。违反《反海外腐败法案》的企业组织如果被定罪，可能会面临取消资格的处罚。《反海外腐败法案》的绝大多数案件都是公司主动向司法部和证券交易委员会自我披露的结果。自我披露和与配合政府调查一定是经过深思熟虑的策略。

审计委员会的看门人角色

在某些情况下，组织的审计委员会的成员可能对未能履行其监督职责负责，因为他们是公司治理的守门人。2011 年 2 月，SEC 对 DHB Industries 的 3 名外部董事提出民事指控，这些董事曾在其审计委员会任职。这些指控源于 DHB 的一个重大丑闻，DHB 是一家向政府出售防弹衣的军事承包商，该公司首席执行官大卫·布鲁克斯（David Brooks）和其他高级官员在公司实施了 1.85 亿美元的会计舞弊和公司资产抢劫，用于奢侈的个人开支，其中包括法拉利（Ferraris）和几十匹纯种马。[3]

SEC 对这些董事的指控称，他们"完全没有履行作为'独立'董事和审计与薪酬委员会成员的职责"，故意无视在他们眼皮底下发生的许多会计舞弊和无数其他违规行为的危险信号。[4]这 3 名董事和布鲁克斯做朋友多年，并与他保持着各种商业关系。事实上，他们缺乏独立性和对布鲁克斯的忠诚是他们被选中的原因。没有理由相信他们不知道违规行为和没有合法目的付款，比如嫖娼的费用。这些付款在董事会会议上讨论过，但在会议记录中被省略了。[5]此外，据称，董事们甚至没有努力了解他们的角色或重要性。他们忽视了被篡改的财务报告，也没有对一再出现危险信号的内控不足提出意见。他们还忽略了公司财务总监提出的担忧，以及历任审计人员发出的结合重大缺陷提示的辞职信。[6]

---

〔1〕 2005 年 4 月 22 日致作者的声明。

〔2〕 2005 年 4 月 22 日致作者的声明。

〔3〕 美国证券交易委员会：《SEC 指控军用防弹衣供应商和前外部董事存在会计舞弊》，新闻稿，2011 年 2 月 28 日，载 www. sec. gov/news/press/2011/2011-52. htm，《DHB 前总裁在军事承包商案中被判舞弊罪》，彭博社新闻，2010 年 9 月 14 日，载 www. bloomberg. com/news/2010-09-14/dhb-industries-ex-chiefbrooks-guilty-of-fraud-at-u-s-military-contractor. html.

〔4〕 Sec V. Jerome Krantz, Cary Chasin, Gary Nadelman：《对禁令和其他救济的申诉》，CV-60432，2011 年 2 月 28 日，(S. D. Fla. 2011)，第 1-2 页。

〔5〕 Sec V. Jerome Krantz, Cary Chasin, Gary Nadelman：《对禁令和其他救济的申诉》，CV-60432，2011 年 2 月 28 日，(S. D. Fla. 2011)，第 9 页。

〔6〕 Sec V. Jerome Krantz, Cary Chasin, Gary Nadelman：《对禁令和其他救济的申诉》，CV-60432，2011 年 2 月 28 日，(S. D. Fla. 2011)，第 13 页。在随后的重大缺陷的信函中，替换的审计师得出结论，审计委员会本身就是重大缺陷。同上，第 17 页。律师事务所在进行调查后也辞职了，顾问们也因揭露其他罪行而被解雇。同上，第 24、30 页。

这是否意味着 SEC 将更积极地追究审计委员会的责任？在某些情况下，审计委员会被批评为"只是为了确保遵守法律而机械遵循程序的照抄团体，但对制定真正的合规措施却无能为力"。[1]当然，个别案例不能说明趋势，而且在撰写本文时，所有董事都没有承认自己有任何不当行为。这里的指控超越了单纯的疏忽；因此，董事们不应该担心会因疏忽大意或合理的商业决策而被起诉。然而，DHB 案应该鼓励审计委员会更仔细地审视他们的公司。作为企业的守门人，他们可以而且必须在提出棘手问题和增强合规方面发挥重要作用。

《华尔街日报》规则

什么能让高管夜不能寐？一个大的担忧是公司可能发生舞弊，无论是潜在的致命财务会计舞弊，或者甚至是资产挪用。一旦发现舞弊事件，如何将其传达给投资者、员工、政府当局和新闻媒体，可能会使最终的解决方案有很大的不同。如今，要悄悄地隐瞒舞弊的存在比以往任何时候都要困难。由于对公司和公司管理人员的举报和自我报告的要求很多，隐瞒舞弊变得非常困难。即使考虑任何形式的隐瞒都是很愚蠢的。坏消息似乎总是会被公开。如果一家公司的案件被刊登在《华尔街日报》的第一版上，人们会怎么反应？一个要遵循的好的规则是，始终考虑最坏的情况，并尽一切可能防止它发生。

舞弊预防的远见卓识：Joseph T. Wells 博士谈舞弊和舞弊预防的未来

约瑟夫·威尔斯（Joseph T. Wells）博士是全球最大反舞弊组织——美国注册舞弊审查师协会（ACFE）的创始人和董事会主席，该协会在 140 多个国家拥有近 60 000 名成员。作为注册会计师、注册舞弊审查师和前联邦调查局特工，威尔斯博士于 1988 年创立了 ACFE。除了担任主席的行政职责外，威尔斯博士还研究、撰写并向商业和专业团体讲授白领犯罪问题。他还是德克萨斯大学奥斯汀分校舞弊审查课程的兼职教授。威尔斯博士因其教学和写作而获得许多荣誉。2002年，美国会计协会提名他为"年度会计教育创新人物"。他多次获得了《会计杂志》和《内部审计师杂志》颁发的最高写作奖。九年来，威尔斯博士被提名，入选《今日会计》杂志的年度美国会计业"最具影响力的 100 人"名单。

威尔斯博士确实是一位真正的舞弊预防的远见卓识者。早在舞弊行为流行之前，他就提倡将专业的舞弊检查和教育作为有效威慑舞弊的手段。在以下大跨度的采访中，威尔斯博士对企业犯罪、舞弊预防和合规的未来提出了富有洞察力的评论。

问：你认为国会会对《萨班斯-奥克斯利法案》的一些规定视而不见甚至予以推翻吗？

答：众所周知，《萨班斯-奥克斯利法案》是在一些大型会计舞弊引发的一系列活动中通过的。当时国会采取行动的压力是巨大的。总的来说，这些"紧急"的法律存在严重的缺陷和过激行为。仅举一个例子，对邮件舞弊的处罚从 5 年提高到 20 年。我称之为"感觉良好的立法"，虽然刑罚已经翻了两番，但用于执行这些法律的刑事司法系统的资源却没有加倍。因此，在我们拥挤的监狱里，可能会有更少的人，而不是更多的人。此外，犯罪学家的大量研究也未能证明长期监禁和威慑之间的必然联系。

《萨班斯-奥克斯利法案》的某些方面是好的，而且早该实施。我加入会计行业近四十年来，从历史上看，它无法或不愿进行自我监管。将监管机构转变为上市公司会计监督委员会（PCA-OB）可能是件好事。对检举人的额外保护证明可能是有益的。管理层对财务报表的确认并不能

---

〔1〕 Floyd Norris：《对董事会来说，SEC 降低了门槛》载《纽约时报》2011 年 3 月 4 日，第 B1 版。

阻止那些下定决心做假账的人，但总的来说，这一程序也不会有什么坏处。完全独立的上市公司董事会成员也朝着正确的方向迈出了一步。

似乎首先通过一项法律要比废除糟糕的立法容易得多。所以我不希望国会很快就改变主意。但我的猜测是，很多年内我们无法知晓《萨班斯-奥克斯利法案》是否是一个好的法律。要想知道它是否真的降低了财务报表舞弊的发生率，需要相当长的时间。

380　　**问：在 20 世纪 80 年代，发生了储蓄舞弊和贷款舞弊案，在 20 世纪 90 年代初，发生了内部交易，在过去的 10 年里（2000-2010 年），发生了大规模的财务报表舞弊。接下来会发生什么？**

答：第一，不管《萨班斯-奥克斯利法案》如何，我们都没有看到大规模财务报表舞弊的终结。法律对消除问题的根源并无作用，这是由于公司在短期内面临巨大的业绩压力导致的。50 年前，投资者买入股票，以期看到其长期增长。现在情况根本不是这样了。现在，部分原因是由于互联网的发展速度，投资者和日间交易者将在几个小时内完成股票的换手。他们不关心一家公司做了什么，也不关心它的长期创新；这更像是用公司管理作为筹码玩公司扑克。除非并且直到我们能够改变投资心态，否则我们将继续看到高管们迫于压力而越界。

第二，由于婴儿潮一代（像我一样）的老龄化，我非常关心我们的养老基金。我们已经看到了堤坝上的裂缝；许多公司正在申请破产，以规避他们的养老基金义务。其他公司则把留给退休人员的钱花在了其他事情上。因此，我担心股市操纵和养老基金计划舞弊的相关效应，可能会对经济造成毁灭性的影响。

第三，由于商业的日益全球化，我认为跨国投资诈骗可能会增加。世界上没有统一的会计准则，这一事实加剧了这种情况。例如，中国很可能成为 21 世纪的主要经济力量。但目前，由于其经济呈金字塔式的增长，有一种"西部狂野"的感觉。随着那里（以及其他新兴经济体）财务机会的增加，投资者能否相信这些数字？庞氏骗局仍然层出不穷。尽管允许马多夫在美国长期非法经营是政府监管松懈的典型，但许多国家几乎不存在相关的政府执法。（译者注，许多国家近年来在此方面已经取得了极大的改观。）

问：你认为什么是说服公司高管分配更多资源以打击舞弊的最佳方式？

381　　答：我认为最好的方法是用利益来提高他们的积极性。目前，我们所用的方法是讲授道德，好像道德真的需要教。不要误解，我们都需要被提醒什么是道德行为。但是，通常情况下社会化的个人是知道是非的。如果他们不知道的话，世界上所有的道德培训都解决不了这个问题。似乎被遗忘了的是，舞弊预防是一个企业可以做得最好的投资。我看过的一些研究表明，舞弊预防计划的回报率可以是 50∶1。因此，我认为应该告诉高管们，"舞弊预防根本不需要花费太多的钱，而且它能带来巨大的回报。"我认为也应该提醒他们，所谓的"非实质性"的舞弊可能会产生非常实质性的后果。一个例子是 E. F. Hutton 的前投资公司，它在 20 世纪 80 年代倒闭了。你可能会记得，公司的"资金管理"战略实际上是空头支票。现在，空头支票本身对整个财务报表来说是无关紧要的。但名誉受损迫使 E. F. Hutton 停业。还有很多这样的例子。因此，对管理者来说，他们很容易知道容忍任何形式和任何级别的舞弊都是不好的事情，不会从中得到任何益处。

问：为了防止舞弊和滥用，企业高管们还必须多做哪些他们现在没有做的事情？

答：一旦你从管理层下来，有两件事就变得非常重要了。第一，是常用的短语——"顶层基调"。如果高管不这样做，那么他们下面的人就不会这样做。如果中层管理人员不诚实，那么员工也会不诚实。以身作则是必要的，确实至关重要。第二，人们认为，通过足够的内部控制可以预防职业舞弊。控制是任何舞弊预防工作的必要组成部分，但控制不是舞弊的根本原因；对公司或工作环境不满意才是。许多具有里程碑意义的研究项目，包括霍林格（Hollinger）和克拉克（Clark）

的项目，都清楚地表明，受到良好对待和尊重并得到足够酬劳的工人，不太可能对公司产生敌意。高管们需要理解这一点。

问：我们如何将合规从一项倡议转变为一种文化心态？

答：遗憾的是，我们的社会似乎采取了"快富"的心态。这在某种程度上归因于大众媒体。通过突出富人和名人的生活方式，人们很自然地相信他们应该得到同样的东西，并且对他们已经拥有的东西感到不满意。社会学家罗伯特·默顿（Robert Merton）提出一种"反常"（anomie 理论），来解释我们拥有的和我们想要的之间的脱节。在他看来，这种不满是许多犯罪的根源。

为了保护我们不受自己的伤害，制定了许多合规法律。但这并不是一个真正的解决办法；它相当于试图用一根花园浇花的水管把森林大火扑灭。我们需要的是重新调整社会的优先事项，诚实和正直比名誉和财富更重要。然而，当我们看到我们的领袖和榜样照样撒谎、欺骗和偷窃时，这就变得非常困难了。心理学家告诉我们，我们的价值观在生活中很早就形成了。如果我们的父母在很小的时候没有灌输给我们，我们就永远不会获得这样的价值观。所以，唯一真正和永久的解决办法是把正确的东西教给我们的孩子，他们也一样。

问：在美国境外如何实施舞弊预防？

答：俗话说，"美国打喷嚏，世界会感冒"。欧洲和加拿大等邻国经常向美国寻求指导，并制定了类似的计划来防止舞弊。我们现在也看到了其他大洲的行动。尽管没有具体的研究，但我的怀疑是，欧洲的舞弊行为总体上较少，因为"富人"和"穷人"之间的差距通常较小。欧洲社会对弱势群体的照顾比美国要做得更好。在东欧，他们仍在从苏联时代复苏，舞弊和腐败猖獗。我怀疑他们至少还要花上十到二十年才能到达我们现在的水平。在日本和亚洲大部分地区，其文化上抵制不诚实行为，可能导致了比美国更少的舞弊。在拉丁美洲，特别是墨西哥和哥伦比亚，依赖毒品贸易促进经济增长创造了巨大的地下经济。美国试图努力通过禁令控制非法麻醉品，但
实际上却可能通过抬高价格而更加恶化了毒品问题。

在全世界范围内，我认为舞弊行为的发生要到 21 世纪中叶左右才会减少。舞弊罪是一种比较成熟、需要更高教育水平的犯罪行为。街头犯罪才是年轻人和傻子的事儿。社会正在老龄化，而且受教育程度更高；这是我们今天看到的暴力犯罪比过去 30 年中任何时候都要少的原因之一。技术可以提供一些解决方案，但它不是万能药。我认为，如果不是危言耸听的话，在我们看到情况好转之前，舞弊会变得更糟。

问：您对舞弊预防领域的未来有何展望？

答：舞弊预防的研究尚处于起步阶段。例如，我们可以选择两个特征不明显的公司或个人。其中一方会经历舞弊，而另一方不会。我们真的不知道为什么。唯一希望的是更多的研究可以提供一些答案。但是，我们知道什么东西不起作用，那就是事后惩罚。正如我们在得克萨斯州所说，这就像在马走后才关上马厩的门。这并不意味着犯罪的人不应该受到惩罚，这是一个文明社会必须要做的事情。然而，我们并没有在一夜之间经历舞弊的上升，这个看似棘手的问题不会很快得到解决。

从合规倡议到文化心态

正如美国证券交易委员会（SEC）关于内部控制所言，"一刀切、自下而上、不分层次地对待所有内部控制的方法，相比理性、诚信地运用以合理而非以绝对保证为重点的专业判断，更不

可能改善内部控制和财务报告。"[1]基于"清单"方法的舞弊风险管理不利于舞弊预防的成功，因为舞弊者在其计划中具有很强的适应性和想象力。基于原则的系统是更好的，因为"不可能为每一个情景设置全面的规则"。[2]世界一流公司都了解，防止舞弊和加强内部控制不仅是一个项目或一次性的想法，还需要将健全的舞弊预防原则植入所有员工的"文化心态"中。

2004年4月13日，美国量刑委员会在宣布有意修订其现有的《组织量刑指南》时，强烈指出有效的合规和道德计划对一个组织的重要性。委员会的"关注企业的道德行为是《组织量刑指南》13年历史中的一个独特发展"，但考虑到最近发生的企业犯罪的严重性，这一点毫不奇怪。[3]委员会向所有企业高管传达的信息如下：

委员会于1991年颁布的《组织量刑指南》的一个基本组成部分，是有效的合规和道德计划。委员会使合规和道德计划的标准更加严格，并将更大的责任交给董事会和高管，要求他们负责监督和管理合规计划。特别是，董事和高管现在必须在合规和道德计划的内容和运作方面发挥积极的领导作用。寻求减少刑事罚金的公司现在必须证明，他们已经确定了有可能发生犯罪行为风险的领域，在相关法律标准和义务方面培训了高管和员工，并给予他们的合规人员充分的权力和资源来履行其职责。根据修订后的指南，如果公司希望减轻刑事罚金和处罚，他们还必须通过尽职调查来促进组织文化，鼓励遵守法律和道德行为的承诺，从而达到标准。[4]

为确保建立舞弊预防的文化心态，组织必须具备以下关键要素，并且必须始终如一。

顶层基调

首席执行官、公司高管和董事会对他们的一言一行都设定了重要的基调。他们必须以身作则。他们的担当、正直、责任，以及他们如何把这些信息传达给最底层员工，可能是构建真正有效的舞弊预防文化最重要的方面。如果员工的领导不这样做，就不可能指望任何员工遵守公司政策或法律。

董事会和审计委员会的"警务"作用

与整个董事会一样，审计委员会成员实际上是一个组织名副其实的"警察"；他们确保遵守公司的规则和政策以及法律法规。《萨班斯-奥克斯利法案》要求董事会在公司治理中发挥积极作用，对执行领导层起到"制衡"的作用。然而，这种情况并不总是能够发生。强大和独立的审计委员会确保了合规性，而弱小无能的审计委员会则助长了名誉扫地的公司犯罪行为。放弃重要职务的董事将面临着被追究民事和刑事责任的可能。

内部审计面临的挑战

内部审计部门必须接受挑战，在舞弊预防方面发挥领导作用。随着《萨班斯-奥克斯利法案》的颁布以及加强舞弊预防和监测的总体氛围，内部审计部门的重要性得到了加强。在一个完美的世界里，内部审计应该在问题成为《华尔街日报》的头条新闻之前发现它们。舞弊监测、调查和预防部分应作为内部审计的一部分，以确保与审计职能部门的联系和持续互动。在内部审计团队

---

[1] 证券交易委员会：《委员会关于实施内部控制报告要求的声明》，2005年5月16日，2005-74，载 www.sec.gov/news/press/2005-74.htm。

[2] Peter Morton：《风险业务》，CAMagazine.com，2005年5月，载 www.camagazine.com/index.cfm/ci_id/26177/la_id/1.htm。

[3] 美国量刑委员会：《量刑委员会强化了对公司合规计划的要求》，新闻稿，2004年4月13日，载 www.ussc.gov/PRESS/rel0404.htm。

[4] 美国量刑委员会：《量刑委员会强化了对公司合规计划的要求》，新闻稿，2004年4月13日，载 www.ussc.gov/PRESS/rel0404.htm。

中增加必要的专业人员，对他们进行培训和授权，让他们向执行领导层和审计委员会汇报工作，并在公司中提供高知名度，这些都是应该考虑的步骤。

管理人员在舞弊预防中的重要作用

管理人员必须对其员工进行监督，并对舞弊预防和报告负责。管理人员是培养其直接下属并确保他们遵守公司政策和政府法规及法律的典范。管理人员必须知道舞弊如何感染组织，以及如何监测警告信号。对于任何管理人员来说，了解如何报告潜在的违反商业行为标准的行为是至关重要的。在有效的合规计划中，强有力且尽职尽责的管理人员是一个重要因素。

386

所有人正直诚信

毫无例外，正直诚信是所有员工的核心价值观。一个成功的舞弊预防计划必须在组织运营的各个层面不断强化所有员工的这些价值观。无论员工级别如何，都必须采取同等的纪律处分。在一个组织中，对舞弊的零容忍与正直诚信是相辅相成的。

培训与交流

培训与交流是减少舞弊和加强合规的关键要素。各组织必须提供持续的全公司范围内的舞弊预防、以及全面的合规和道德规范培训。宣传行为准则、政策、程序和合规文化。使用交互式、场景式的培训，内容包括资产挪用、腐败、财务会计问题以及采购、费用报告和其他舞弊风险。在组织的各个层面提供培训，包括新老员工、行政人员、管理人员、董事会成员、供应商和其他第三方。

沟通良好、反应迅速的举报系统

每一个组织，无论公共或私营、大或小，都必须有一个有效的举报机制，例如热线，允许员工以及公司以外的其他人举报财务舞弊或其他违反商业行为准则的行为。员工必须感到有力量和安全，这样他们才能匿名和保密地举报问题，并知道举报人将受到保护，免受报复。无论举报机制的形式是什么，都必须有良好的沟通和方便的访问，以确保全面举报所有问题。

387

跨部门协作

一个组织内所有组成部门的一致性、强大的互动和联系是至关重要的，并且可以转化为首席执行官、财务官、董事以及各种法律、合规、内部审计、财务、人力资源、调查和企业安全职能部门之间有效的跨部门协作。

拥抱合规文化

真正优秀的公司将《萨班斯-奥克斯利法案》和其他的合规改进措施视为改善公司治理的机会。他们理解并接受创建一个更强大的舞弊预防计划和内部控制系统的重要性，这将最终为公司提供竞争优势。本书的附录包含美国注册舞弊审查师协会的一份检查表，帮助组织测试其舞弊预防措施的有效性。

前进道路

我们这本书的目的是提供一个路线图，以达到舞弊预防和内部控制方面的最高合规水平。这条路并不总是那么容易，可能会有许多路障和弯路，但仍要坚持到底。通过作者提供的许多工具、方案和见解，可以成功驾驭这条路线。在当今的商业世界，建立起一种有效的舞弊预防文化已不再是一种选择，而是生存的需要。《萨班斯-奥克斯利法案》《联邦组织量刑指南》《多德-弗兰克检举人条款》以及其他公司治理改进需要持续不断的问责和监督。然而，合规还有另一个简单而直接的原因，那就是因为这是正确的事情。

388

公司执行董事会的一位执行董事曾表示，"事实上，今天的每个组织都有一个（或几个）丑闻正在滋生的地方，但领导团队并不知道，"没有比这更真实的话了。在一个组织中，舞弊这颗定时炸弹爆炸只是时间问题。舞弊可能发生在任何地方，其破坏性影响远远超过财务损失。舞弊对声誉的影响可能是持久的，而且往往是致命的。理解舞弊其实很简单。它是谎言、欺骗和偷窃。它是动机、机会和合理化。比定义舞弊更重要的是如何预防。"被抓到的可能性往往会说服可能的犯罪者不要进行舞弊。基于这一原则，存在一个完善的控制系统对于舞弊预防至关重要。"[1]舞弊预防是主动的而不是被动的。问责和诚信，以及强有力的合规和道德计划能够阻止舞弊。

---

〔1〕 美国注册舞弊审查师协会：《舞弊审查师手册》，得克萨斯州奥斯汀：ACFE 2006 年版，第 4 节，第 601 页。

附录　ACFE 舞弊预防核对表

减少舞弊损失最具成本效益的方法是防止舞弊发生。此检查表旨在帮助组织测试其舞弊预防措施的有效性。

1. 是否向组织的所有员工提供持续的反舞弊培训？

- 员工是否了解什么是舞弊？
- 是否已经向员工说明了舞弊给公司和公司的每个人造成的代价——包括利润损失、负面宣传、失业以及士气和生产力下降？
- 当面对不确定的道德决策时，员工是否知道从何处寻求建议，他们是否相信自己能够畅所欲言？
- 是否通过言语和行动向员工传达了对舞弊零容忍的政策？

2. 是否建立了有效的舞弊报告机制？

- 是否已教过员工如何传达对已知或潜在不当行为的关注？
- 员工是否有匿名举报渠道，如第三方热线？
- 员工是否相信他们可以匿名和/或保密地报告可疑活动，并且不担心受到报复？
- 是否已向员工明确，对可疑活动的报告将得到及时和彻底的评估？

3. 为了提高员工的监测意识，是否采取了以下主动措施并向员工宣传？

- 可能的舞弊行为是否会被积极追查，而不是被动处理？
- 组织是否发出信息，通过审计人员的舞弊评估提问，积极调查舞弊行为？
- 除了定期安排的舞弊审计外，是否还执行不定期的舞弊审计？
- 是否使用持续审计软件来监测舞弊行为，如果是，是否在整个组织内都知道使用此类软件？

4. 最高层的管理氛围/基调是否诚实正直？

- 员工是否接受调查，以确定他们认为管理层的行为在多大程度上是诚实正直的？
- 绩效目标是否现实？
- 是否将舞弊预防目标纳入绩效计量中，对哪些管理人员进行评估，哪些用于确定绩效相关的报酬？
- 组织是否建立、实施和测试了由董事会或其他负责治理的机构（如审计委员会）监督舞弊风险的流程？

5. 是否进行舞弊风险评估，以主动识别和减轻公司在内部舞弊与外部欺诈面前的脆弱性？

6. 是否具备强有力的反舞弊控制措施并有效运行？措施包括以下内容：

- 适当的职责分离
- 使用授权

- 实物保障
- 轮岗
- 强制休假

7. 内部审计部门（如有）是否有足够的资源和权力以有效运作，而不会受到高级管理层的不当影响？

8. 雇佣政策是否包括以下内容？
- 过去的就业核查
- 刑事和民事背景检查
- 信用检查
- 毒品筛查
- 学历验证
- 背景调查

9. 帮助员工解决上瘾、心理/情感健康、家庭或财务问题的员工支持计划是否到位？

10. 是否制定了开放政策，允许员工自由地谈论压力，从而为管理层提供机会，在压力变得严重之前缓解其压力？

11. 是否进行匿名调查以评估员工士气？

关于作者

Martin T. Biegelman，CFE，CCEP，在执法、咨询和企业部门担任各种职务超过 35 年，一直在做打击舞弊和反腐败的工作。他目前是 Navigant 咨询公司全球调查和合规业务部门的主管，主要负责 FCPA 和反贿赂合规、财务调查、诉讼咨询、尽职调查以及公司合规设计和实施。他曾在 70 多个国家进行过数百次复杂和高风险的内部调查。在加入 Navigant 之前，Martin 创建并领导了微软公司的财务诚信部门，这是一个受到高度认可的全球舞弊预防和反腐败计划。在担任财务诚信部门总监八年多的期间，他在雷蒙德、新加坡、北京、新德里、莫斯科、巴黎、布拉格、都柏林和劳德代尔堡等地设立了办事处和员工，建立了一种被动式和主动式的覆盖模式，同时保护了微软免受财务和声誉风险。

在加入微软之前，Martin 曾是美国德豪会计师事务所（BDO Seidman，LLP）舞弊调查业务的诉讼和调查服务总监。他是一位前执法专家，曾担任美国邮政检查员，负责调查和管理工作。作为联邦探员，他是舞弊监测和预防方面的专家。他退休后担任负责亚利桑那州凤凰城邮政局邮政检查服务的主管检查员。在他的职业生涯早期，他是旧金山地区检察官办公室的刑事调查员，负责调查经济犯罪和官员腐败。

Martin 是公认的舞弊和腐败预防的思想领袖，同时也是注册舞弊审查师（Certified Fraud Examiner，CFE）和认证合规和道德专业人士（Certified Compliance and Ethics Professional，CCEP）。他是美国尤蒂卡学院的经济犯罪研究所顾问委员会主席，也是纽约州立大学奥尔巴尼分校商学院会计咨询委员会成员。2008 年，他被华盛顿州州长克里斯汀·格雷戈瓦（Christine Gregoire）任命为华盛顿州执行道德委员会成员，任期至 2011 年。2009 年，他休假离开微软，接受金融犯罪调查委员会的助理主任和副首席调查员的任命，调查金融危机的根源。

他是在白领犯罪、腐败、《反海外腐败法案》、身份盗窃、舞弊预防和公司合规方面都备受追捧的演讲者和讲师，并就这些主题撰写了几本权威书籍。他是 2008 年克雷西奖（Cressey Award）的获奖者，该奖由美国注册舞弊审查师协会每年颁发，以表彰他在监测和制止舞弊方面的终身成就。2010 年，Martin 获得了尤蒂卡学院的荣誉法律博士学位，以表彰他代表该学院所发挥的领导作用，以及他对舞弊预防和反腐败合规所作的终身贡献。

Martin 拥有金门大学公共管理硕士学位和康奈尔大学理学学士学位。

Joel T. Bartow，CFE，CPP，是 IntegriGuard LLC 的运营总监，负责医疗保险 A 部分和 B 部分报销的医疗审查。他有超过 25 年的舞弊预防、舞弊调查和安全管理的经验，足迹遍布世界各国，包括俄罗斯、爱沙尼亚、乌克兰、安提瓜、瑞士、希腊、以色列、肯尼亚、尼日利亚和菲律宾，以及从加利福尼亚州萨克拉门托、到波多黎各、圣胡安等全美各地。

从 1987 年到 1997 年，Joel 担任联邦调查局特别探员长达 10 年。在此期间，他曾在阿拉巴马州处理银行舞弊和公共腐败案件，并曾是原纽约市俄罗斯有组织犯罪小组的成员，负责复杂的洗钱调查，并直接与俄罗斯内务部合作。

Joel 离开联邦调查局后，曾在苏联生活和工作，在基辅和莫斯科为一家美国公司担任警察联络人和损失追回专家。回到美国后，他成为了全球调查网络有限责任公司（Worldwide Investigative Network，LLC）的合伙人，该公司是费城附近的一家舞弊咨询和调查公司。Joel 首先在一家国际外包公司 Clientlogic 启动了舞弊预防计划，该公司在北美、欧洲、菲律宾和印度的 40 多个办事处拥有 20 000 名员工，在那里他担任了 5 年的舞弊预防和调查总监。他还曾在密苏里州圣路易斯市的 Express Scripts 公司担任国防部 Tricare 药房福利项目的项目诚信主管。

Joel 拥有密苏里州林肯大学社会科学硕士学位和文学学士学位。他是注册舞弊审查师（CFE）、认证保护专业人员（Certified Protection Professional，CPP）和认证业务经理（Certified Business Manager，CBM）。他为《反舞弊杂志》撰写过几篇文章，该杂志是美国注册舞弊审查师协会的刊物。

索 引

《蓟门合规文库》顾问

莫纪宏　中国社会科学院法学研究所所长、中国社会科学院大学法学院院长、教授、博士生导师

朱　岩　清华大学互联网产业研究院院长、清华大学经济管理学院教授、博士生导师

刘桂明　中国民主法制出版社《法治时代》编委会执行主任

管晓峰　中国政法大学教授、博士生导师、中国保险法学研究会副会长

王　涌　中国政法大学教授、博士生导师、江平法学基金会秘书长

王进喜　中国政法大学教授、博士生导师、中国法学会律师法学研究会副会长

陈景善　中国政法大学教授、博士生导师、《政法论坛》副主编

王立梅　中国政法大学教授、博士生导师 、中国法学会网络与信息法学研究会副会长

王毓莹　中国政法大学教授、原最高人民法院二级高级法官

王　萍　中国政法大学教授、中国政法大学投融资风险与保险研究中心主任

《蓟门合规文库》编委

殷宏祥　中国运载火箭技术研究院法务部法律处副处长

虞　雷　DHL快递中国区原首席法务官、大区合规官

张　猛　九号公司安全部总监

张　玮　华夏认证中心有限公司副总经理

张国良　阿中产业研究院创始合伙人、旗渡多语种法律信息中心管理合伙人

张轶斐　中国能源建设集团法务与合规部副总经理

郑　玮　中车株洲电力机车研究所有限公司总法律顾问、首席合规官

周　跃　中科院杭州大江东空间信息技术研究院副院长

周治成　中国国际技术智力合作集团有限公司法务合规与审计部副部长

庄燕君　方达律师事务所合伙人

图书在版编目（CIP）数据

舞弊预防和内部控制执行路线图：创建合规文化：
第二版 /（美）马丁·T.比格曼,（美）乔尔·T.巴托著；
杜春鹏译. -- 北京 ：中国政法大学出版社，2024. 8.
ISBN 978-7-5764-1825-5

Ⅰ. F272.3

中国国家版本馆 CIP 数据核字第 2024LQ9813 号

出　版　者	中国政法大学出版社
地　　　址	北京市海淀区西土城路 25 号
邮　　　箱	fadapress@163.com
网　　　址	http://www.cuplpress.com (网络实名：中国政法大学出版社)
电　　　话	010-58908435(第一编辑部) 58908334(邮购部)
承　　　印	固安华明印业有限公司
开　　　本	787mm×1092mm　1/16
印　　　张	14.75
字　　　数	397 千字
版　　　次	2024 年 8 月第 1 版
印　　　次	2024 年 8 月第 1 次印刷
印　　　数	1~3000 册
定　　　价	68.00 元